동남아 경제의 그늘과 무지개

강 영 문 지음

전남대학교출판부

| 머리말 |

지구촌 어딜 가나 경제가 화두이다. 경제적으로 잘사는 나라는 잘 사는 만큼 더 잘 살고 싶어하고, 경제적으로 못사는 나라는 못사는 만큼 더 잘 살고 싶어 하는 점은 개인이나 국가나 차이가 없는 것 같다.

경제적 풍요를 꿈꾸는 모습은 동남아도 예외가 아니다. 동남아 국가들의 경제정책을 보면 한국이 걸어온 아쉽고, 애틋한 뒤안길을 볼 수도 있고, 잊고 지냈던 한국의 시행착오도 다시 생각나게 하는 경우가 많다.

동남아 국가들의 경제를 하나의 카테고리로 다 묶을 수는 없다. 태생적으로 주어진 경제환경도 다르고, 경제개발의 시기도 다르다.

동남아 국가들의 경제개발 시기를 보면 한국이 조국 근대화를 위해 경제개발의 첫 삽을 뜨던 비슷한 시기에 싱가포르 등의 아세안 선발개도국도 경제개발을 시작했다. 그러나 인도차이나 반도의 사회주의 국가들의 본격적인 경제개발은 강산이 두 번이나 바뀐 20~30년 후이다.

동남아 국가의 경제환경을 보면 인도네시아는 인구가 2억을 넘지만, 브루나이는 40만정도이다. 브루나이는 산유국이지만, 싱가포르는 천연자원이 거의 없는 상태에서 먹는 물까지 전량 수입해야 할 정도이다.

이처럼 동남아 국가들의 경제는 다른 점도 많지만, 개방정책, 대외의존도, 수출지향정책 등에서 닮은 꼴도 많다. 동남아의 다양한 인종, 종교만큼이나 다양하고, 다이나믹한 동남아경제를 실타래를 풀어 가듯, 퍼즐을 하나 하나 맞추어 가듯 재미나게 알아보고자 한다.

본서에 수록된 동남아 사진들은 저자가 직접 촬영한 사진과 Channelnews Asia, Archipelago Press 등에서 발췌하였다.

본서에서는 동남아가 꿈꾸는 경제적 행복이 동북아와 어떻게 다른지, 한국경제와 동남아경제의 닮은 점과 다른 점은 무엇인지 그리고 그 차이점은 왜 발생했는지 묻고 답하고자 한다.

젊은 달(Young Moon)

목차

CONTENTS

제1부 동남아 스케치

제3부 동남아 경제이야기

제4부 동남아 경제의 어제, 오늘, 내일

제5부 동남아의 공업화전략

제6부 동남아의 산업구조

제7부 동남아의 외국인 직접투자

제8부 동남아의 무역

제9부 도서부 동남아 경제

제10부 대륙부 동남아시아 경제

| 체크포인트 목차 |

01

동남아 스케치

제1장 _ 동남아 10개국의 한 컷

1. 싱가포르

2. 브루나이

3. 말레이시아

4. 인도네시아

5. 필리핀

6. 태국

7. 캄보디아

8. 베트남

9. 미얀마

10. 라오스

제2장 _ 종교로 만난 동남아

1. 동남아 힌두교

2. 동남아 이슬람교

3. 동남아 불교

4. 동남아 민간신앙

제3장 _ 동남아 탈 것들

1. 싱가포르 소나타택시

2. 브루나이 수상택시

3. 말레이시아 트라이쇼

4. 인도네시아 툭툭

5. 필리핀 지프니 / 필리핀 트라이시클로

6. 태국 툭툭

7. 캄보디아 오토바이택시

8. 베트남 시클로

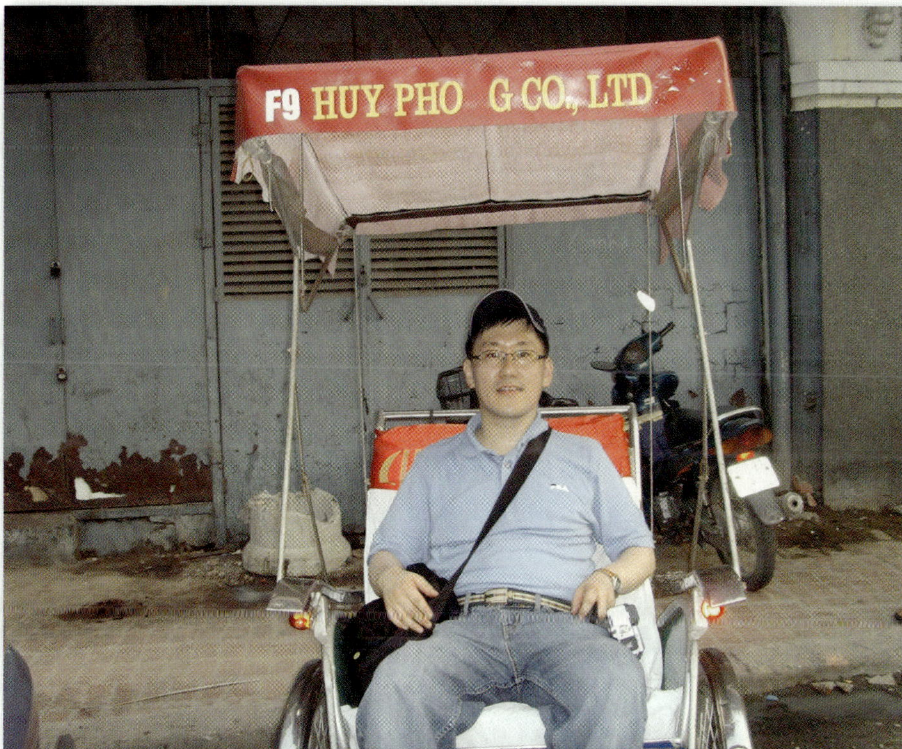

9. 미얀마 트럭택시

10. 라오스 툭툭

02

동남아 이야기속으로

제1장 _ 동남아 지리이야기

1. 아시아속의 동남아시아

한국이 속해있는 아시아는 크게 시베리아의 북부아시아, 몽골부터 카자흐스탄까지의 중앙아시아, 유럽과 아시아의 중간에 위치한 서남아시아, 인도양과 벵골 만으로 둘러쌓여 있는 남부아시아, 인도차이나 반도와 수 많은 섬들로 구성되어 있는 동남아시아, 한국, 중국, 일본, 타이완의 동북아시아로 분류할 수 있다.

2. 어디까지가 동남아인가?

동남아시아는 몬순아시아지역이고, 아시아의 남동부 지역으로 인도차이나반도와 그 남동쪽에 분포하는 말레이제도로 이루어져 있다. 동남아시아는 인도차이나반도의 베트남, 라오스, 캄보디아, 타이, 미얀마의 대륙부 동남아시아와 말레이 제도의 말레이시아, 싱가포르, 인도네시아, 필리핀, 브루나이, 동티모르의 도서부 동남아시아로 구분할 수 있다.

동남아 지역은 인도양을 향해 돌출한 세 개의 반도 중에서 오른쪽에 위치한 인도차이나반도가 대륙부 동남아시아를 구성하고 있고, 인도양과 태평양의 경계를 이루며 산재한 섬들이 도서부 동남아시아를 이루고 있다. 대륙부 동남아시아에는 미얀마, 라오스, 태국, 캄보디아, 베트남이 있고, 도서부 동남아시아에는 말레이시아, 인도네시아, 브루나이, 싱가포르, 필리핀, 동티모르가 있다.

Check Point 동남아의 최고와 최소

동남아시아의 명칭은 유럽사람들이 처음으로 불렀다. 유럽에서 보면 중동의 동쪽에 아시아가 있고, 그 아시아를 서아시아, 동아시아, 동남아시아로 분리하여 불렀다. 이러한 동남아시아는 인도차이나 반도의 대륙부 동남아시아와 섬과 군도로 구성된 도서부 동남아시아로 구분된다.

동남아시아에서 가장 면적이 큰 나라는 인도네시아이고, 가장 면적이 작은 나라는 싱가포르이다. 인구가 가장 많은 나라는 인도네시아이고, 인구가 가장 적은 나라는 브루나이이다.

〈표〉 아세안 국가별 인구와 면적(2011)

국 가	면 적
인도네시아	1,900,000㎢ (한반도의 9배)
미얀마	677,000㎢ (한반도의 3배)
태 국	514,000㎢ (한반도의 2.3배)
베트남	330,000㎢ (한반도의 1.5배)
말레이시아	329,733㎢ (한반도의 1.5배)
필리핀	300,400㎢ (한반도의 1.3배)
라오스	236,000㎢ (한반도의 1.1배)
캄보디아	181,035㎢ (남한의 약 1.8배)
브루나이	5,765㎢ (경기도 절반)
싱가포르	710㎢ (서울시 605.5㎢)
전 체	4,464,322㎢ (세계의 3.4%)

자료: IMF(2012).

Question

- 인도네시아의 면적은(한국과 비교)
- 싱가포르의 면적은(한국과 비교)
- 인도네시아의 인구는?
- 브루나이의 인구는?

제2장 _ 동남아 사람이야기

1. 동남아엔 누가 살았고, 누가 살고 있나

동남아시아 원주민은 원래 동남아지역에 거주하였던 것으로 추정되는 오스트랄로이드와, 인도에서 동남아지역으로 이주한 니그리토, 그리고 오스트랄로이드와 니그로토의 혼혈인 멜라네소이드였다.(Clark D. Neher, 1994)

이러한 전통적인 동남아의 인종은 그 이후 해상무역을 위해 동남아에 이주한 아랍인들 그리고 서구 열강들의 동남아 식민정책에 의해 이주가 본격화 된 중국인, 인도인을 통해 다양화되었고, 이러한 이주민들과 동남아 원주민의 통혼(通婚)으로 복잡한 인종구조를 갖게 된다. 동남아 11개국의 총인구는 약 6억명으로 전 세계 인구의 10%를 차지하고 있다.

〈그림〉 동남아 국가들의 인구비율 (2012) (단위: %)

자료: IMF(2012).

2. 동남아의 국가별 다수민족

동남아에는 다양한 민족들이 살고 있다. 동남아에서 가장 숫자가 많은 민족은 원래 중국 남서부에서 인도차이나 반도에 거주하였다고 추정되는 말레이 민족으로 이들은 한족, 비엣족, 타이족에 쫓겨서 남하하여 현재는 인도네시아, 말레이시아, 브루나이, 필리핀 등의 중심민족이 되었다.

이러한 말레이 민족이 이들지역에 도래하기 전에 이들지역은 파푸아 뉴기니인과 같은 민족이 거주하고 있었다. 이러한 말레이 민족은 베트남, 태국에서는 소수민족으로 되어 있다. 대륙부 동남아 국가들은 크메르족, 킨족, 버마족, 타이족이 각각 캄보디아, 베트남, 미얀마, 태국의 주요민족으로 거주하고 있다(今川暎一, 1994).

〈표〉 동남아의 인구 증가율 (단위: %)

국명	인구증가율 (2011)
브루나이	1.7
캄보디아	1.2
인도네시아	1.0
라오스	1.4
말레이시아	1.6
미얀마	0.8
필리핀	1.7
싱가포르	2.1
태국	0.6
베트남	1.0

자료: ASEAN(2012).

Check Point 동남아의 다수민족과 소수민족간의 갈등

동남아 국가들은 다양한 소수민족과 다수민족간의 갈등이 상존하고 있다. 미얀마에는 버마족이외에 카친, 카렌, 타이,크메르, 친, 로히거 등의 소수민족이 있고, 태국에는 크메르, 말레이 등의 소수민족이 있다. 베트남에도 54개의 소수민족이 있다(今川暎一, 1994).

Check Point 동남아는 인류의 문화박물관

동남아는 서로 다른 상이한 종교를 가진 다양한 민족이 공존하는 지역으로 아시아적 공동체문화속에 다양한 문화가 유지 발전되고 있다.

제3장 _ 동남아의 역사와 종교, 가치관

1. 동남아의 간추린 역사

동남아시아 지역은 BC 300년에 중국의 고대문화가 전해졌다. 그 이후에는 인도에서 발생한 힌두교와 불교가 동남아 들어와 샤일렌드라[1], 마자파히트[2]와 같은 고대 왕국에 영향을 미쳤다. 동남아에는 1세기경에 인도문화의 영향을 받은 최초의 힌두화된 왕국인 푸난(Funan, 扶南)왕국이 세워졌으며, 푸난왕국은 베트남, 태국, 캄보디아를 아우르는 지역이었다. 9세기에는 대륙부 동남아시아를 장악한 앙코르 왕국이 캄보디아에 세워졌다. 태국지역에는 소승불교에 기반을 둔 아유타야 왕국이 세워졌다. (Peter Church, 2003)

15세기에는 태국을 제외한 동남아지역이 서구열강들이 식민지배하에 들어가 약 300년 동안 식민지가 되었다. 제2차 대전 이후 동남아의 국가들은 1950년대까지 대부분 서구 열강들로부터 독립을 쟁취하였다.

그러나 해방 후 한국이 정치적, 사회적 혼란을 겪었듯이 동남아 국가들도 독립 이후 정치적, 사회적 혼란이 발생하였다. 특히 캄포디아, 베트남, 라오스는 공산화를 둘러싼 분쟁이 격화되었다.

2. 동남아 종교

동남아는 다양한 인종만큼이나 다양한 종교들이 유입되었고, 문화속에 다채로운 흔적들을 남겨 놓았다. 토속적인 애니미즘의 관행들도 외부에서 유입된 종교와 융합되어 지속되고 있다. 인도차이나반도의 미얀마, 태국, 라오스, 베트남, 캄보디아 등은 불교가 우세하다. 인도네시아와 말레이시아는 이슬람교가 정착되기 전에 불교와 힌두교가 유입되었으나, 현재는 대부분의 국민들은

---

1) 자바섬에 있던 불교왕조.
2) 동(東)자바섬에 있던 힌두계 왕조.

이슬람교를 신봉하고 있다. 브루나이도 이슬람교가 우세하다.

스페인의 식민통치를 받은 필리핀은 동남아에서 유일하게 그리스도교 국가이다. 동남아 전역에 직간접적인 영향을 미친 힌두교는 인도네시아의 발리에서 우세하고 싱가포르, 말레이시아의 인교들사이에서 신봉되고 있다. 유교는 베트남과 싱가포르에서 사회문화적 전통으로 남아있다.

3. 동남아의 낙천적 평등가치관

동남아는 서양에 비해 전통적으로 개인간의 치열한 상호경쟁보다는 공동체 의식이 강하다. 또한 동남아는 동북아에 상존하였던 남존여비 사상과 같은 남여차별이 없는 모계사회로 여성에 대한 교육과 여성의 사회진출이 활발한 사회이다.

제4장 _ 동남아와 친디아 이야기

1. 동남아의 중국, 인도 문화

동남아시아는 중국과 인도의 중간지대에 위치하고 있다. 이러한 지리적 요인으로 인해 동남아시아의 문화는 친디아의 직간접적인 영향을 받았다. 베트남은 BC 2세기에서 AD 9세기경까지 중국의 한(漢)족의 통치를 받아 베트남의 문화는 중국적인 색채가 강하고 베트남의 주류 인종은 중국 남부의 월족(越族)[3]과 관계가 있다. 태국의 주류 종족인 타이족도 중국의 쓰촨(四川)과 윈난(雲南) 등지에 거주하다가 동남아로 이주한 인종으로 중국문화의 영향을 많이 받았다. 또한 동남아시아 국가들의 문화에 공통적으로 남아 있는 것은 인도문화이다. 동남아의 문화유적의 상당부분은 인도문화에 뿌리를 두고 있는 경우가 많다.

Check Point 동남아의 중국문화와 인도문화는 어떤 영향을 미쳤나

동남아에 유입된 중국문화는 다양하게 동남아문화에 영향을 끼쳤는데 특히 유교적 가치질서는 국민들의 통치자와 국가에 대한 복종과 공경 등의 연공서열식의 유교적 위계질서를 형성하게 하였다. 이러한 유교적 가치는 최근까지도 서양의 개인주의적 사회질서와 상반된 아시아적 가치로 동남아의 일부국가에서 통치철학으로 계승발전되고 있다.

인도문화도 동남아에 지대한 영향을 미쳤는데, 특히 인도에서 발생된 힌두교와 불교는 동남아의 여러지역에 종교뿐만 아니라 동남아 초기 사회와 문화 형성에 직간접적인 영향을 주었다.

---

3) 중국 화남(華南)지방에 거주했던 종족이다.

2. 동남아의 화교와 인교 그리고 서양인

현재 동남아시아의 민족구성은 기원 전 후부터 7~8세기경까지 동남아에 도래하여 정착한 여러 민족과 근세에 서구 열강들의 식민정책 등에 의해 동남아에 정착한 중국인, 인도인이 혼합되었다.

동남아에 거주하게 된 중국인, 인도인들은 유럽인들의 동남아 진출에 따른 개발 및 운영에 필요한 노동자로 이주해 왔다. 그러나 이들은 동남아의 상업, 금융 등을 장악하면서 경제 중심으로 자리 잡게 되었다(今川暎一, 1994).

03

동남아 경제이야기

제1장 _ 동남아 경제입문

1. 동남아 경제개관

동남아는 인구가 약 6억명이고, 무역의존도가 100%를 넘는 중규모 경제권이다. 동남아 국가들은 1990년대 중반까지 고도성장을 달성했지만, 1990년대 후반 중국에 수출과 외국인 투자유치 등을 잠식당하는 가운데 과잉투자, 글로벌 금융체제에 미숙한 대응 등으로 경제위기를 겪기도 했지만, 슬기롭게 잘 극복하고 더 나은 미래를 향해 박차를 가하고 있다.

〈표〉 아세안 10개국의 주요 경제지표(2010)

국가명	인구(백만 명)	면적(천km^2)	GDP(억 달러)	1인당 GNI (세계은행 환율, 2010)	상품 수출 (억 달러)
부르나이	0.4	5.3	203	31.180	93
캄보디아	14.3	181.0	309	760	51
인도네시아	234.2	1,811.6	10,330	2,580	1,578
라오스	6.2	236.8	147	1,010	17
말레이시아	28.3	330.1	4,173	7,900	1,985
미얀마	59.8	676.5	-	-	88
필리핀	94.0	300.1	3,688	2,050	514
싱가포르	5.1	0.7	2,872	40,920	3,512
태국	67.3	514.0	5,888	4,210	1,932
베트남	86.5	330.4	2,776	1,100	722
아세안 합계	596.0	4,386.5	30,386	-	10,492
한국	48.9	99.7	14,165	19,890	4,664

자료: ADB(2011).

Check Point 동남아 국가의 경제순위

동남아 국가들중에서 GDP가 1,000억 달러 이상인 국가들중에서 규모가 가장 큰 나라는 인도네시아이고, 그 다음에 태국, 말레이시아, 싱가포르, 필리핀 순이다. 동남아 국가들 중에서 GDP가 100억 달러 미만인 국가는 라오스, 캄보디아 등이다.

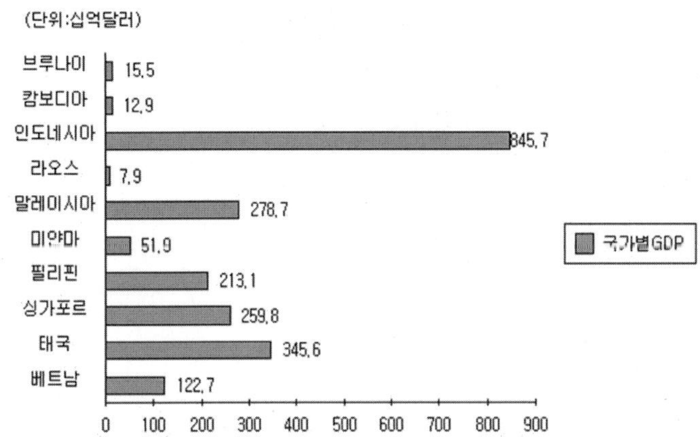

〈그림〉 동남아 국가별 GDP(2011)

자료: IMF.

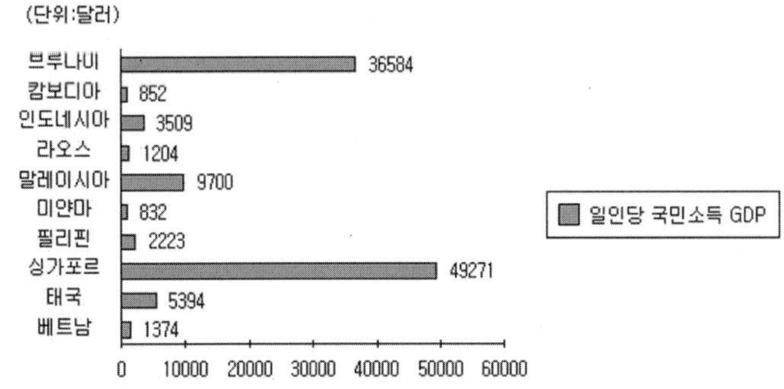

〈그림〉 동남아 국가별 일인당 국민소득 GDP(2011)

자료: IMF.

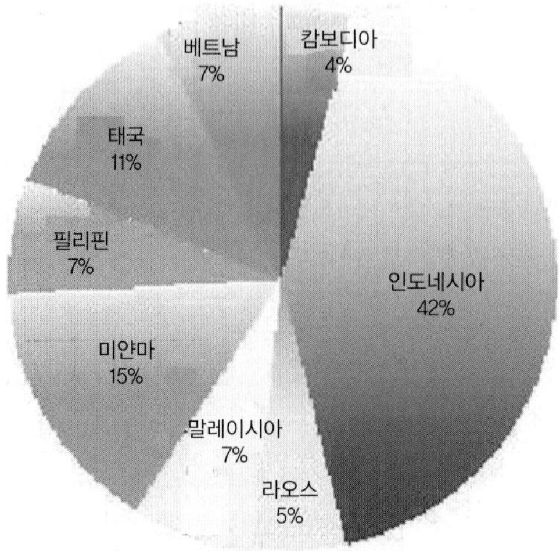

〈그림〉 동남아 국가의 국토 면적

주: 2011년 기준.
자료: ASEAN KOREA CENTRE(2012).

Check Point 한국과 동남아 경제력 비교

동남아 10개국의 인구는 약 6억명으로 한국의 12배이고, GDP는 1.3조 달러로 약 9,000억 달러인 한국의 1.3배 수준이다. 아세안의 1인당 국민소득은 약 2,200달러로 약 20,000 달러인 한국에 비해 매우 낮은 실정이다.

2. 경제적 관점에서 동남아 자연의 특징

동남아 기후는 일반적으로 고온다습한 열대와 아열대 기후로 1년이 우기와 건기로 구분된다. 이러한 기후적 요인으로 인해 동남아는 열대성 식물, 향신료, 과일 등이 풍부하고, 주식인 쌀의 2모작, 3모작도 가능하다.

또한 동남아는 농산물이외에도 목재, 고무 등의 임산물과 석유, 주석, 동, 보크사이트 등의 광산물도 풍부하다(今川暎一, 1994).

〈표〉 동남아 국가의 에너지 자원 현황(2009)

국가	원유		천연가스		석탄	
	매장량 (10억 배럴)	생산량 (천 배럴/일)	매장량 (조 ft^3)	생산량 (10억 m^3)	매장량 (백만 톤)	생산 량 (백만 톤)
브루나이	1.1	168	12.4	11.4	-	-
인도네시아	4.4	1,021	112.5	71.9	4,328	155.3
말레이시아	5.5	740	84.1	62.7	-	-
미얀마	3.2	-	21.19	14.7	-	-
태국	0.5	330	12.7	30.9	1,354	5.3
베트남	4.5	345	24.1	8.0	150	25.2

자료: IMF(2011).

제2장 _ 동남아의 식민경제

1. 유럽제국들의 동남아 땅따먹기

동남아에 정착한 여러 민족은 왕조나 지방호족세력으로 성장하였다가 16세기 이후 동남아지역에 진출한 서구열강에 굴복하여 태국을 제외하고는 대부분 식민지화되었다. 필리핀은 스페인과 미국에, 베트남, 라오스, 캄보디아는 프랑스에, 미얀마, 말레이시아, 싱가포르, 브루나이는 영국에, 인도네시아는 네덜란드의 식민통치를 받았다.

2. 경제적 관점에서 서구 열강들은 왜 동남아를 식민화했나

동남아는 천연자원이 풍부하고, 플랜테이션하기에 적합한 자연조건을 갖고 있다. 동남아에는 세계 최대의 주석이 매장되어 있고, 동남아는 고무를 대규모로 재배하는데도 최적지이다.

유럽의 서구열강들은 처음에는 동남아의 향신료를 선점하기 위해 동남아에 진출하였지만, 영국에서 산업혁명 이후 각국의 공업화가 가속화되자 각국의 공장에서 사용하는 원재료나 차, 설탕 등의 식품생산지로 개발하기 위해 동남아를 식민화하고자 했다.

3. 동남아 각국의 식민경제시스템

동남아는 서구열강들의 필요에 의해 상품작물 생산지와 상품작물을 전적으로 생산하는 식민지의 부족한 식량을 공급하기 위한 쌀생산지로 특화되었다. 인도네시아는 석유, 설탕, 차, 주석, 말레이 반도는 주석, 고무, 필리핀은 마, 설탕, 동 등을 생산하여 당시 공업국이었던 일본이나 서구 열강에 수출하였다.

이에비해 미얀마, 베트남은 쌀 생산에 특화하여 생산된 쌀을 상품작물 생산지인 동남아 국가들과 인도, 아프리카 등의 서구열강들의 식민지에 수출하였다(今川暎一, 1994). 식민통치를 받지 않은 태국도 쌀을 수출하였다. 이러한 동남아의 서구열강에 의한 분업체계에 의한 식민지형 경제시스템은 1920년까지 지속되었다.

제3장 _ 동남아 각국의 식민경제시스템

1. 동남아 국가들의 독립과정

서구 열강의 식민통치를 받던 동남아 각국에서는 제1차 대전 후 중산계급을 중심으로 독립운동이 선개되었다(今川暎一, 1994). 일부 동남아국가에서는 공산주의자들도 가세하였고 이러한 가운데 1930년대 세계 대공황은 동남아에 대불황을 가져 왔다. 이러한 사회적 혼란과 경제난으로 동남아에서는 농민 폭동이나 반란이 자주 발생하였다.

2. 동남아의 신생독립국가들

서구 열강의 식민통치를 받던 동남아 국가들은 제2차 세계대전 후 하나, 둘 독립국의 길을 걷게 된다. 1946년 필리핀이 미국으로부터 독립하고, 1948년 미얀마가 영국으로부터 독립한다.

1949년에는 인도네시아가 네덜란드로부터 독립한다. 라오스와 캄보디아는 1953년 프랑스로부터 독립하지만, 베트남은 1954년 주네브협정에 의해 북부에는 공산정권이 들어서고, 남부에는 친서방정권이 각각 들어섰다가 1960년대부터 1970초 까지 베트남 전쟁을 거친 후 1976년 통일베트남 정부가 출현하였다(今川暎一, 1994).

말레이시아는 1957년 말레이반도와 싱가포르가 말레이 연방으로 통합되어 영국으로부터 독립하였다가 1963년에는 말레이 연방에 북부보르네오의 영국령 식민지 사바, 사라와크가 포함되어 말레이시아가 되었다.

3. 신생독립국의 경제사회의 혼란

제2차 세계대전 이후 하나, 둘 독립하기 시작한 동남아의 신생 독립국들은 독립 이전의 서구 식민정부의 식민경제정책의 영향과 태생적인 자연조건의 상황에 따라 경제구조가 성립되었다.

대부분의 신생독립국인 동남아 국가들은 독립 이전 서구열강들이 고착화시킨 자원채취형 단일경작 농업과 광업이 경제의 주류를 이루었다. 또한 이 시기 동남아 국가들은 오랫동안 식민통치로 잠재워졌던 인종간, 종교간의 갈등이 증폭되는 사회적 혼란을 겪었다.

04

동남아 경제의 어제, 오늘, 내일

제1장 _ 동남아 경제의 시대별 이슈

1. 세계 오일쇼크가 동남아 경제에 미친 영향

제1차 오일쇼크는 동남아에 지대한 영향을 미쳤다. 제1차 오일쇼크로 석유 수입국인 필리핀, 태국은 경제가 위축되었지만, 산유국인 인도네시아 경제는 큰 이익을 창출하였다. 그러나 국제원유가의 상승과 동반하여 국제 1차산품의 가격도 급등하여 1차산품의 수출에 집중되어 있는 대부분의 동남아 국가들은 수출이 증가하여 제1차 석유위기로 인한 경제위기를 벗어날 수 있었다.

〈표〉 동남아 국가의 성장률 추이 (단위: %)

국가	1960~69	1970~79	1980~89	1990~95	1996~2000	2001~2005	2007	2008
싱가포르	8.7	9.4	7.3	8.9	6.4	4.1	7.7	1.2
말레이시아	-	8.0	5.8	9.5	5.0	4.4	6.3	5.1
태국	8.0	7.3	7.3	8.6	0.6	5.1	4.8	4.0
인도네시아	3.0	7.7	5.3	7.9	1.0	4.7	6.3	6.1
필리핀	4.8	6.1	1.9	2.2	2.0	4.5	7.3	4.6
베트남	-	-	5.0	8.2	7.0	7.5	8.5	6.2

자료: ADB.

Question

- 동남아 산유국과 중동 산유국의 차이점은 무엇인가?
- 제1차 오일쇼크가 동북아 국가들과 동남아 국가들에 미친영향은 무엇인가?
- 국제1차산품의 가격변동이 동남아 국가들의 경제에 미친 영향은 무엇인가?
- 동남아 국가들의 1인당 소득증가의 시대별 특징은 무엇인가?
- 동남아 국가들의 1950년대부터 1990년대까지 경제성장률의 특징은 무엇인가?

Check Point 말레이시아와 인도네시아의 경제정책의 공통점

말레이시아와 인도네시아는 선발 아세안국가중에서 싱가포르, 태국, 필리핀과 달리 산유국이다. 말레이시아와 인도네시아는 1970년대 제1차 석유위기와 제2차 석유위기로 외화수입이 급증하였고, 이러한 오일머니를 기반으로 중화학공업을 추진하였다.

2. 1980년대 국제유가 하락과 동남아경제

1980년대 전반 동남아의 경제 상황은 전반적으로 국제유가의 하락, 환율불안정, 정치적 불안정 등의 요인으로 침체기를 맞았다.

1970년대 제1차 오일쇼크, 제2차 오일쇼크에 천정부지로 치솟던 국제유가는 1982~1985년 기간 폭락하였다. 이러한 국제유가의 하락은 산유국인 말레이시아, 인도네시아뿐만 아니라 석유중계지 역할을 하던 싱가포르 경제에도 치명타를 입혔다.

〈표〉 동남아 및 주요국 1인당 GDP 및 성장률 추이 (단위: 달러, %)

	1인당 소득			성장률	
	1950	1973	1996	1950-1973	1973-1996
싱가포르	2,038	5,412	20,983	4.3	6.1
말레이시아	1,696	3,167	7,764	2.8	4.0
태국	848	1,750	6,112	3.2	5.6
인도네시아	874	1,538	3,464	2.5	3.6
필리핀	1,293	1,956	2,369	1.8	0.8
한국	876	2,840	12,874	5.2	6.8
미국	9,573	16,607	23,719	2.4	1.6
일본	1,873	11,017	19,582	8.0	2.5
영국	6,847	11,992	17,326	2.5	1.6
프랑스	5,221	12,940	18,207	4.0	1.5
독일	4,281	13,152	19,622	5.0	1.8

자료: IMF(2000).

Question

- 1980년대 전반 외환유동성 위기에 직면했던 동남아 국가는?
- 1980년대 전반 정치적으로 불안정했던 동남아 국가는?

Check Point 80년대 초반 동남아와 중남미 경제의 차이점

1980년대 선진국들의 불황과 이에따른 국제원유가와 국제1차산품의 가격 폭락은 1차산품의 수출에 집중되어 있던 동남아, 중남미 등의 개도국에 부정적인 영향을 미쳤다. 그러나 중남미와 동남아에 미친 영향의 정도는 달랐다(今川暎一, 1994).

중남미는 이시기 1차산품을 선진국으로 대량 수출하기 위해 해외로부터 자금을 차입하였다가 국제 1차산품의 수요감소와 가격폭락으로 수출이 급락하여 상환불능의 위험에 빠져 경제성장이 둔화되었다. 이에비해 동남아 국가들은 1차산품뿐만 아니라 공업제품 등으로 수출품목을 다양화하여 국제 1차산품의 가격폭락에 따른 위험으로부터 충격을 최소화 할 수 있었다.

〈표〉 1980년대 동남아 국가의 성장률 추이 (단위:%)

국가	1980-83	1985	1986	1987	1988
싱가포르	8.6	-1.6	2.3	9.7	11.6
말레이시아	6.6	-1.0	1.0	5.3	8.7
태국	5.5	4.6	5.7	9.3	13.4
인도네시아	6.0	2.3	5.9	4.9	5.8
필리핀	3.5	-7.0	3.4	4.3	6.8

자료: ADB.

〈표〉 동아시아의 소득격차

국가	빈곤인구(백만명)		인두지수(%)		지니계수	
	1975	1995	1975	1995	1984	1996
인도네시아	87.2	21.9	64.3	11.4	0.303	0.365
말레이시아	2.1	0.9	17.4	4.3	0.455	0.442
필리핀	15.4	17.6	35.7	25.5	0.41(1985)	0.462
태국	3.4	0.5	8.1	1.0	0.438(1988)	0.434

자료: World Bank.

3. 동아시아 경제모델중에서 동남아 발전모델의 특징

동아시아 기적(East Asian Miracle)이라는 용어는 세계은행이 1993년 한국, 일본, 대만, 홍콩의 4개국과 8개 고도성장국을 대상으로 경제성장요인을 국가경제정책적 차원에서 접근하여 칭한 용어이다. 이러한 동아시아 경제발전 모델(EAEM: East Asia Economic Model)의 특징은 높은 투자와 대외지향적 경제정책이다.

그런데 동북아 국가들과 동남아 국가들의 차이는 투자의 중심이 동북아 국가들은 한국의 재벌과 대만의 국내 중소기업처럼 자국의 국내기업이었는데, 동남아 국가들은 다국적기업의 투자가 많았다는 점이다. 동남아는 다국적기업이 동남아 각국의 제조업과 수출을 상당부분 담당하는 경제구조를 갖고 있다[1).

동남아경제 발전모델은 다국적 기업이 주도하는 경제성장으로 이로인해 동남아 각국은 경제성장 과정에서 자국의 국내기업을 육성하지 못했다. 특히 동남아는 1980년대 중반 이후 급증한 외국인 직접투자에 의한 대량생산과 수출로 경제성장을 시현하였다.

〈표〉 동남아 국가들의 수출에서 미국이 차지하는 비율과 국가별 순위

	1986	1987	1988	1989	1990	1991	1992
태 국	① 18	① 19	① 20	① 22	① 23	① 21	① 23
말레이시아	③ 16	③ 17	② 17	② 19	② 17	② 17	② 19
싱가포르	① 23	① 24	① 24	① 23	① 21	① 20	① 21
인도네시아	② 20	② 20	② 16	② 16	② 13	② 12	② 14
필 리 핀	① 36	① 36	① 36	① 38	① 38	① 36	① 40

자료: IMF, Direction of Trade Statistics Year book.

---

1) Daniel Lian, Asia Pacific : First Steps in Dismantling the East Asia Economic Model, Global Economic Forum, Morgan Stanley, 2001.

〈표〉 동남아 5국의 대일 · 대미 교역 (단위: 억 달러)

		1980	1985	1990	1995
수출	일본	17,833(26.8)	16,352(23.9)	25,636(18.4)	42,923(13.8)
	미국	11,263(16.9)	13,900(20.3)	27,910(20.1)	59,506(19.1)
수입	일본	13,798(21.8)	13,162(20.8)	37,314(23.5)	84,632(24.6)
	미국	9,713(15.4)	9,986(15.7)	23,403(14.8)	49,870(14.5)
수지	일본	4,035	3,190	-10,678	-41,709
	미국	1,550	3,914	4,507	9,636
	전체	3,355	5,131	-19,416	-32,706

자료: IMF.

〈표〉 동남아 국가들의 대미 무역수지 (단위 : 백만 달러)

	1986	1987	1988	1989	1990	1991	1992
태 국	294	543	447	1,516	1,640	2,079	2,527
말레이시아	263	596	738	881	42	182	1,263
싱가포르	1,438	2,241	2,546	1,910	1,414	1,173	-73
인도네시아	1,420	1,934	1,404	1,259	845	112	1,586
필 리 핀	416	521	689	803	566	541	1,084

자료: IMF.

Check Point 동아시아의 안행형 발전(Flying Geese)

동아시아의 공업화의 전개과정은 동북아의 선진국인 일본에서 발전하였다가 사양화된 산업이 신흥공업국인 한국, 대만으로 이전되어 발전되었고, 일본, 한국, 대만에서 경쟁력이 상실된 산업이 해외직접투자를 통해 동남아에서 발전되는 양상을 보였다

4. 동남아의 90년대 경제규모

1992년 아세안 선발6개국인 말레이시아, 인도네시아, 태국, 필리핀, 브루나이, 싱가포르와 인도차이나 반도의 베트남, 라오스, 캄보디아 9개국의 GNP는 4,061억달러로 중국의 4,359보다 작았고, 일본의 GNP 3조 6,962억달러의 9분의 1정도 규모였다.

1992년 아세안 9개국의 수입액은 1,767억달러로 중국의 수입액 817억달러보다 2배이상을 수입하였다. 또한 1992년 일본의 수입액 2,330억달러의 75% 규모로 수입비중이 높았다(今川暎一, 1994).

〈표〉 동남아 국가들의 경제성장률 (단위: %)

	1995	1996	1997	1998	1999
인도네시아	8.2	7.8	4.7	−13.1	0.8
필리핀	4.7	5.9	5.2	−0.6	3.4
태국	9.2	5.9	−1.4	−10.5	4.4
말레이시아	9.8	10.0	7.3	−7.4	6.1
싱가포르	8.2	7.8	8.3	−1.4	7.2
브루나이	4.5	2.9	−1.5	−0.6	3.1
베트남	9.5	9.3	8.2	5.8	4.8
캄보디아	6.5	5.3	5.7	5.0	12.6
라오스	7.1	6.9	6.9	4.0	7.3
미얀마	6.9	6.4	5.7	5.8	10.9

자료: ADB, Asian Development Outlook.

5. 1990년대 동남아의 경제위기 원인

동남아는 1990년대 중반 이후 과도한 투자가 비효율적으로 관리되는 가운데,중국의 대외개방정책의 가시화로 동남아의 수출경쟁력이 약화되면서 외채가 증가되었다. 중국의 대외개방과 경제성장은 동남아처럼 다국적 제조기업기업의 투자 유치와 수출로 동남아에 심각한 타격을 주었다.

6. 동남아의 2000년대 경제와 글로벌 금융위기

동남아 경제는 2007년까지 수출이 순항하면서 5~10%의 고도성장이 지속되었으나 2008년 글로벌 금융위기로 2009년 동남아 경제는 0.1%의 평균 성장률을 기록하였다.

동남아 경제는 대부분 수출 주도형 경제정책을 시행하고 있어 수출 의존도가 높다. 이처럼 동남아 경제는 수출의존도가 높아 글로벌 금융위기로 인한 주요 선진국들의 수입 수요 감소로 수출이 감소되어 경제가 침체되었다. 특히 무역의존도가 높은 싱가포르, 말레이시아 등의 경제가 침체되었다. 그러나 무역의존도가 낮고 내수시장이 큰 동남아 국가들은 글로벌 금융위기의 피해가 적었다(손승호, 2010).

글로벌 금융위기가 발생하기 이전 2000년대 동남아의 경제는 전반적으로 2000년대 중반 이후 지속된 고유가, 국제원자재 가격 상승, 해외 자본의 유입 등으로 2007년부터 2008년 상반기까지 인플레이션이 발생하였다. 그러나 미국발 글로벌 금융위기가 발생한 2008년 하반기에는 동남아 경제가 침체되었나. 동남아 국가들은 침체된 경기를 회복하기 위해 재정지출과, 통화량을 확대하고, 금리를 인하하는 경기부양 정책을 실시하였다.

〈표〉 경제성장률 (단위 : %)

국가별	2000
브루나이	2.8
캄보디아	8.8
인도네시아	4.9
라오스	5.8
말레이시아	8.9
미얀마	13.7
필리핀	4.4
싱가포르	9.0
태국	4.8
베트남	6.8

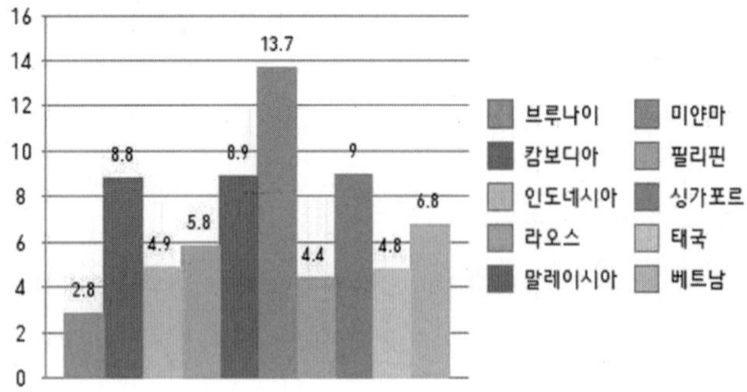

〈그림〉 동남아 10개국 경제성장률 (2000)

〈표〉 동남아 국가들의 주요 경제지표(2010)

구분	GDP	1인당GDP	물가상승률	수출	수입	수출입액
국가	백만 달러	달러	%	백만 달러	백만 달러	백만 달러
인도네시아	546,527.0	2,362.1	5.0	116,510.0	96.829.2	213,339.2
필리핀	161,357.6	1,749.6	3.3	38,334.7	45,533.9	83,868.6
태국	264,322.8	3,950.8	−2.4	152,497.2	133,769.6	286,266.8
말레이시아	193,107.7	6,822.1	0.5	156,890.9	123,330.5	280,221.4
싱가포르	182,701.7	36,631.2	0.6	269,832.5	245,784.7	515,617.1
브루나이	14,146.7	34,827.0	2.1	7,168.6	2,399.6	9,568.2
Asean 6	1,362,163.5	3,211.1	−	741,233.8	647,647.5	1,388,811.2
베트남	96,317.1	1,104.2	−1.3	56,691.0	69,230.9	125,921.9
캄보디아	10,368.2	693.2	−0.7	4,985.8	3,900.9	8,886.7
라오스	5,579.2	942.1	−0.5	1,237.2	1,725.0	2,962.1
미얀마	24,972.8	419.5	7.91	6,341.5	3,849.9	10,191.3
CLMV	137,237.3	824.6	−	69,255.4	78,706.6	147,962.0
ASEAN	1,499,400.8	2,533.5	−	810,489.2	726,354.1	1,536,843.3

자료: ASEAN.

〈표〉 동남아 국가들의 2000년대 경제

	2005년	2006년	2007년	2008년	2009년	2010년	2011년
인도네시아	5.7	5.5	6.3	6.0	4.5	5.5	6.0
필리핀	5.0	5.3	7.1	3.8	0.9	3.8	4.6
태국	4.6	5.1	4.9	2.5	−2.3	4.0	4.5
말레이시아	5.3	5.8	6.2	4.6	−1.7	5.3	5.0
싱가포르	7.6	8.7	8.2	1.4	−2.0	6.3	5.0
브루나이	0.4	4.4	0.2	−1.9	−1.2	1.1	1.5
베트남	8.4	8.2	8.5	6.2	5.3	6.5	6.8
캄보디아	13.3	10.8	10.2	6.7	−2.0	4.5	6.0
라오스	6.8	8.7	7.8	7.2	6.5	7.0	7.5
미얀마	4.5	7.0	5.5	3.6	4.4	5.2	5.5

자료: ADB. Asian Development Outlook.

〈표〉 동남아 국가들의 역내·외 수출입 총액 및 구성비(2005)

국가	아세안 역내 수출입 총액		아세안 역외 수출입 총액	
	금액(백만$)	구성비(%)	금액(백만$)	구성비(%)
브루나이	2.633.2	28.9	6.475.1	71.1
캄보디아	1.226.5	19.1	5.210.9	80.9
인도네시아	37.862.3	23.4	124.001.8	76.6
라오스	790.5	79.8	199.7	20.2
말레이시아	73.270.2	25.7	212.272.7	74.3
미얀마	3.324.4	59.0	2.305.9	41.0
필리핀	18.410.5	18.6	80.773.3	81.4
싱가포르	146.102.0	28.6	363.987.9	71.4
태국	50.484.0	20.3	198.204.3	79.7
베트남	18.667.7	24.2	58.602.8	75.8

자료: ASEAN.

〈표〉 동남아 국가들의 10대 교역국(2006)

구분		금액(백만$)			구성비(%)		
		수출	수입	합계	수출	수입	수출입
주요교역국가	아세안 역내	189.176.8	163.594.5	352.771.4	25.2	25.0	25.1
	일본	81.284.9	80.459.6	161.780.5	10.8	12.3	11.5
	미국	96.943.5	64.252.5	161.196.0	12.9	9.8	11.5
	EU-25	94.471.8	66.118.1	160.589.9	12.6	10.1	11.4
	중국	65.010.3	74.950.9	139.961.2	8.7	11.5	10.0
	한국	25.670.0	26.849.7	52.519.6	3.4	4.1	3.7
	호주	23.148.5	13.262.8	36.411.4	3.1	2.0	2.6
	인도	18.928.1	9.774.6	28.702.7	2.5	1.5	2.0
	캐나다	3.916.4	2.970.3	6.886.8	0.5	0.5	0.5
	러시아	1.583.0	2.841.1	4.424.1	0.2	0.4	0.3
	뉴질랜드	3.018.6	1.531.2	4.549.8	0.4	0.2	0.3
	파키스탄	2.986.2	296.1	3.282.4	0.4	–	0.2
	소계	606.138.2	506.937.5	1.113.075.7	80.7	77.5	79.2
기타 국가		144.569.6	147.160.4	291.730.0	19.3	22.5	20.8
아세안 전체		750.707.8	654.097.8	1.404.805.7	100.0	100.0	100.0

자료: ASEAN Secretariat.

Check Point 글로벌 금융위기가 동남아 각국에 미친 영향

글로벌 금융위기에도 불구하고 내수시장이 큰 베트남과 무역의존가 낮은 인도네시아는 안정적인 경제성장을 보였다. 인도네시아의 무역의존도는 40% 이하이다. 베트남의 GDP에서 민간소비가 차지하는 비중은 60% 이상이다. 필리핀도 GDP에서 민간소비가 차지하는 비중이 70% 이상으로 높으나, 필리핀은 산업구조에서 다른 동남아 국가들에 비해 제조업의 비중이 상대적으로 낮고, 경제의 일정부분은 필리핀 해외 근로자의 송금에 의존하고 있어 경제가 침체되었다. 2010년 동남아시아 경제는 글로벌 금융위기 이전 수준을 대부분 회복하였다.

〈표〉 동남아 국가들의 무역의존도 (단위: %)

국가	1990	1995	2000	2003	2005	2007
캄보디아	17.8	59.3	90.9	101.9	108.7	110.1
인도네시아	41.5	42.6	58.0	40.7	50.1	43.6
라오스	30.5	50.4	49.9	37.4	50.0	48.6
말레이시아	133.3	170.5	192.1	170.6	185.2	172.9
필리핀	47.9	62.0	94.7	99.0	91.8	75.3
싱가포르	307.0	287.8	294.0	317.9	359.0	348.2
태국	65.7	75.7	107.0	109.2	129.6	119.3
베트남	79.7	65.6	96.6	114.8	130.8	157.3
한국	51.1	50.3	65.0	61.3	68.9	75.1

자료: ADB(2008).

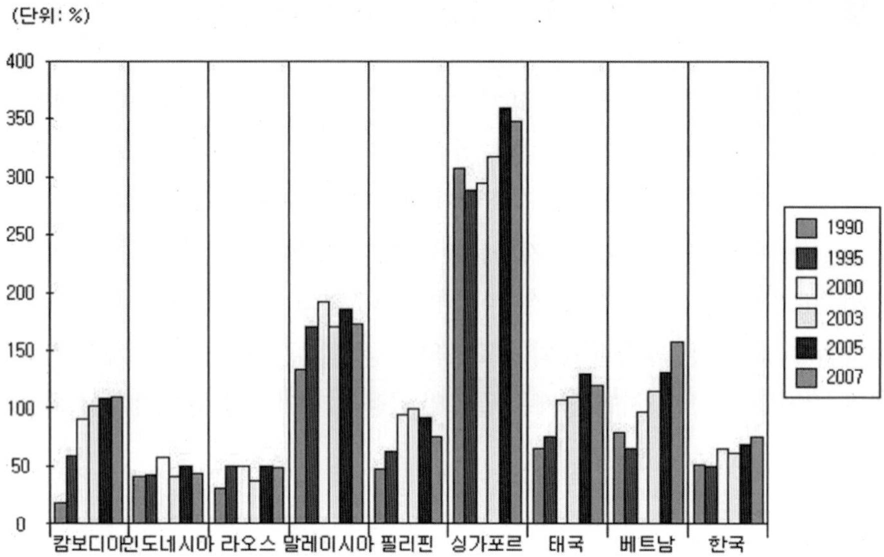

〈그림〉 동남아 국가들의 무역의존도

자료: ADB(2008).

〈표〉 동남아 국가들의 수출입(2008-2009)

(단위: 백만달러)

국가	2008년			2009년		
	수출	수입	합계	수출	수입	합계
브루나이	10,268.0	2,506.7	12,774.7	7,168.6	2,399.6	9,568.2
캄보디아	4,358.5	4,417.0	8,775.6	4,985.8	3,900.9	8,886.7
인도네시아	137,020.4	129,197.3	266,217.7	116,510.0	96,829.2	213,339.2
라오스	827.7	1,803.2	2,630.9	1,237.2	1,725.0	2,962.1
말레이시아	194,495.9	144,298.8	388,794.7	156,890.9	123,330.5	280,221.4
미얀마	6,620.6	3,794.9	10,415.4	6,341.5	3,849.9	10,191.3
필리핀	49,025.4	56,645.6	105,671.0	38,334.7	45,533.9	83,868.6
싱가포르	338,175.9	319,780.3	657,956.2	269,832.5	245,784.7	515,617.1
태국	174,966.7	177,567.5	352,534.2	152,497.2	133,769.6	286,266.8
베트남	61,777.8	79,579.2	141,357.0	56,691.0	69,230.9	125,921.9

자료: KITA.

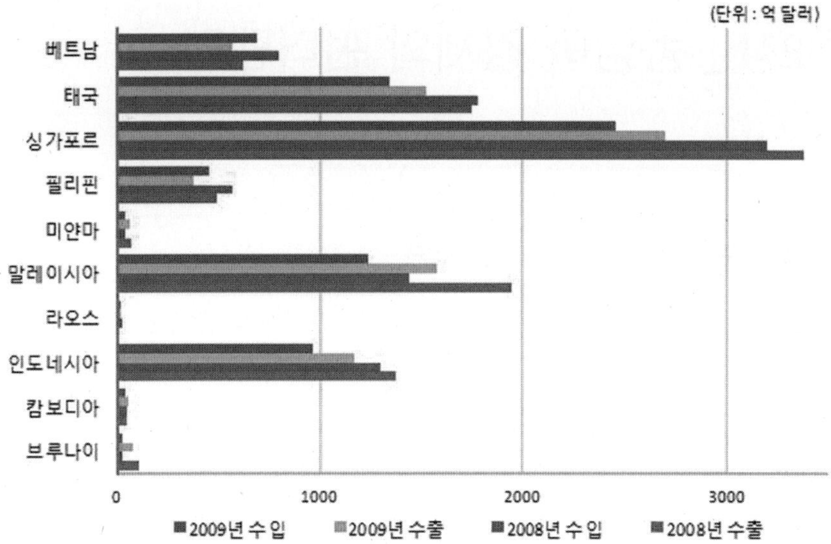

〈그림〉 동남아 국가들의 2008-2009년 수출입 현황
자료: KITA.

〈표〉 아세안 위기의 비교(1997~1998년과 2008~2009년)

구부	1997~1998년 위기	2008~2009년 위기
세계 생산	성장	급격히 위축
세계무역량	1998년만 약간 둔화	2009년의 경우 1982년 이후 최대 감소
위기	아세안에서 시작, 역내 국가에 큰 영향	미국 및 선진국에서 시작, 세계 전체에 부정적 파급
역내 성장률	세계경제 호조와 수출증가로 빨리 회복	글로벌 회복이 지체되면서 완만한 속도로 회복
위축의 요인	순수출 급증에도 내수 감소	정부지출 증가에도 수출감소, 투자부진
수출량	급격히 증가	예외 없이 감소
1차 산품 수출국	세계 수요증가로 혜택	가격하락과 세계 수요감소로 고통
경상수지	위기 동안 급속히 조정	2008년 고유가 및 수출감소로 악화
자본흐름	인도네시아, 태국에서 급감	모든 나라에서 악화
통화	대부분 국가에서 환율 상승	큰 변동 없음
외환보유고	급격히 감소	큰 변동 없음

자료: World Bank.

제2장 _ 동남아 경제의 펀더멘털

1. 동남아 국가들의 재정과 외채문제

선발 동남아국가인 말레이시아, 인도네시아, 필리핀은 공기업 중심의 공업화를 추진하는 가운데 공기업의 지출이 증가하여 재정적자가 확대되었다. 또한 정부 보증채무 증가로 대외채무가 증가했다. 이러한 재정악화와 누적채무를 감소하기 위해 말레이시아 등에서는 공기업을 민영화하여 정부보증 채무를 줄였다.(平嫁大祐, 1994)

선발 동남아 국가들은 전반적으로 수출증대와 저축이 투자보다 많아 경상수지의 흑자기조를 유지하고 있지만, 정부지출이 정부수입보다 많아 재정수지는 적자가 지속되고 있다. 특히 선발 아세안 5개국 중에서 싱가포르이외의 대부분의 국가들의 외채비율이 높다(박번순, 2004).

2. 동남아 국가들의 투자

동남아 국가들의 투자의 GDP 비율은 다른 개도국들에 비해 양호한 수준이다. 일반적으로 개도국의 경우 투자비율이 10%정도이면 공업화의 초기단계로 수입대체 공업화 과정의 경제구조이다.

투자의 GDP 비율이 20%대가 되면 수입대체 공업화를 하면서 수출지향공업화가 진행되고 있는 경제구조이다. 투자비율이 30% 이상이 되면 수출지향형 공업화가 상당히 진행되어 사회간접자본 투자도 상당부분 활성화되어 있는 단계이다.

선발 아세안 국가들은 전반적으로 80~90년대 투자가 양호한 수준으로 투자가 공급능력의 향상을 가져와 수출의 증가를 가져왔다. 선발 아세안 국가중에서 투자의 GDP비율이 가장 높은 국가는 싱가포르로 40%정도였고 가장 낮은 국가는 필리핀으로 약 20%정도였다. 특히 싱가포르는 총투자에서 해외직접투자가 차지하는 비율이 1992년 23.1%나 되었다(今川暎一, 1994).

전반적으로 선발 아세안 국가들은 자국의 공업화를 위해 높은 투자율과 저축율로 자본을 축적하였다. 1990년대 후반 싱가포르의 저축율은 50%정도였고, 말레이시아도 40% 이상으로 필리핀을 제외하고는 대부분 30% 이상의 양호한 상태였다(박번순, 2004).

그러나 동남아 국가들의 GDP 대비 연구개발 지출은 공업선진국인 미국과 동북아의 한국과 일본에 비해 매우 적은 수준이다. 한·미·일의 GDP 대비 연구개발 지출이 약 3%인데 비해 동남아 국가들은 2%대인 싱가포르를 제외하고는 대부분 1% 이하이다(김득갑, 2009).

〈표〉 동남아 국가들의 국내저축의 대 GDP 비율 (단위: %)

연 도	싱가포르	말레이시아	태 국	필 리 핀	인도네시아
1980	37.4	27.7	21.8	27.0	38.4
1981	40.2	27.6	23.2	27.8	38.7
1982	40.9	28.5	25.6	27.9	31.5
1983	42.2	30.3	24.5	29.0	29.0
1984	44.0	33.0	24.9	23.9	31.0
1985	40.6	32.3	26.6	18.8	31.3
1986	39.7	37.9	28.5	19.1	33.6
1987	40.8	40.0	30.0	19.6	35.0
1988	41.7	37.7	33.2	19.4	35.8
1989	42.6	36.4	34.6	20.1	37.2
1990	43.0	5.5	34.6	17.9	36.3
1991	43.6	33.7	35.2	15.6	36.0
1992	44.8	36.8	35.3	13.5	37.4

자료: ADB.

〈표〉 동아시아의 저축률과 투자율

(단위:%)

국가	저축률(저축/GDP)				투자율(투자/GDP)			
	1980	1990	1990-95	1997	1980	1990	1990-95	1997
인도네시아	29.2	32.3	31.0	29.9	20.9	30.7	31.3	31.3
말레이시아	32.9	34.4	36.6	43.8	30.4	32.4	37.5	42.0
필리핀	26.6	18.7	16.6	20.3	29.1	24.2	22.4	23.8
싱가포르	38.8	43.4	47.0	51.8	46.3	36.6	34.9	37.4
태국	23.0	34.3	34.4	32.9	29.1	37.7	41.0	35.0
한국	23.8	37.2	35.6	33.1	31.7	37.7	36.8	35.0

자료: ADB.

〈표〉 동남아 국가들의 R&D(2006)

국가	R&D지출비율(%) (대 GDP)	국민 1인당 R&D지출(달러)	기업의 R&D지출 (백만달러)	내국인의 특허등록 건수
싱가포르	2.31	716	2,073	464
말레이시아	0.64	37.3	844	83
태국	0.24	7.7	198	60
인도네시아	-	-	-	16
필리핀	0.12	1.4	67	-
한국	3.22	592	22,110	59,355
일본	3.32	1,185	115,766	116,806
미국	2.61	1,135	241,809	82,910
중국	1.42	28.7	26,008	16,807

자료: IMD(2008).

3. 동남아 경제의 한계

첫째, 동남아 국가들의 산업정책에서 가장 큰 한계이자 개선해야 될 점은 싱가포르, 말레이시아, 태국을 제외한 대부분의 동남아 국가들은 사회간접자본이 미약하여 경제성장의 걸림돌로 작용하고 있다.

둘째, 동남아 국가들은 대부분 무역의존도가 높아 국제통상 환경변화에 따라 국내경제가 심각한 영향을 받는 취약한 구조를 갖고 있다.

셋째, 동남아 국가들은 전반적으로 정치적 불안요인이 상존하고, 부정부패에 따른 사회적, 경제적 혼란과 비효율성이 지속되고 있다.

넷째, 동남아 국가들은 계층간, 지역간, 도농간, 농업과 공업간, 수출산업과 내수산업간의 생산성과 소득격차가 크다.

〈표〉 동남아 주요국의 전력 생산 및 소비 추이 (단위: TWh)

구분	비고	2007	2008	2009	2010	2011^{e}
베트남	생산	64.0	70.0	83.2	97.3	103.9
	소비	56.5	62.6	72.9	84.6	93.6
인도네시아	생산	134.4	141.2	144.2	163.7	175.0
	소비	119.3	126.2	135.7	148.1	159.6
말레이시아	생산	92.0	91.9	101.1	106.8	111.3
	소비	88.0	88.7	92.4	99.4	104.0
필리핀	생산	56.6	57.4	59.2	67.5	72.6
	소비	49.0	49.7	55.6	60.5	64.2
태국	생산	135.2	139.0	142.1	148.3	155.8
	소비	129.5	131.6	134.8	141.6	147.9

자료: US Energy Information Administration, National Statistics Agencies, BMI.

Check Point 동남아의 부정부패

아시아 경제의 공통 분모인 정부와 기업의 결탁 및 부정부패 현상은 동남아를 비껴가지 않았다. 동남아 국가들은 공업화 과정에서 사회간접자본에 대한 투자가 필요했고, 이러한 인허가 과정에서 친인척이나 특정기업에 대한 독점과 특혜가 발생하였다. 가장 대표적인 사례는 인도네시아 수하르토 대통령의 친인척들의 비즈니스에서 찾을 수 있다.

Check Point 동남아 경제의 기본체력은 강한가, 약한가?

동남아 경제가 지속적으로 성장할 수 있는가의 관건은 동남아 경제의 펀더멘털이 얼마나 견고한가에 달려 있다. 무엇보다 자체 기술력에 기반한 생산이 가능한가와 지속가능한 기술력이 있는가가 중요하다.

그런데 동남아 경제는 대부분 자체 기술력에 기반한 생산과 수출이 미약하고, 대부분의 동남아 국가들은 다국적 기업의 생산기지로서의 역할만 수행하였다. 이 과정에서 다국적 기업들은 동남아를 단순히 저임금에 의한 우회수출 생산기지로서만 간주하여 기술이전이 잘 이루어지지 않았다.

이처럼 다국적 기업들의 기술이전이 잘 이루어지지 않은 가운데 동남아 국가들의 자체기술 개발에 대한 연구개발 투자도 잘 이루어지지 않아 동남아 국가들의 지속가능한 성장을 위한 기본체력은 매우 약하다.

〈표〉 동남아 국가들의 국가경쟁력지수

국명	전체 순위			Basic Requirements		Efficiency enhancers		Innovation and Sophistication Factors	
	순위	점수	2011년 (순위)	순위	점수	순위	점수	순위	점수
싱가포르	2	5.67	2	1	6.34	1	5.65	11	5.27
말레이시아	25	5.02	21	27	5.38	23	4.89	23	4.7
브루나이	28	4.87	28	21	5.56	6	4.05	62	3.64
태국	38	4.52	39	45	4.89	47	4.38	55	3.72
인도네시아	50	4.4	46	58	4.74	58	4.2	40	3.96
필리핀	65	4.41	75	80	4.35	61	4.17	64	3.6
베트남	75	4.41	65	91	4.22	71	4.02	90	3.32
캄보디아	85	3.94	97	97	4.14	85	3.84	72	3.53

자료: WEF(2012).

〈표〉 동남아시아 5개국의 소득계층별 인구 (단위: 백만 명)

	저소득층	하위 중산층	상위 중산층	부유층	계	하위+상위
2009년	270	163	32	14	478	195
2015년	178	252	76	30	535	328
2020년	123	261	127	50	561	388

주1: 저소득층은 세대당 가처분소득이 연간 5,000달러 이하, 하위 중산층은 5,000~15,000달러, 상위 중산층은 15,000~35,000달러 이하, 부유층은 35,000달러 이상

주2: 동남아시아 5개국은 인도네이사, 필리핀, 베트남, 태국, 말레이시아.

자료: Euromonitor. Daniel Lian, Asia Pacific : First Steps in Dismantling the East Asia Economic Model, Global Economic Forum, Morgan Stanley, 2001.

05

동남아의 공업화전략

제1장 _ 동남아 공업화 개요

1. 동남아의 공업화 개관

선발 아세안 5개국인 싱가포르, 말레이시아, 인도네시아, 태국, 필리핀의 경제규모와 경제발전 단계는 상이한 부분도 있지만, 경제발전 전략은 유사한 점이 많다. 이들 5개국의 경제는 공통적으로 대외지향적인 공업화 정책을 추진하여 1960년대 이후 고도성장을 이루었다(박번순, 2004).

〈표〉 동남아 3국의 기술도입에서 미국·일본·유럽이 차지하는 비중 (단위: 건, %)

	말레이시아[1] 1976~83	싱가포르[2] 1976~1983	타이 1976~1981
일본	227(31.3)	135(25.0)	141(36.4)
미국	75(10.3)	132(24.4)	73(18.8)
영국	96(13.2)	51(9.4)	30(7.7)
서독	54(37.1)	32(7.4)	
프랑스	18(2.5)	5(0.9)	144(5.9)
기타	255(35.2)	186(34.4)	
합계	725	541	388

주: 1)기술공여 계약으로 매니지먼트, 합병 서비스, 상표, 특허, 엔지니어링 계약 등 포함.
2)제조업에 대한 투자건수의 누계.
자료: Majangguangi(1993), IMF.

2. 동남아의 공업화가 가져 온 사회문제

동남아 경제가 외국인 직접투자에 의한 제조업을 중심으로 한 수출견인 경제구조로 변모되면서 동남아 각국에서는 전통적인 농업과 신산업인 공업간의 격

〈표〉 동남아의 외국인 직접투자 추이 (단위: 백만 달러)

	1980~85	1986~90	1992	1993	1986~93
인도네시아	8.619	20.319	10.313	8.144	47.554
말레이시아	2.484	13.045	6.977	2.336	28.560
필리핀	1.747	2.483	284	532	4.077
싱가포르	1.590	4.117	1.678	1.950	9.170
태국	2190	25.925	10.022	4.295	45.230

주: 싱가포르, 말레이시아는 제조업에 대한 투자.
자료: 인도네시아 BKPM, 말레이시아 MIDA, 필리핀 BOI, 싱가포르 EDB, 태국 BOI. KIET(1995).

차와 농업과 공업간의 발전차이가 가져온 도농간의 소득격차가 사회문제로 대두되었다.

또한 동남아 각국에서는 수출산업과 내수산업의 생산성과 경쟁력의 차이도 발생하였다. 동남아 각국의 비수출 소비재 산업과 유통산업은 전통적으로 동남아 화교들이 장악하고 있었는데, 이러한 내수산업과 외국인 직접투자에 의한 다국적 기업 중심의 수출산업간에도 생산성 차이가 발생하였다.

〈표〉 동남아의 국가 간 경제력 격차(2006)

국가	1인당소득 (2000년 불변)	빈곤인구 비율(2007)		5세 미만 사망률 (1천명당)	기대수명	중등학교 취학률
		1달러기준	2달러기준			
캄보디아	445	9.3	50.5	82.2	58.9	38.2
인도네시아	983	6.7	45.2	33.6	68.2	62.2(' 05)
라오스	439	14.4	62.3	74.6	63.9	43.5
말레이시아	4,535	〈0.5	2.8	11.6	74.0	n.a
미얀마	-	-	-	104.0	61.6	49.0
필리핀	1,155	11.9	44.9	31.6	71.4	84.8(' 05)
싱가포르	27,125	-	-	4.1	79.9	63.2(' 05)
태국	2,601	1.5	21.4	12.9	70.2	78.1
베트남	576	4.0	32.9	30.0	70.8	75.7

자료: World Bank, WDI. Seri(2011).

제2장 _ 동남아 공업화의 추진과정과 영향

1. 동남아의 수입대체 공업화와 보호무역주의

공기업 중심의 공업화가 공기업의 경영악화로 국가재정이 악화되자 동남아 국가들은 민간자본을 활용한 수입대체 공업화를 추진하였다. 수입대체 공업화 정책은 국내산업을 외국제품으로부터 보호하는 정책을 말한다. 이러한 수입대체 공업화과정에서 동남아 국가들은 고관세, 수입규제 등으로 자국의 국내기업을 보호하고 세제 우대 등으로 국내산업을 육성하는 보호무역정책을 추진하였다.

〈표〉 아시아 국가의 성장률 추이 (단위: %)

국가	1960-1969	1970-1979	1980-1989	1990-1995	1996-2000	2001-2005
한국	7.6	9.3	7.8	7.8	4.6	4.6
싱가포르	8.7	9.4	7.3	8.9	6.4	4.1
말레이시아	-	8.0	5.8	9.5	5.0	4.4
태국	8.0	7.3	7.3	8.6	0.6	5.1
인도네시아	3.0	7.7	5.3	7.9	1.0	4.7
필리핀	4.8	6.1	1.9	2.2	2.0	4.5
베트남	-	-	5.0	8.2	7.0	7.5

자료: ADB, Key Indicators of Developing Asian and Pacific Countries.

2. 동남아의 수출지향형 공업화

동남아국가들은 1980년대 국제원자재 가격 폭락에 따라 경상수지가 악화되면서 수출지향형 공업화를 추진하게 된다. 그러나 싱가포르를 제외하면 섬유 등의 일부품목에 한정되었다(平嫁大祐, 1994).

〈표〉 동남아국가의 산업구조 변화(2000-2007)

(단위: %)

국가	2000년			2007년		
	1차 산업	2차 산업	3차 산업	1차 산업	2차 산업	3차 산업
브루나이	2.7	47.8	49.5	3.6	48.3	48.1
캄보디아	37.9	23.0	39.1	31.9	26.8	41.3
인도네시아	15.6	45.9	38.5	13.8	46.7	39.4
라오스	52.6	22.9	24.6	42.6	31.8	25.6
말레이시아	8.3	46.8	44.9	10.0	46.8	43.2
미얀마	57.2	9.7	33.1	48.4	16.2	35.4
필리핀	15.8	32.3	52.0	14.1	31.7	54.2
싱가포르	0.1	33.6	66.3	0.1	29.4	70.5
태국	9.0	42.0	49.0	11.4	43.9	44.7
베트남	24.5	36.7	38.7	20.3	41.6	38.1

자료: ADB.

〈표〉 미·일·EC의 무역에서 차지하는 동남아 국가들의 시장점유율

(단위: %)

무역국 상		일본				미국					EC(괄호안은 EC 역내 제외)					
대국		1973	1976	1979	1982	1985	1973	1976	1979	1982	1985	1973	1976	1979	1982	1985
인도네시아	수출	2.4	2.4	2.1	3.1	1.2	0.6	0.9	0.5	1.0	0.4	0.2(0.5)	0.4(0.8)	0.2(0.4)	0.5(1.0)	0.3(0.6)
	수입	5.8	6.3	7.9	9.1	7.8	0.7	2.5	1.8	1.8	1.4	0.2(0.4)	0.2(0.4)	0.2(0.5)	0.2(0.4)	0.2(0.5)
말레이지아	수출	1.2	1.0	1.5	1.8	1.2	0.2	0.5	0.5	0.8	0.7	0.2(0.4)	0.2(0.3)	0.2(0.4)	0.2(0.4)	0.2(0.4)
	수입	2.0	2.1	2.9	2.3	3.3	0.6	0.8	1.0	0.8	0.7	0.4(0.8)	0.4(0.7)	0.4(0.8)	0.3(0.5)	0.3(0.7)
필리핀	수출	1.7	1.7	1.6	1.3	0.5	0.7	0.7	0.9	0.9	0.6	0.1(0.2)	0.1(0.3)	0.1(0.3)	0.1(0.3)	0.1(0.2)
	수입	2.1	1.2	1.4	1.2	1.0	1.0	0.8	0.7	0.8	0.6	0.1(0.2)	0.1(0.3)	0.2(0.3)	0.2(0.3)	0.1(0.3)
싱가포르	수출	2.5	2.3	2.6	3.1	2.2	1.0	0.8	1.3	1.5	1.6	0.3(0.6)	0.3(0.6)	0.3(0.7)	0.4(0.9)	0.4(1.0)
	수입	0.6	1.0	1.3	1.4	1.2	0.7	0.5	0.7	0.9	1.2	0.2(0.4)	0.2(0.3)	0.2(0.5)	0.2(0.5)	0.3(0.6)
타이	수출	1.9	1.6	1.7	1.4	1.2	0.4	0.3	0.5	0.4	0.4	0.2(0.3)	0.1(0.2)	0.2(0.4)	0.1(0.3)	0.2(0.4)
	수입	1.0	1.3	1.1	0.8	0.8	0.2	0.2	0.3	0.4	0.4	0.1(0.3)	0.2(0.4)	0.2(0.5)	0.3(0.6)	0.3(0.5)
ASEAN계	수출	9.7	9.0	9.5	10.7	6.3	2.9	3.2	3.7	3.7	3.7	1.0(2.0)	1.1(2.2)	1.0(0.2)	1.3(2.9)	1.2(2.6)
	수입	115	11.9	14.6	14.8	14.1	3.2	4.8	4.5	4.3	4.3	1.0(2.1)	1.1(2.1)	1.2(0.6)	1.2(2.3)	1.2(2.6)

자료: Majangguangi(1993), IMF.

3. 동남아의 공업화와 공기업

전반적으로 동남아의 공업화는 공기업에서 시작되었다. 제2차대전 후 동남아 각국은 자본축적이 불충분해서 국내의 민간자본에 의한 공업화가 현실적으로 불가능했다. 따라서 대부분의 동남아 국가들은 공기업을 설립하여 기초산업을 육성하고 수입대체 공업화, 수출지향형 공업화를 차근 차근 추진하였다

말레이시아는 1965년 말레이계 국민을 우대하는 부미부트라 정책을 추진한 이후 많은 공기업을 설립하였다. 인도네시아는 1957년부터 인도네시아를 식민통치했던 네덜란드의 인도네시아 기업을 국영기업으로 전환하였다. 태국은 1950년대 전반 군사쿠테타로 정권을 장악한 후 많은 공기업을 설립하였다. 필리핀은 1930년대에 이미 공기업을 설립하였고, 마르코스 독재정권의 시기에는 천연자원 개발의 공영화와 외자계기업의 매수를 통해 공기업이 육성되었다(今川暎一, 1994).

Check Point 다국적 기업과 동남아의 공존공생 관계

다국적 기업들은 저렴한 임금과 풍부한 자원의 매력적인 동남아를 생산기지로 선택하는데 주저하지 않았다. 그렇다면 동남아 국가들이 다국적 기업의 진출을 통해 얻은 이익은 무엇인가?

동남아 국가들은 공업화 초창기 자신들이 단기간에 해결할 수 없는 자본과 기술을 다국적기업을 통해 해결하면서 공업화와 수출의 두 마리 토끼를 다 잡으려고 했다.

〈표〉 아세안의 수출과 세계 비중 추이 (단위: 백만달러)

구분		1970	1985	1990	1995	2000	2004	2007
수출	금액	62	729	1.445	3.259	4.268	5.698	8.588
	세계비중	2.2	3.9	4.3	6.4	6.7	6.2	6.2
수입	금액	79	663	1.633	3.673	3.690	5.022	7.624
	세계비중	2.6	3.4	4.6	7.1	5.6	5.3	5.3

자료: Seri(2009).

06

동남아의 산업구조

제1장 _ 동남아 산업의 이해

1. 동남아 지형과 전통산업

전통적으로 동남아시아는 농업에 기반을 두고 있는 1차산업중심의 경제구조였다. 동남아는 전반적으로 적도와 북회기선 사이에 있는 열대지역으로 일조량과 강수량이 많아 농업에 적합한 지역이다

또한 동남아지역에는 강들이 촘촘히 얽혀 있고 강유역의 삼각주가 발달되어 있어 곡창지대가 많다. 이러한 이유로 싱가포르를 제외한 동남아 지역은 전통적으로 대부분 농업이 가장 중요한 산업이고, 농업에 의존하는 경제구조였다.

〈표〉 동남아의 농업고용비율 추이 (단위:%)

국가	1970	1980	1990
싱가포르	2.2	1.9	0.4
말레이시아	55.5	47.8	26.1
태국	79.9	75.4	62.1
인도네시아	66.3	58.9	54.7
필리핀	53.2	46.0	46.0

자료: ADB, Key indicators of Developing Asian and Pacific Countries, 다수호.

〈표〉 동남아 농업의 대 GDP 비중 추이 (단위:%)

	1980		1990		1996		2002	
	농업	제조업	농업	제조업	농업	제조업	농업	제조업
싱가포르	1.3	29.1	0.4	27.1	0.2	23.8	0.1	26.5
말레이시아[1)]	22.4	19.2	15.2	24.2	11.7	27.8	9.1	30.7
태국	23.2	21.5	12.5	27.2	11.0	28.3	9.0	33.8
인도네시아	24.8	11.6	19.6	20.7	16.7	25.6	17.5	25.0
필리핀	25.1	25.7	21.9	24.8	20.6	22.8	14.7	22.8

주: 말레이시아의 1980년 실적은 1981년을 나타냄
자료: ADB, Key Indicators of Developing Asian and Pacific Countries, 다수호, Seri.

2. 동남아 산업의 특징

일반적으로 한 국가의 산업의 발전단계는 초기에는 국가산업에서 농업의 비율이 높고, 공업화의 진전에 따라 공업의 비율이 높아진다. 그리고 마지막 단계에 서비스산업의 비율이 높아진다(今川瑛一, 1994). 이에 비해 일부 동남아 국가들의 산업구조 변화의 특징은 농업이 성장하고 있는 단계에서 서비스업이 공업의 발전을 상회하는 발전을 하고 있다는 점이다.

〈표〉 동남아 국가들의 주요산업

국 가	산업 분야
브루나이	항공분야, 관광
인도네시아	해운업, 관광
라오스	-
말레이시아	항공분야, 해운업, 관광
미얀마	-
필리핀	비즈니스 서비스분야, 관광
싱가포르	항공분야, 관광
태국	해운업, 관광
베트남	통신업, 관광

자료: ASEAN.

제2장 _ 동남아 산업구조의 변화

1. 동남아 산업구조의 변화 트렌드

동남아는 경제가 성장하면서 농업의 비중은 감소했고, 제조업의 비중이 증가했다. 1980년 동남아의 산업구조에서 농업은 전반적으로 20~25%를 차지하여 제조업의 비중보다는 높았으나, 1996년에는 10%로 급락하였다.

1990년대 중반 말레이시아와 태국의 농업의 비중은 11%, 인도네시아는 16.7% 정도로 하락하였다. 단, 필리핀만 제조업의 비중이 동기간 중에 다른 선발 아세안 국가들에 비해 증가하지 않았다. 이처럼 산업구조가 고도화되면서 동남아의 농업종사자들은 제조업이나 서비스업으로 전업하였다. 특히 1980년대에 동남아의 농업인구는 급락했다(박번순, 2004).

〈표〉 동남아 주요국의 산업별 GDP 비중 변화폭 비교(1990-2008) (단위:%)

산업	말레이시아	베트남	싱가포르	인도네시아	태국	필리핀
농업	-5.0	-16.5	-0.3	-4.9	-0.9	-0.7
광업	4.9	4.7	-0.3	-1.2	1.9	0.0
제조업	2.0	8.1	-4.8	7.2	7.7	-2.5
전력,가스,수도	0.1	1.8	0.6	0.1	0.7	1.1
건설	-1.1	2.6	-0.4	2.9	-3.4	-1.3
상업	-0.2	1.3	4.2	-3.0	-3.6	0.3
물류,통신	0.3	1.0	-0.6	0.0	-0.1	1.9
금융	3.1	0.7	1.4	-0.3	0.7	1.5
공공행정	-2.1	-0.9	0.5	-1.6	0.9	-0.3
기타	-1.9	-2.7	0.6	1.0	-4.1	6.3

자료: ADB(2010).

Check Point 동남아의 수출기업과 비수출기업의 차이

전반적으로 동남아 국가들의 수출기업은 다국적 기업들이 많고, 비수출기업은 정부연계기업(GLC: Government Linked Corporation)이 많다. 즉, 동남아 국가들의 수출기업은 국제경쟁력을 갖춘 다국적 기업들이 많다. 이에 비수출기업들은 정부와 연관된 기업들이 많다.

2. 동남아 국가들의 산업정책 변화

선발 아세안 국가인 싱가포르, 말레이시아, 브루나이, 태국, 필리핀의 산업정책은 전반적으로 공업화 초기에는 수입대체형 산업정책으로 고관세 등으로 자국의 유치산업을 보호육성하였다.

〈표〉 선발 동남아 국가들의 산업정책

국가명	초기 산업정책	최근 산업정책
말레이시아	경공업을 중심으로 수출산업 육성	제조업과 서비스업을 아우르면서 산업연계를 고려한 정책
베트남	도이머이 도입과 함께 수입대체에서 수출지향 정책으로 전환	WTO 가입과 함께 국내 시장을 개방하고 고부가가치 제조업과 서비스산업 육성
싱가포르	독립 시기부터 경공업 중심의 수출지향 정책 실행	바이오 메디컬 산업과 같은 최첨단 산업을 육성하고, 교육, 의료, 금융 등 수출 가능 서비스 산업도 육성
인도네시아	유치산업 보호를 위한 수입대체 정책 실행	국내시장을 개방하면서 경공업 중심의 산업 경쟁력을 높이고 고부가가치 제조업 육성시도
태국	1980년대 중반 일본기업의 진출로 수입대체에서 수출지향 정책으로 전환	동아시아 외환위기로 인해서 대외충격을 줄이고자 내수시장 확대에도 초점을 두고 있지만 수출지향 기조는 유지
필리핀	1970~80년까지 농업이 산업정책에서 중요하였지만, 1990년부터 제조업이 산업정책의 중심에 대두	공기업의 민영화와 같이 경공업 중심의 효율성 증진에 노력

자료: KIEP(2012).

그러나 이러한 수입대체형 산업정책이 한계에 도달하자 선발아세안 국가들은 산업정책을 수출주도형 산업정책을 추진한다. 1990년대 이후 2000년대 후반까지 동남아 국가들의 산업의 가장 큰 특징은 산업구조에서 농업의 비중의 감소와 제조업과 서비스업의 증가이다.

〈표〉 동남아 국가들의 산업구조 변화(2000-2008)

국가	2000년			2008년		
	1차 산업	2차 산업	3차 산업	1차 산업	2차 산업	3차 산업
브루나이	2.70%	47.80%	49.50%	0.70%	74.10%	25.30%
캄보디아	37.90%	23.00%	39.10%	32.50%	22.40%	45.10%
인도네시아	15.60%	45.90%	38.50%	14.40%	48.10%	37.50%
라오스	52.60%	22.90%	24.60%	32.10%	27.80%	40.10%
말레이시아	8.30%	46.80%	44.90%	10.10%	47.60%	42.30%
미얀마	57.20%	9.70%	33.10%	43.50%	19.40%	37.10%
필리핀	15.80%	32.30%	52.00%	14.90%	31.60%	53.50%
싱가포르	0.10%	33.60%	66.30%	0.10%	26.00%	74.00%
태국	9.00%	42.00%	49.00%	11.60%	45.10%	43.30%
베트남	24.50%	36.70%	38.70%	22.10%	39.70%	38.20%

자료: KITA.

ASEAN 국가 산업구조(2008)

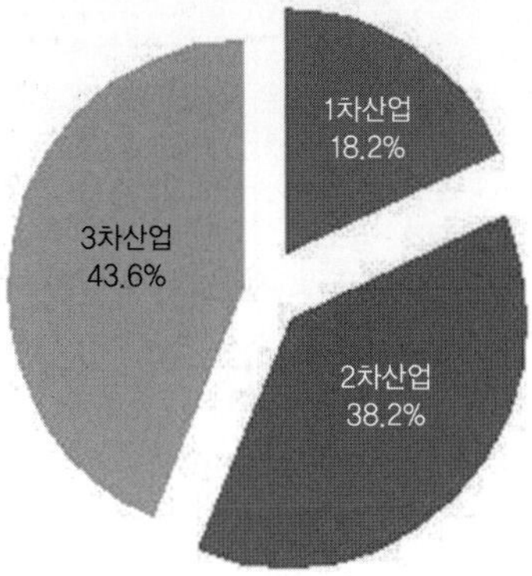

ASEAN 국가 산업구조(2000)

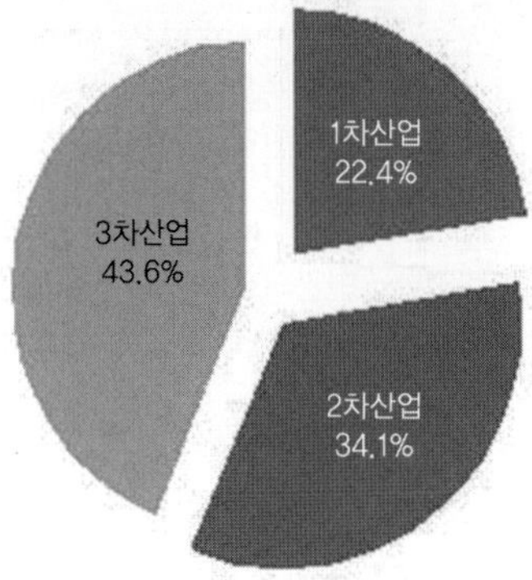

〈그림〉 동남아 국가들의 산업구조 변화(2000-2008)

자료: KITA.

〈표〉 동남아시아 국가들의 산업별 부가가치 및 고용비중 (2008) (단위 : %)

		인도네시아	싱가포르	말레이시아	태국	필리핀	한국
산업별 부가가치	농업	14.4	0.1	10.2(2007)	11.6	14.9	2.5
	광공업	48.1	27.8	47.7(2007)	44.2	31.6	37.1
	제조업	27.9	20.8	28.0(2007)	34.9	22.3	28.1
	서비스	37.5	72.1	42.1	44.2	53.5	60.4
고용 (2007)	농업	41.2	1.1	14.8	41.7	36.1	7.4
	광공업	18.8	22.6	28.5	20.7	15.1	25.9
	제조업	12.2	16.8	18.2	14.7	8.3	16.8
	서비스	40.0	76.4	56.7	37.6	48.8	66.7

자료: ASEAN.

〈표〉 동남아 주요국의 산업정책 및 미래 산업구조 전망

동남아 주요국	산업정책	미래 산업구조
말레이시아	제10차 말레이시아 계획(2011~15년) – 전략산업 : 석유, 가스, 팜 오일, 금융서비스, 도소매, 관광, 정보통신기술, 교육, 전기, 전자, 비즈니스 서비스, 민간의료 서비스, 농업	– 지속적인 높은 산업구조 변화율 – GDP 기준 광업, 제조업 비중 증가 – 노동력 기준 서비스업 증가 및 제조업 다소 감소 – 중위기술 및 자본집약적 업종 수출 비중 증가
베트남	10개년 사회경제개발 전략(2011~20년) – 현대화된 산업개발 – 전략산업 : 자동차, IT, 석유화학, 신재생에너지, 관광, 조선, 유통	– 동남아 내 평균적인 산업구조 변화 – GDP 기준 광업, 제조업 비중 증가 – 노동력 기준 제조업, 서비스업 증가 및 농림수산업 감소 – 노동 및 자원집약, 1차 상품을 제외한 업종의 수출비중 증가
싱가포르	새로운 도전과 목표 : 역동적인 글로벌 도시를 향하여 – 전략산업 : 창조산업, 교육, 의료서비스, 금융 – 전자, 화학, 생물의학, 엔지니어링 – 초소형 전자기계 시스템, 나노기술, 포토닉스	– 높은 산업구조 변화율 지속 – GDP 기준 금융, 상업 비중 증가 – 노동력 기준 서비스업 증가, 제조업, 건설업 감소 – 고위 기술 업종 수출비중 증가
인도네시아	국가 중기 개발계획(2010~14년) – 사회기반시설 확충, 투자 및 기업환경 개선, 에너지 확충, 문화, 창의력, 기술혁신 2025년 인도네시아 산업 – 10대 전략산업 : 음료, 수산물가공, 직물 및 직물상품, 신발, 팜유 상품, 고무 및 고무상품, 펄프 및 제지, 전자기계 및 설비, 석유화학	– 산업구조 변화율 낮아지는 추세 – GDP 기준 제조업, 건설업 비중 증가 – 노동력 기준 광업, 제조업, 서비스업 증가 및 농림수산업 감소
태국	제2차 ICT Master Plan(2009~13년) – 지식, 문화 콘텐츠 기반 산업 육성 – 신재생 에너지 분야	– 낮은 산업구조 변화율 지속 – GDP 기준 제조업, 광업 비중 증가 – 노동력 기준 제조업, 서비스업 증가 및 농림수산업 감소 – 연료 1차 및 기술 업종 수출비중 증가
필리핀	아키노 정권(2010~14년) 향후 산업정책 –쌀 자급률 향상 및 농업의 산업화, 신재생에너지 및 전력 개발, BPO 산업 육성, 관광산업 지속적 개발	– 산업구조 변화율이 동남아내에서 다소 낮음 – GDP 기준 물류, 통신, 상업, 금융업, 기타(해외근로자 송금액) 비중 증가 – 노동력 기준 서비스업 증가 및 농림수산업, 광업, 제조업 감소

자료: KIEP.

Check Point 플라자합의에 의한 엔고가 동남아 반도체산업에 미친 영향

80년대 플라자 합의 이후 엔고로 인해 일본전자업체들의 대규모 동남아 이전이 발생하기 이전에는 동남아의 전자업체들의 생산공정은 대부분 미국과 일본 등에서 이미 처리한 반제품을 수입 한 후 조립하여 다시 선진국으로 수출하는 분업구조였다.

그러나 엔고 이후 싱가포르, 말레이시아 등 선발 동남아국가는 반도체 생산의 전(前)공정을 처리하고 태국이나 인도네시아에 수출하여 후(後)공정을 연계하여 처리하는 동남아역내의 수직분업체계가 구축되었다(今川暎一, 1994).

Check Point 90년대 동남아에서 자동차를 생산할 수 있는 국가

90년대에 동남아 국가에서 자동차를 생산할 수 있는 국가는 필리핀, 태국, 말레이시아, 인도네시아였다. 이들 동남아 국가들은 이미 1960년대 전반에 외자도입을 기본으로 자동차산업을 육성하였다.

동남아 국가들은 일본 및 유럽 자동차업체들과 기술제휴 등을 통해 동남아 현지에서 자동차를 조립 생산하였다. 일반적으로 자동차생산에는 1만에서 2만 가지 부품이 사용된다. 따라서 동남아 국가들은 자동차 부품의 국산화율을 높이기 위한 정책도 추진하였다.

〈표〉 동남아 각국의 산업 부문별 비교우위와 잠재력

산업 부문	중점 산업	국가
에너지 (석유와 가스)	굴착,탐사,생산,서비스,정유 및 마케팅, 저장과 운송	브루나이,인도네시아,말레이시아,필리핀,싱가포르,베트남
재료	화학제품,건축자재,컨테이너,포장재,금속과 광업, 제지 및 임업 제품	캄보디아,인도네시아,라오스,말레이시아,미얀마,필리핀,태국,베트남
공업	항공우주와 방위,건축제품,건설과 엔지니어링,전기장비와 기계,무역상사,유통업자,상업서비스와 항공 화물운송과 물류,항공기,선박,도로,철도,운송 인프라	인도네시아,말레이시아,필리핀,싱가포르,태국
소비자 재량품	자동차 부품과 자동차,가정용 내구재,레저장비와 제품,의류와 사치품,호텔,레스토랑과 레저,다양한 소비자 서비스,미디어,소매	캄보디아,인도네시아,말레이시아,필리핀,태국,싱가포르,베트남
소비자 필요품	식사용 음식,음료 및 식제품,담배,가정용 및 개인용 제품	캄보디아,인도네시아,라오스,말레이시아,미얀마,필리핀,태국,싱가포르,베트남
보건	장비 및 공급,공급자와 서비스,기술,생물공학,제약,생명과학	인도네시아,말레이시아,태국,싱가포르
금융	상업은행,저축기관과 모기지 금융,소비자금융,자본시장,보험,부동산 관련 투자 · 관리 · 개발	인도네시아,말레이시아,필리핀,태국,싱가포르
IT	소프트웨어,서비스,컴퓨터장비와 주변장치,전자장비와 도구,오피스 전자공학,반도체	인도네시아,말레이시아,필리핀,태국,싱가포르
공공설비	전기,가스,수도	인도네시아,말레이시아,필리핀,태국,싱가포르

자료: Philpkotler(2007).

〈표〉 동남아 각국의 산업 부문별 현재 시장과 미래 시장

산업 부문	국 가	현재 시장	미래 시장
에너지 (석유와 가스)	브루나이,인도네시아,말레이시아,필리핀,싱가포르,베트남	미국,EU,일본	아세안,전 세계
재료	캄보디아,인도네시아,라오스,말레이시아,미얀마,필리핀,태국,베트남	미국,EU,일본	아세안,전 세계
공업	인도네시아,말레이시아,필리핀,태국,싱가포르	미국,EU,일본	아세안,전 세계
소비자 재량품	캄보디아,인도네시아,말레이시아,필리핀,태국,싱가포르,베트남	미국,EU,일본	아세안,전 세계
소비자 필요품	캄보디아,인도네시아,라오스,말레이시아,미얀마,필리핀,태국,베트남	국내,미국,EU,일본	아세안,전 세계
보건	인도네시아,말레이시아,필리핀,태국,싱가포르	국내,전 세계	아세안
금융	인도네시아,말레이시아,필리핀,태국,싱가포르	국내,화교권 국가들	아세안
IT	인도네시아,말레이시아,필리핀,태국,싱가포르	미국,EU,일본	아세안,전 세계
텔레커뮤니케이션	인도네시아,말레이시아,필리핀,태국,싱가포르	미국,EU,일본,전 세계	아세안
공공설비	인도네시아,말레이시아,필리핀,태국,싱가포르	국내	아세안

자료: Philpkotler(2007).

07

동남아의 외국인 직접투자

제1장 _ 동남아의 외국인투자 유치전략

1. 동남아의 외국인 투자유치의 원인

독립 이후 싱가포르와 브루나이를 제외한 선발 아세안 국가들은 대부분 국내 산업을 보호하기 위해 규제적인 외자정책을 시행하였다. 독립 이후 싱가포르를 제외한 대부분의 동남아 국가들은 서구 열강들의 식민정책에 의해 고착화되어 버린 1차 산품의 자원에 기반한 수출과 자립형 수입대체형 산업정책을 추진하였다.

그러나 1980년대 아세안 국가들의 주력 수출상품이었던 1차산품의 국제가격의 폭락으로 수출이 감소하여 경제성장이 둔화되자 동남아 국가들은 외국자본 출자비율 규제나, 외국자본 참여분야의 제한 등을 해제하기 시작했다(平稼大祐, 1994).

〈표〉 동남아 각국의 국내투자에서 외국인 투자의 비중 (단위:%)

국가	1971-75	1976-80	1981-85	1986-90	1991-95
인도네시아	4.6	2.4	1.0	7.6	4.5
말레이시아	15.2	11.9	10.8	43.7	19.2
필리핀	1.0	0.9	0.7	13.6	7.4
싱가포르	15.0	16.6	17.4	59.3	26.1
태국	3.0	1.5	3.1	10.2	3.7
한국	1.9	0.4	0.5	1.9	0.8

자료: UNCTAD, World Investment Report, 다수호.

〈표〉 동남아 각국으로의 해외직접투자 유입 (단위: 백만 달러)

연 도	싱가포르	말레이시아	태 국	필 리 핀	인도네시아
1980	1,138	934	187	106	180
1981	1,675	1,265	288	172	133
1982	1,298	1,397	189	16	225
1983	1,085	1,261	348	105	292
1984	1,210	797	400	9	222
1985	809	695	163	12	310
1986	1,529	489	263	127	258
1987	2,630	423	352	307	385
1988	3,538	719	1,105	936	576
1989	1,891	1,668	1,775	563	682
1990	3,911	2,332	2,444	530	1,093
1991	3,235	4,073	2,014	544	1,482
1992	4,288	4,118	2,116	228	1,774

자료: IMF, Balance of Payments Statistics Yearbook.

2. 동남아 국가별 외국인투자 유치

싱가포르와 말레이시아는 1960년대부터 다국적기업을 국내로 투자유치하였다. 1980년대 중반 이후에는 필리핀, 태국, 인도네시아 등도 자국으로 외국인투자유치를 하기 시작했다. 다국적 기업의 동남아 투자는 대부분 중급기술에 기초한 대량생산 조립제조업이 대부분이었다. 동남아 국가들은 수입대체형 공업화와 1차상품의존형 경제에서 벗어나기 위해 외국인직접투자를 유치하기 시작했다(김득갑, 2009).

〈표〉 동남아의 해외직접투자 유입 추이(1993-1998) (단위: 백만 달

연도	1993	1994	1995	1996	1997	1998
아세안	15,944	19,681	21,643	25,980	27,813	21,400
중국	27,515	33,787	35,849	40,180	44,236	45,460
세계투자규모 중 동남아 비중(%)	7.3	7.8	6.6	7.2	6.0	3.3
개발도상국 중 동남아 비중(%)	20.3	19.4	20.4	19.2	16.1	12.9

자료: UNCTAD.

3. 1980-1990년대 동남아의 외국인투자 유치

동남아 선발 5개국에 대한 외국인 투자는 1981~1985년 기간중에 연평균 28억달러였지만, 1986~1990 기간중에는 65억달러로 2배이상 증가하였다. 특히 플라자 합의에 의한 엔고로 일본기업들의 동남아 진출이 확대되면서 동남아는 다국적기업들의 해외생산기지로 각광받기 시작했다.

1980년대 말에 태국과 말레이시아가 외국인투자를 적극 유치했고, 1990년에는 필리핀과 인도네시아도 외국인 투자를 유치하기 시작했다. 이러한 동남아 국가들의 외국인 투자유치 경쟁으로 동남아 각국의 국내총투자에서 외국인직접투자가 차지하는 비율이 증가하였다(박번순, 2004).

〈표〉 동남아 국가들의 직접투자에서 미·일·유럽이 차지하는 순위

	인도네시아		말레이시아		필리핀		싱가포르		타이	
	1967-70 백만달러	-1981 백만달러	-1971 백만달러	1971-84 백만달러	-1971말 백만달러	1970-83 백만달러	-1971 백만 상가포르 달러	1973-84 백만 상가포르 달러	1965-72 백만 바트	백만 바트
제1위	미국	일본	싱가포르	일본	미국	미국	미국	미국	미국	미국
	533	3.660	116.2	754	950	1.105	402	3.854	3.500	7.379
제2위	필리핀	다국적	영국	영국	일본	일본	영국	일본	일본	일본
	264	1.670	84.5	421	437	305	246	1.675	2.231	7.365
제3위	일본	홍콩	미국	싱가포르	서독	홍콩	네덜란드	영국	홍콩	홍콩
	262	1.660	60.7	3341	127	108	220	1.257	347	3.056
제4위	홍콩	캐나다	일본	홍콩	영국	네덜란드	일본	네덜란드	영국	영국
	100	863	44.9	283	90	93	81	540	343	1.510
전체	1.562	10.465	395.3	3.746	1.830	2.055	1.180	9.044	7.759	26.465

자료: Chia Siow Yue.

〈표〉 동남아의 국가별 FDI 유입량 (2005-2007)

국가	2005년		2006년		2007년		2005-2007 누계	
	금액 (백만$)	구성비 (%)	금액 (백만$)	구성비 (%)	금액 (백만$)	구성비 (%)	금액 (백만$)	구성비 (%)
브루나이	288.5	0.7	433.5	0.8	184.0	0.3	906.0	0.6
캄보디아	381.2	0.9	483.2	0.9	867.0	1.4	1,731.4	1.1
인도네시아	8,336.0	20.3	5,556.2	10.6	6,928.0	11.4	20,820.2	13.5
라오스	27.7	0.1	187.4	0.4	324.0	0.5	539.1	0.4
말레이시아	3,964.8	9.7	6,059.7	11.6	8,403.0	13.9	18,427.5	12.0
미얀마	235.9	0.6	143.0	0.3	428.0	0.7	806.9	0.5
필리핀	1,854.0	4.5	2,345.0	4.5	2,928.0	4.8	7,127.0	4.6

국가	2005년		2006년		2007년		2005-2007 누계	
	금액 (백만$)	구성비 (%)	금액 (백만$)	구성비 (%)	금액 (백만$)	구성비 (%)	금액 (백만$)	구성비 (%)
싱가포르	15,001.9	36.5	24,055.4	45.9	24,137.0	39.9	63,194.3	41.0
태국	8,957.0	21.8	10,756.1	20.5	9,575.0	15.8	29,288.1	19.0
베트남	2,020.8	4.9	2,360.0	4.5	6,739.0	11.1	11,119.8	7.2
아세안 전체	41,067.8	100.0	52,379.5	100.0	60,513.0	100.0	153,960.3	100.0

자료: ADB.

〈표〉 동남아 국가들의 FTA

구분	FTA	추진단계		
		검토	협상	체결
아세안 ASEAN	ASEAN FTA(AFTA)			O
	ASEAN-중국(CEC)			O
	ASEAN-한국			O
	ASEAN-일본(EPA)			O
	ASEAN-인도			O
	ASEAN-호주-뉴질랜드			O
	ASEAN-미국(EAI)	O		
	ASEAN-CER		O	
	ASEAN+3	O		
	ASEAN-EU		O	
싱가포르 Singapore	싱가포르-뉴질랜드		O	
	싱가포르-미국 1			O
	싱가포르-EFTA 2			O
	싱가포르-일본(EPA)			O
	싱가포르-호주			O
	싱가포르-요르단			O
	싱가포르-한국			O
	싱가포르-인도(CECA)			O
	싱가포르-GCC			O
	싱가포르-캐나다		O	
	싱가포르-이집트		O	
	싱가포르-멕시코		O	
	Trans Pacific Strategic EPA 3			O
	싱가포르-파나마			O
	싱가포르-페루		O	
	싱가포르-스리랑카(CEPA)	O		
	싱가포르-타이완		O	
	싱가포르-파키스탄		O	
	싱가포르-중국			O
	싱가포르-EU	O		
	싱가포르-모로코	O		
	싱가포르-우크라이나		O	
	싱가포르-코스타리카	O		

브루나이 Brunei	Trans Pacific Strategic EPA 3			O
	브루나이-일본		O	
	브루나이-미국	O		
말레이시아 Malaysia	말레이시아-중국		O	
	말레이시아-일본			O
	말레이시아-인도	O		
	말레이시아-미국		O	
	말레이시아-파키스탄		O	
	말레이시아-뉴질랜드		O	
	말레이시아-칠레	O		
	말레이시아-호주		O	
태국 Thailand	태국-바레인	O		
	태국-페루			O
	태국-인도		O	
	태국-중국	O		
	태국-BIMSTEC 4		O	
	태국-호주			O
	태국-미국 1		O	
	태국-일본			O
	태국-EU	O		
	태국-뉴질랜드			O
	태국-EFTA		O	
	태국-라오스 PTA			O
	태국-파키스탄	O		
	태국-칠레	O		
	태국-MERCOSUR	O		
필리핀 Philippines	필리핀-파키스탄		O	
	필리핀-일본			O
	필리핀-미국 1	O		
인도네시아 Indonesia	인도네시아-일본		O	
	인도네시아-인도	O		
	인도네시아-EU	O		
	인도네시아-파키스탄		O	
	인도네시아-미국	O		
베트남 Vietnam	베트남-일본		O	
라오스 Laos	라오스-태국 PTA			O
미얀마 Myanmar	미얀마-BIMSTEC 4		O	

주: 1 미국과 무역투자기본협정(TIFA) 체결.
2 스위스, 아일랜드, 리히텐슈타인, 노르웨이로 구성.
3 싱가포르, 칠레, 브루나이, 뉴질랜드로 구성된 범태평양 전략적 경제공동체협약 .
4 방글라데시, 인도, 미얀마, 스리랑카, 태국, 네팔, 부탄으로 구성된 경제협력체.
자료: KITA.

Question

동남아 국가들이 수입대체형 전략에서 수출주도형 전략으로 변신 이유는?

제2장 _ 동남아 외국인 투자유치의 이슈

1. 플라자 합의 이후 동남아의 외국인 투자 변화

플라자 합의 이후 엔고에 의한 다국적 기업의 아세안에 대한 직접투자는 수출용 제품의 생산을 위한 직접투자가 많았다. 특히 동남아에 직접투자한 일본 제조업체들의 경우 동남아 현지에서 부품조달에 어려움을 겪어 일본 부품업체들의 동반진출이 증가하였다.

2. 외국인투자 유치의 시기와 속도가 가져다 준 차이

동남아 10개국의 경제력 차이는 1인당 국민소득에 극명하게 나타나고 있다. 동남아 국가들의 1인당 국민소득은 4만달러에 육박하는 싱가포르에서부터 1,000달러 미만이 라오스, 미얀마까지 스펙트럼이 다양하다.

이처럼 동일지역에서 1인당 국민소득이 큰 차이가 발생한 주요한 원인은 대외개방의 시기와 속도, 방법에서 찾을 수 있다. 1970년대부터 대외개방을 시작한 선발동남아 국가들과 1990년대 중반 이후 대외개방을 시작한 후발동남아국가들의 경제력 차이는 크다.

〈표〉 동남아의 FDI 유입 규모 (단위: 백만 달러)

	91~96	97~01	1997	1998	1999	2000	2001	2002
싱가포르	6,856	11,557	13,533	7,594	13,245	12,464	10,949	7,655
말레이시아	5,436	3,454	6,323	2,714	3,895	3,788	554	3,203
태국	1,964	4,925	3,882	7,491	6,091	3,350	3,813	1,068
인도네시아	2,985	-1,250	4,678	-356	-2,745	-4,550	-3,279	-1,523
필리핀	1,226	1,406	1,261	1,718	1,725	1,345	982	1,111
중국	25,486	43,185	44,237	43,751	40,319	40,772	46,846	52,700

자료: UNCTAD, World Investment Report.

3. 플라자 합의 이후 동남아 전자산업의 외국인 투자 변화

1980년대 플라자 합의 이후 엔고 현상은 일본 전자업체들의 싱가포르 이전을 더욱 가속화하여 기존의 노동집약적 제품중심이었던 싱가포르의 생산라인이 자본, 기술집약적인 생산라인으로 변모하였다.

이를통해 일본 전자업체들의 일본 공장과 싱가포르 공장의 생산기술의 차이가 감소하여 기존에 일본에서 수입하였던 전자부품의 생산의 전공정이 일본으로부터 싱가포르로 이전되었다. 싱가포르는 동남아의 다른 국가에 전기, 전자 부품을 공급하는 판매거점, 개발센터, 기술서비스 거점이 되었다. 기존에 싱가포르에서 수행하였던 노동집약적인 공정이나 부가가치가 낮은 제품의 생산거점은 동남아의 인근국가인 인도네시아, 말레이시아, 태국으로 이전되었다.(今川暎一, 1994)

Check Point 동남아 토착 화교기업과 다국적 기업의 경쟁

동남아 국가들의 경제는 개별 국가에 따라 차이가 있지만 전반적으로 토착 화교자본이 장악을 하고 있다. 이러한 상황에서 다국적 기업의 동남아 진출은 토착 화교기업과 갈등을 가져올 가능성이 컸다.

그러나 다국적 기업의 동남아 투자는 대부분 수출제조업 중심으로 이루어져 서비스업 중심 및 내수산업 중심의 화교자본과 충돌되지 않았다.

Check Point 말레이시아 부미프트라 정책과 외자정책의 관계

말레이시아는 말레이계 국민의 경제적 향상을 위해 부미프트라 우선정책을 추진하면서 공업부문에서 외국자본 비율을 30%로 제한하였다. 그러나 이러한 정책으로 외국인 투자가 감소하였다.

그 이후 말레이시아 정부는 1986에 투자촉진법을 개정하여 말레이시아 현지에서 생산한 제품의 80%를 수출하는 경우에는 외국자본 비율을 100% 허용하였다(平嫁大祐, 1994)

Check Point AFTA가 외국투자기업에 미친 영향

아세안은 1967년 8월에 설립된 동남아 국가연합(ASEAN: Association of Southeast Asian Nations)이다. 아세안은 선발 5개국인 태국, 인도네시아, 말레이시아, 필리핀, 싱가포르가 동남아국가들의 지역협력을 통해 동남아 공동번영이라는 목표를 추구하면서 발전해 왔다.

아세안은 선발 5개국뿐만 아니라 그 이후 브루나이, 베트남, 라오스, 미얀마, 캄보디아 등이 가입하여 아세안 10이 되었다. AFTA는 아세안 회원국간에 추진하고 있는 FTA이다. AFTA가 확산되면 아세안 각국에 투자한 외국기업은 진출한 아세안 개별 국가에 머물지 않고 아세안 지역 전체를 네트워크로 연결하는 투자를 할 수 있다.

〈표〉 동남아 국가들의 역내투자 (단위: 백만 달러, %)

	인도네시아	말레이시아	필리핀	싱가폴	태국	각국에대한 역내투자	역내투자액 중 비중
인도네시아	0.1	293.3	38.6	3,388.1	44.3	3,764.3	14.4
말레이시아	976.2	–	87.7	4,045.9	266.7	5,336.6	20.5
필리핀	13.3	96.8	0.3	105.5	223.0	438.8	1.7
싱가포르	954.1	7,622.9	1,167.2	–	5,998.9	15,743.1	60.4
태국	144.1	209.1	22.6	406.3	–	782.1	3.0
총유입액	2,087.7	8,222.2	1,316.4	7,945.7	6,492.9	26,064.8	100.0

자료: ASEAN.

08

동남아의 무역

제1장 _ 동남아 무역의 변화

〈표〉 동남아의 무역규모 (단위: 백만달러)

국명	수출	수입	교역총액 (2011)
ASEAN	1,233,331	1,182,102	2,415,433
Brunei	11,252	6,267	17,519
Cambodia	6,174	10,732	16,905
Indonesia	203,501	177,451	380,952
Lao PDR	2,958	4,603	7,560
Malaysia	227,196	187,837	415,033
Myanmar	7,964	13,637	21,601
Philippines	48,189	60,149	108,337
Singapore	411,870	366,003	777,874
Thailand	226,380	228,878	455,258
Vietnam	87,847	126,546	214,393

자료: IMF.

1. 1970년대 동남아 무역

동남아의 수출은 1970년 약 60억달러로 전 세계의 2.2%를 차지했으나, 2000년 약 4,300억달러로 전 세계의 6.7%로 급증하였다. 동남아의 수입도 수출지향형의 공업화를 위해 수입되는 부품과 중간재 수입의 급증으로 1970년 전 세계 수입의 2.6%에서 2000년 5.6%로 급증하였다(김득갑, 2009).

2. 1980-1990년대 수출입 특징

동남아 선발 5개국의 1970년 수출액은 61억달로 전 세계의 2.2%였으나,

1996년에는 3,294억 달러로 전 세계 수출의 6.2%를 차지하였다. 이 기간동안 동남아의 수출은 연 평균 16.6% 증가하여, 세계의 수출증가율 11.9%을 상회하였다.

동남아 국가들의 수출은 각국의 공업화의 시작단계에 따라 1970년대에는 선발 동남아 국가중에서 가장 먼저 공업화를 추진한 싱가포르의 수출이 증대하였고, 그 뒤를 이어 1985년에서 1990년 사이에는 태국의 수출이 증가하였다. 아시아 외환위기가 발생하기 전인 1990년에서 1996년 기간에는 선발 동남아 국가들의 수출이 전반적으로 증가하였다.

동남아 국가들의 이러한 공업화를 통한 수출정책으로 동남아 각국의 수출의존도가 상승하였다. 특히 동남아 각국의 수출에서 공산품이 차지하는 비중이 증가하였다. 인도네시아는 1980년 공산품 수출비중이 4%에서 1995년 52%로 급증하였다. 또한 1995년 필리핀, 싱가포르의 공산품 수출비중은 80% 이상이었고, 태국과 말레이시아는 75%정도였다(박번순, 2004).

싱가포르와 말레이시아는 반도체수요의 세계적 회복에 따라 반도체를 중심으로 한 전자제품의 수출이 급증하였다. 이에비해 인도네시아는 세계 원유가격의 하락으로 석유, 가스의 수출이 하락하였다. 이처럼 90년대 동남아 국가들은 세계시장의 변화에 따라 수출과 국내경제성장이 지대한 영향을 받았다.

90년대 인도차이나반도의 일부 국가들을 제외하고, 동남아 국가들은 전반적으로 대외개방 정책을 추진하면서 자본재, 중간재를 수입하여 최종제품과 부품을 수출하는 구조를 갖고 있다. 특히 수출이 증가되지 않으면 수입을 계속할 수 없어 수출에 의존하는 경제구조가 고착화되었다.

90년대 싱가포르는 수출의 대부분이 전자관련 제품이였다. 수출지역은 미국이 총 수출의 20%정도이고 아세안에 대한 역내수출은 18%정도였다. 말레이시아의 최대 수출지역은 아세안으로 총 수출의 약 30%를 차지하고 있다. 최대 수출국가는 싱가포르로 원유, 전자제품을 주로 수출하고 있다. 대미 수출은 약 30%를 차지하였다.

태국은 섬유제품 등의 노동집약적인 제품을 주로 수출하였다. 최대 수출국가는 미국으로 총수출의 약 23%를 차지하였다. 필리핀의 대미수출은 총수출의 40%를 차지하였다. 인도네시아는 원유, 가스 등을 주로 수출하고 1위 수출 국가는 일본으로 총 수출의 30%정도를 차지하였다(今川瑛一, 1994).

〈표〉 동남아 국가의 무역구조 (단위:%)

국가	수출의존도		공산품 수출비율		하이테크상품 수출비율	
	1990	2000	1990	2000	1990	2000
싱가포르	202	180	72	86	40	63
말레이시아	75	125	54	80	38	59
태국	34	67	63	76	21	32
인도네시아	25	39	35	57	1	16
필리핀	28	56	38	92	–	59
개도국평균	26	34	28	60	–	23

자료: ADB, Key indicators of Developing Asian and Pacific Countries, 다수호.

〈표〉 동아시아의 역내무역 추이 (단위: 억 달러, %)

수입 / 수출	연도	일본	NIEs	ASEAN 4	중국
일본	1985		227(12.8)	76(4.3)	61(2.1)
	1990		568(19.7)	222(7.7)	61(2.1)
	1993		809(22.3)	329(9.1)	174(4.8)
	1996		1,015(24.7)	511(12.4)	218(5.3)
	1997		1,026(24.4)	480(11.4)	217(5.2)
NIEs	1985	114(10.0)	102(8.9)	85(7.5)	82(7.2)
	1990	304(11.4)	316(11.8)	231(8.6)	234(8.8)
	1993	337(9.0)	497(13.2)	335(8.9)	637(16.9)
	1996	517(9.4)	877(15.9)	623(11.3)	775(14.0)
	1997	454(8.1)	851(15.1)	609(10.8)	843(15.0)
아세안 4	1985	142(31.0)	91(19.9)	20(4.4)	6(1.3)
	1990	210(24.4)	189(21.9)	36(4.2)	18(2.1)
	1993	254(19.3)	278(21.1)	59(4.5)	31(2.4)
	1996	374(18.5)	516(25.5)	130(6.4)	62(3.1)
	1997	363(16.6)	549(25.0)	146(6.7)	64(2.9)
중국	1985	61(22.1)	92(33.3)	7(2.5)	
	1990	92(14.8)	295(47.5)	18(2.9)	
	1993	158(17.4)	286(31.5)	24(2.6)	
	1996	309(20.4)	470(31.1)	53(3.6)	
	1997	318(17.4)	612(33.5)	66(3.6)	

주: ( )안은 구성비, 아세안 4국은 말레이시아, 태국, 인도네시아, 필리핀.
자료 : 박번순(1998).

Check Point 1980년대 동남아 국가들의 역외배출형 무역구조의 특징

동남아국가들의 무역은 일반적으로 일본 등의 동북아 지역에서 부품, 중간재, 자본재 등을 수입하여 동남아에서 제품을 생산하여 미국으로 수출하는 구조를 갖고 있었다.

〈표〉 동아시아 국가의 공산품 수출비중 (단위: %)

국가	1975	1980	1985	1990
한국	81.9	90.5	91.8	94.1
싱가포르	50.2	51.9	53.9	73.6
인도네시아	n.a	4.0	13.9	38.4
말레이시아	31.4	28.4	32.1	55.8
필리핀	22.1	39.7	62.2	72.6
태국	23.8	39.8	42.7	64.8

자료: ADB, Asian Development Outlook.

〈표〉 동아시아 지역의 대일본 무역수지 추이 (단위: 억 달러)

	1980	1985	1990	1995
NICs	−102	−124	−266	−606
아세안4	103	82	−6	−200
중국	−8	−86	44	69
계	−7	−128	−228	−737

자료: IMF, Direction of Trade.

제2장 _ 동남아 무역이슈

1. 동남아의 기술력과 무역수지, 외채의 관계

동남아는 자체기술력이 부족하다. 특히 동남아에 진출한 다국적 기업들의 생산에 필요한 부품과 소재를 동남아 현지에서 제공해 줄 기술력을 갖고 있지 못했다. 이러한 이유로 동남아에 진출한 다국적 기업들의 생산은 필연적으로 소재와 부품의 수입을 유발하였고 이로인해 동남아 국가들의 무역수지 적자가 증대되었다.

2. 동남아의 다국적 기업 주도의 공업화가 가져다 준 무역불균형 현상

동남아 선발 개도국들이 다국적 기업 주도의 공업화와 수출에 집중하기 이전에는 동남아 국가들은 주로 1차 산품을 미·일에 수출함으로써 무역수지 흑자를 시현하였다.

그러나 다국적 기업의 공업화를 통한 수출이 가속화되면서 동남아 국가들은 중간재, 부품, 자본재를 주로 일본에서 수입하여 현지에서 생산하여 주로 미국에 수출함으로써 일본과의 교역에서는 무역수지 적자, 미국과의 교역에서는 무역수지 흑자를 시현하는 무역불균형이 지속되었다.

〈표〉 동남아 지역별 수출입 (단위 : 억불, 전년대비 증감율 %)

	2009년			2010년		
	수 출	수 입	무역수지	수 출	수 입	무역수지
전 체	3,635	3,231	404	4,664	4,252	412
중 국	867(-5.1)	542(-29.5)	325	1,168(34.8)	716(31.9)	452
일 본	218(-22.9)	494(-18.9)	-276	282(29.4)	643(30.1)	-361
APEC	2,393(-14.1)	2,082(-22.3)	311	3,195(33.5)	2,786(33.8)	409
ASEAN	410(-16.8)	341(-16.8)	69	532(29.8)	441(29.5)	91
아시아	1,908(-10.9)	1,541(-22.9)	367	2,552(33.8)	2,023(31.3)	529

자료: KITA.

Check Point 동남아의 무역의존도

동남아의 수출과 수입의 증대로 동남아의 무역의존도(수출입/GDP)는 100%를 넘는 국가에 싱가포르, 말레이시아 등의 선발 아세안 국가들뿐만 아니라 후발아세안 국가인 캄보디아, 베트남 등도 포함된다(김득갑, 2009).

〈표〉 동남아 국가들의 무역의존도 (단위: %)

국가별	2009		2010		2011	
	수출	수입	수출	수입	수출	수입
캄보디아	40.35	56.06	45.92	60.63	53.88	72.09
인도네시아	22.17	17.38	22.33	19.11	23.69	20.89
라오스	18.15	25.19	24.26	28.62	28.92	31.93
말레이시아	81.66	64.12	83.60	69.28	81.90	67.31
필리핀	22.83	27.25	25.82	29.33	21.38	28.34
싱가포르	153.40	139.73	165.04	145.77	170.84	152.59
태국	57.65	51.13	61.26	58.05	65.51	66.22
베트남	58.74	71.96	67.89	78.74	78.15	83.90

자료: ASEAN.

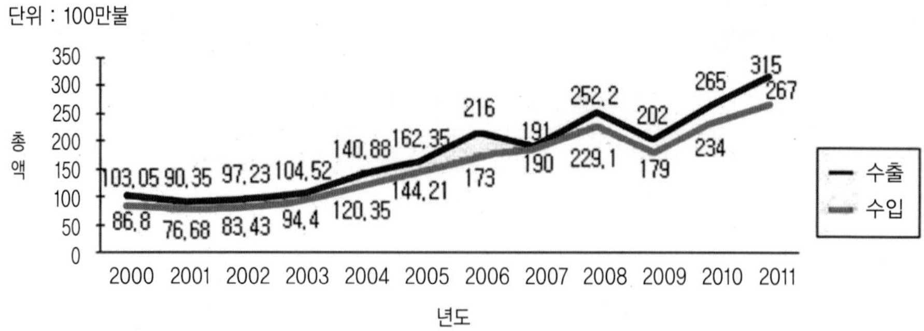

〈그림〉 아세안 10개국 간 수출입액

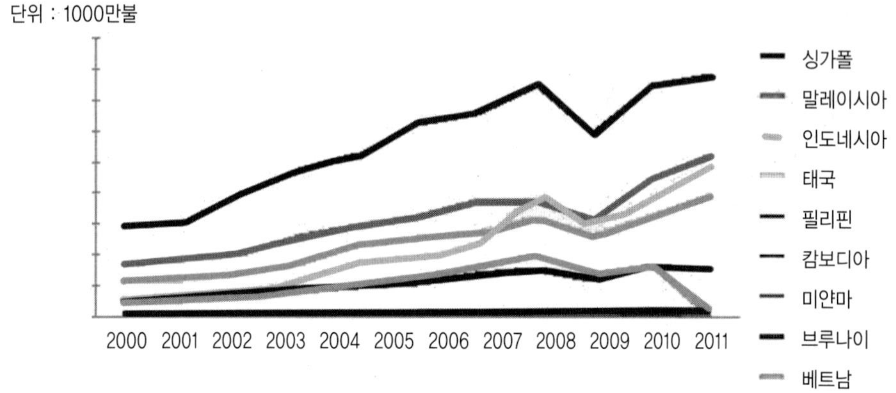

〈그림〉 2000-2011 ASEAN의 역내교역(수입)
자료 World Bank(2011)

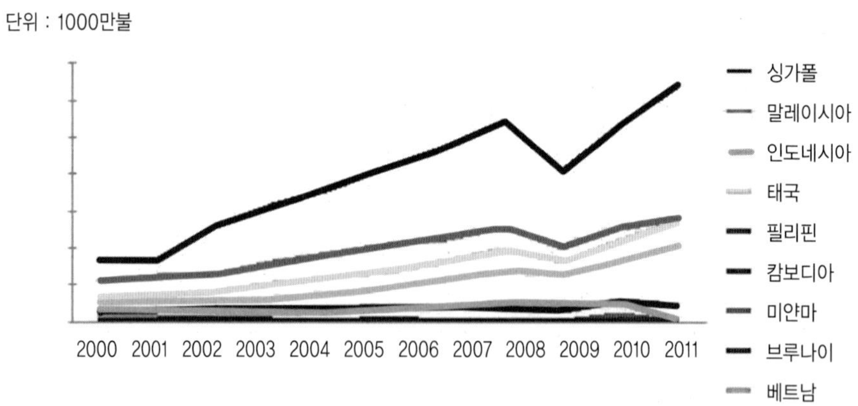

〈그림〉 2000-2011 ASEAN의 역내교역(수출)
자료 World Bank(2011)

〈표〉 동남아 국가들의 역내외 수출입(2009)

국가	아세안 역내 수출입 총액		아세안 역외 수출입 총액	
	금액(백만$)	구성비(%)	금액(백만$)	구성비(%)
브루나이	2,633.2	28.9	6,475.1	71.1
캄보디아	1,226.5	19.1	5,210.9	80.9
인도네시아	37,862.3	23.4	124,001.8	76.6
라오스	790.5	79.8	199.7	20.2
말레이시아	73,270.2	25.7	212,272.7	74.3
미얀마	3,324.4	59.0	2,305.9	41.0
필리핀	18,410.5	18.6	80,773.3	81.4
싱가포르	146,102.0	28.6	363,987.9	71.4
태국	50,484.0	20.3	198,204.3	79.7
베트남	18,667.7	24.2	58,602.8	75.8

자료: KITA.

〈표〉 동남아의 수출입 동향

(단위 : 백만불,%)

년도	수출금액	증가율	년도	수입금액	증가율
1990	5,217	29.2	1990	5,122	22.2
1991	7,331	40.5	1991	6,163	20.3
1992	9,044	23.4	1992	7,118	15.5
1993	10,109	11.8	1993	7,310	2.7
1994	12,487	23.5	1994	7,847	7.4
1995	17,979	44	1995	10,137	29.2
1996	20,311	13	1996	12,074	19.1
1997	20,365	0.3	1997	12,549	3.9
1998	15,328	−24.7	1998	9,135	−27.2
1999	17,708	15.5	1999	12,249	34.1
2000	20,134	13.7	2000	18,173	48.4
2001	16,459	−18.2	2001	15,916	−12.4
2002	18,400	11.8	2002	16,757	5.3
2003	20,253	10.1	2003	18,458	10.2
2004	24,024	18.6	2004	22,383	21.3
2005	27,432	14.2	2005	26,064	16.4
2006	32,066	16.9	2006	29,743	14.1
2007	38,749	20.8	2007	33,110	11.3
2008	49,283	27.2	2008	40,917	23.6
2009	40,979	−16.8	2009	34,053	−16.8
2010	53,195	29.8	2010	44,099	29.5
2011	71,801	35	2011	53,121	20.5

자료: KITA DB.

〈표〉 동남아의 10대 교역국 (2006)

구분		금액(백만$)			구성비(%)		
		수출	수입	합계	수출	수입	수출입
주요교역국가	아세안 역내	189,176.8	163,594.5	352,771.4	25.2	25.0	25.1
	일본	81,284.9	80,495.6	161,780.5	10.8	12.3	11.5
	미국	96,943.5	64,252.5	161,196.0	12.9	9.8	11.5
	EU	94,471.8	66,118.1	160,589.9	12.6	10.1	11.4
	중국	65,010.3	74,950.9	139,961.2	8.7	11.5	10.0
	한국	25,670.0	26,849.7	52,519.6	3.4	4.1	3.7
	호주	23,148.5	13,262.8	36,411.4	3.1	2.0	2.6
	인도	18,928.1	9,774.6	28,702.7	2.5	1.5	2.0
	게니디	3,916.4	2,970.3	6,886.8	0.5	0.5	0.5
	러시아	1,583.0	2,841.1	4,424.1	0.2	0.4	0.3
	뉴질랜드	3,018.6	1,531.2	4,549.8	0.4	0.2	0.3
	파키스탄	2,986.2	296.1	3,282.4	0.4	–	0.2
	소계	606,138.2	506,937.5	1,113,075.7	80.7	77.5	79.2
기타 국가		144,569.6	147,160.4	291,730.0	19.3	22.5	20.8
아세안 전체		750,707.8	654,097.8	1,404,805.7	100.0	100.0	100.0

자료: KITA.

〈표〉 동남아의 10대 교역 품목(2011) (단위 : 십억 달러)

순위	품목명	수출입			%/ASEAN 총교역량		
		수출	수입	교역량	수출	수입	교역량
1	전기기기와 그 부분품	175.8	154.2	330.0	21.7	21.2	21.5
2	광물성 연료,광물유,이들의 증류물	112.8	128.1	240.9	13.9	17.6	15.77
3	원자로,보일러와 기계류 및 그 부분품	109.2	105.8	215.0	13.5	14.6	14.0
4	철도 또는 궤도용 이외의 차량 및 그 부분품과 부속품	20.4	21.6	42.0	2.5	3.0	2.7
5	플라스틱 및 그 제품	21.6	19.8	41.4	2.7	2.7	2.7
6	진주, 귀석, 반귀석, 귀금속, 귀금속을 입힌 금속	20.2	15.2	35.4	2.5	2.1	2.3
7	유기화학품	19.2	15.2	34.4	2.4	2.1	2.2
8	광학기기,사진용 기기, 영화용 기기, 측정기기, 검사기기, 정밀기기와 의료용기기 및 그 부분품과 부속품	15.5	16.4	32.0	1.9	2.3	2.1
9	동식물성 유지분해생산물, 조제식용지, 동식물성의 납	25.6	2.9	28.5	3.2	0.4	1.9
10	고무와 그 제품	20.8	6.6	27.4	2.6	0.9	1.8
기타		269.3	240.5	509.8	33.2	33.1	33.2
총계		810.5	726.4	1536.8	100.0	100.0	100.0

자료: ASEAN.

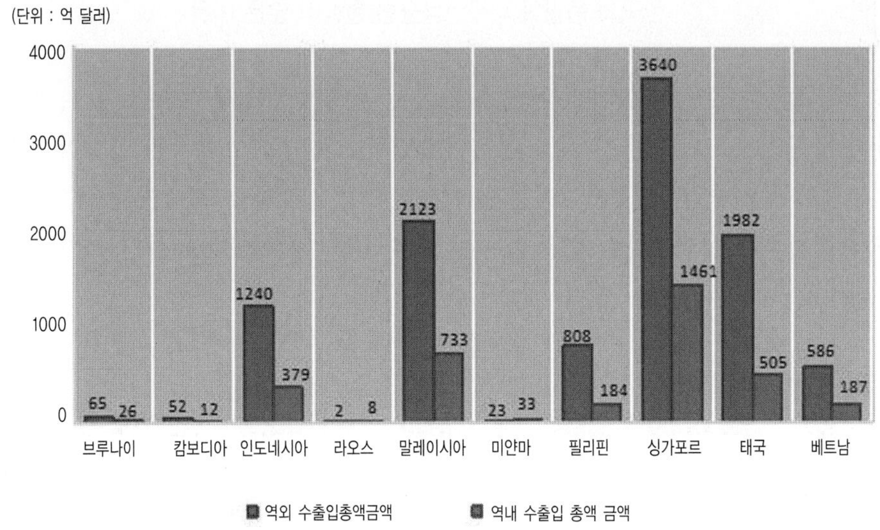

〈그림〉 동남아 국가들의 역내·외 수출입 총액
주: 2009년 기준
자료: KITA.

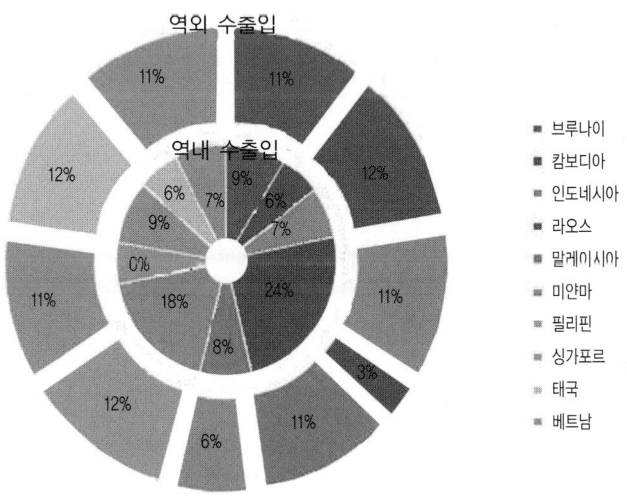

〈그림〉 동남아 국가들의 역내·외 수출입 구성비
주: 2009년 기준
자료: KITA.

Check Point 한국과 동남아의 무역불균형 현상이 닮은 이유

전통적으로 한국과 동남아 모두 일본과의 무역에서는 무역수지 적자, 미국과의 무역에서는 무역수지 흑자를 시현하였다. 그 이유는 한국과 동남아 모두 일본으로부터 중간재, 부품, 자본재를 수입하여 완재품을 조립하는 생산구조를 가졌기 때문이다. 이렇게 된 이유는 일본의 동아시아 ODA 정책, 상업차관 공여정책과 깊은 연관이 있다.

09

도서부 동남아 경제

싱가포르
브루나이
말레이시아
인도네시아
필리핀

Check Point 싱가포르는 영어만 사용하는가?

많은 사람들이 싱가포르는 영어만 사용하는 국가로 알고 있다. 그러나 정답은 NO이다. 싱가포르는 단일민족국가가 아니다. 중국계(74.7%), 말레이계(13.6%), 인도계(9.2%) 등으로 구성된 국가이다.

영어는 공영어로 사용하지만, 개별민족들은 각기 자기의 언어를 사용한다. 즉, 중국인은 중국어, 말레인은 말레이어, 인도인은 타밀어(남부인도어)를 사용한다. 정부정책도 초등학교부터 2개국어를 교육하고 있다. 즉, 중국계 싱가포리언은 영어와 중국어, 말레이계 싱가포리언은 영어와 말레이어, 인도계 싱가포리언은 영어와 타밀어를 교육받는다.

Check Point 싱가포르는 불교국가인가?

많은 사람들이 싱가포르는 중국계가 많기 때문에 싱가포르를 불교국가로 생각하는 경우가 많다. 그러나 싱가포르는 다종교국가이다. 실제로 싱가포르인들의 종교는 불교 · 도교(51%), 이슬람교(14.9%), 기독교(14.6%), 힌두교(4.0%)로 다양하다.

4. 싱가포르의 발자취

싱가포르의 역사는 영국의 동남아시아 진출전략과 깊은 관계가 있다. 영국은 현재 인도네시아 지역을 선점한 네덜란드의 동남아 진출을 억제하려는 전략적인 관점에서 싱가포르를 요충지로 인식하고, 1819년 영국의 동인도회사를 통한 식민지배를 시작했다.

영국이 싱가포르를 동남아의 중계무역항으로 개발하면서 방치되었던 싱가포르는 인구유입이 증대되고 국제도시로서 활기를 띠기 시작했다. 싱가포르의 인구는 점진적으로 증대하여 1870년대와 1900년대의 사이에 인구가 3배로 증가하였으며, 1940년대에는 50만의 인구를 가진 중계무역도시로 자리를 잡게 되었다.

이처럼 싱가포르는 중계무역항으로 발전되다가 제2차대전 후 1959년 영국의 식민지배로부터 벗어나 말레이연방의 일부로 편입되었다가 1965년 말레이연방에서 축출되면서 독립국가가 되었다.

Check Point 싱가포르의 식민개발 초창기 번성했던 산업

싱가포르는 중계무역항으로서 식민개발이 되면서 말레이시아에서 생산된 주석과 고무 등의 가공산업, 선박수리 등 중계무역과 관련된 산업들이 번창하였다.

Check Point 싱가포르의 식민개발 초창기 제조업과 무역의 특성

싱가포르는 중계무역항으로 발전하였지만, 제조업이 전체 산업에서 차지하는 비중은 11%정도 밖에 되지 않았고, 수출도 90%이상이 재수출의 형태였다.

5. 싱가포르의 슬픈 과거

독립당시 싱가포르가 처한 위기와 본질적 문제는 다음과 같았다

첫째, 서울 크기만한 작은 국토에 사람을 제외하곤 자원이 전혀 없는 나라, 둘째, 실업이 심각한 사회문제로 대두되고 있는 나라 셋째, 중국인, 말레인, 인도인 간의 인종분규의 잠재력을 갖고 있는 다종족·다언어 사회, 넷째, 인도네시아, 말레이시아 등의 주변국의 위협에 직면하고 있는 약소국가였다.

6. 싱가포르의 희망찬 오늘과 내일

오늘날 싱가포르의 모습은 다음과 같다.

- 세계 신흥시장 가운데 가장 투자위험도가 낮은 나라
- 세계 4대 외환시장

- 세계 1위의 정부부문 경쟁력
- 국가경쟁력 아시아 1위/세계 2위[1)]
- 아시아인들이 가장 이민가고 싶은 나라
- 세계 최고의 물류중심국가
- 아시아에서 일본 다음으로 일인당 국민소득이 높은 국가[2)]

7. 싱가포르는 왜 독립 이후 말레이 연방에 속했다가 축출되었나?

싱가포르는 1959년 영국으로부터 자치권을 얻어서 독립적인 국가로서 운영할 수 있었지만, 자체 제조업과 자원이 없는 상태에서 중계무역항으로서 발전하는데는 한계가 있었다.

이러한 태생적인 한계를 극복하고자 싱가포르는 자발적으로 말레이 연방에 합류했다. 그러나 말레이 연방에 합류한지 2년만에 싱가포르는 말레이 연방으로부터 축출된다. 가장 큰 이유는 말레이인 중심의 말레이시아가 중국인 중심의 싱가포르와의 이질감을 느꼈고, 중국인들의 경제력 장악에 대한 위기의식이 컸기 때문이다.

말레이 연방으로부터 일방적으로 축출된 싱가포르는 중계무역항으로서의 배후지역이었던 말레이시아라는 경제적인 토대를 상실하여 그 충격이 컸다.

이러한 경제적 난관속에 고실업, 열악한 주택, 보건 등의 사회문제 등이 심각해졌다. 싱가포르 정부는 새로운 환경속에 새로운 국가건설, 경제회복을 외롭게 시작해야 했다.

이 과제를 해결하기 위해 싱가포르는 수출을 통한 산업화를 추구하였고 동남아시아를 넘어 선진 산업국가들을 벤치마킹하였다. 싱가포르 행정부는 효율적으로 새로운 전략을 추진하기 위해 제도 개혁을 하였다.

---

1) The World Economic Forum의 Global Competitiveness Report 2011-2012에서 142개국의 글로벌 경쟁력을 비교한 결과 싱가포르는 2위를 차지하였다.
2) 싱가포르는 일인당 국민소득이 2010년 기준 4만 3,117달러이다.

8. 싱가포르 경제

싱가포르는 1960년부터 1990년대까지 연평균 8.0%의 고도 성장을 시현하였다. 싱가포르 경제는 2000년대 초에 사스 등의 영향으로 침체되었지만, 2004년 이후 세계경제의 회복에 따라 수출 증대와 서비스 산업의 성장으로 2004년부터 2007년까지 연 7%의 경제성장을 시현하였다.

2008년 글로벌 금융위기로 경제성장이 2008년 1.7%로 하락하였고, 2009년에도 수출이 감소하여[3] 경제성장률은 -1.0%를 기록하였으나, 2010년에는 수출이 증가[4]하면서 경제성장이 14.8% 상승하였다.

〈표〉 싱가포르의 경제성장률 (단위:%)

구분	1997년	1998년	1999년	2000년
경제성장률	8.4	0.4	5.9	9.9

자료: The Business Times, The Straits Times.

〈그림〉 싱가포르의 2000년부터 2011년까지의 경제성장률 (단위 : %)

자료: KOSIS.

3) 2009년에는 수출이 18% 감소하였다.

4) 2010년에는 수출이 22.4% 증가하였다.

〈표〉 싱가포르의 물가와 재정수지

(단위 : %)

구 분	2009	2010	2011	2012	2013
물가상승률(연평균)	0.6	2.8	5.2	4.4	3.5
재정수지 / GDP	-1.0	0.2	1.3	0.1	0.8

자료: IMF

〈표〉 싱가포르의 경제지표

(단위 : 백만달러, %)

구 분	2005	2006	2007	2008	2009
경상수지	22,238	29,765	39,062	25,742	22,980
경상수지 / GDP	18.4	21.4	23.4	14.1	15.4
상품수지	37,036	43,396	49,099	33,144	29,656
수 출	232,512	275,102	303,136	342,708	253,100
수 입	195,477	231,709	254,036	309,564	223,400
외환보유액	116,172	136,260	162,957	174,196	179,650

자료: IFS, EIU.

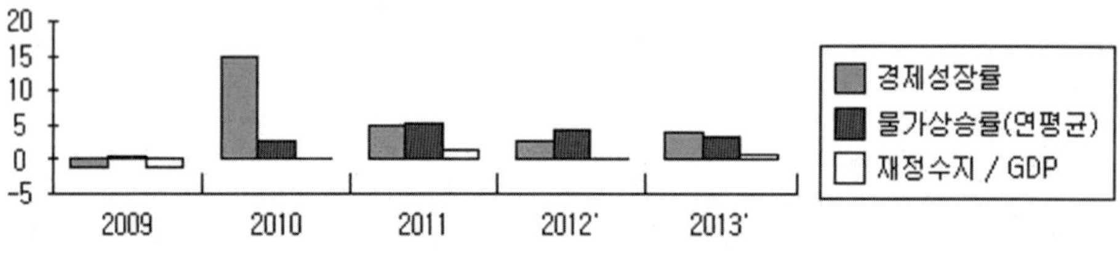

〈그림〉 싱가포르의 주요 경제지표

Check Point 싱가포르의 연구개발 지원은 남달라

"연구개발에 대한 투자가 현재 싱가포르의 경쟁력을 만들었다". 이 말은 2011년 리셴룽 싱가포르 총리의 연설내용중 일부이다. 이 말처럼 싱가포르의 눈부신 경제적 번영은 싱가포르 정부의 연구개발에 대한 획기적이고 대규모 투자에 기인하고 있다. 싱가포르 정부는 2015년까지 GDP의 3.5%를 연구개발에 투자할 계획이다.

9. 선진국을 능가하는 국민소득

싱가포르의 1인당 국민소득은 1950년에 비해 1990년대 중반 10배나 증가하였다. 특히 1996년 싱가포르의 1인당 국민소득은 미국을 제외한 선신국들보다 높았다.(박번순, 2004)

10. 작지만 능률적인 싱가포르 정부

싱가포르의 경쟁력은 싱가포르 주식회사로 일컬어 질 정도로 싱가포르를 경제활동의 천국으로 만든 싱가포르 정부의 강력한 추진력과 투명성에 있다. 싱가포르 정부는 작지만 능률적으로 경제정책을 시행하여 싱가포르의 경제성장을 주도하고 있다. 싱가포르 정부는 정보화부문에서도 세계 최고 수준의 전자정부를 구축하였다.

Check Point 싱가포르 경제체계는 자본주의인가, 사회주의인가

싱가포르는 자본주의 경제체제이면서도 정부가 시장에 개입하는 사회주의적 요소가 결합된 혼합경제체제이다. 싱가포르 정부는 정부계 기업 등을 통해 적극적으로 시장에 개입하여 기업의 비즈니스 비용을 최소화하고 경쟁력을 향상시키는 경제인프라를 지속적으로 구축하고 있다.

Check Point 테마섹 홀딩스와 GLS

싱가포르의 정부 투자회사인 테마섹 홀딩스(Temasek Holdings)는 싱가포르 주요 기간산업의 최대 주주로 싱가포르 경제의 중추적인 역할을 하고 있다. 테마섹 홀딩스가 대주주로 있는 싱가포르의 주요 기관들은 다음과 같이 다양한 분야에 포진되어 있다. 싱가포르 물류의 핵심인 싱가포르 항만공사(PSA, Port of Singapore Authority), 싱가포르 통신의 메카인 싱텔(SingTel, Singapore Telecommunications), 싱가포르 항공운영의 중심인 싱가포르 항공(Singapore International Air Line), 싱가포르의 금융기관의 대표주자인 싱가포르 개발은행(DBS, Development Bank of Singapore), 싱가포르 방송국인 미디어코프(MediaCorpia) 등이 테마섹 홀딩스가 대주주로 있는 기관들이다.

또한 이러한 기관들은 산하에 수 많은 자회사를 갖고 있어 싱가포르의 정부연관기업(GLS, Government Linked Companies)은 1,000개가 넘을 것으로 전망된다. 그런데 이러한 싱가포르의 GLS는 아시아의 다른 국영기업들과 달리 전문경영인에의해 투명하게 운영되고 있고 경영성과에 의한 치열한 경쟁체제로 운영하고 있다.

〈표〉 싱가포르의 무역과 투자

무역현황	2009	2010	2011	주요품목
수출(백만 달러)	13,617	15,244	20,839	석유제품, 선박 해양구조물 및 부품, 반도체 등
수입(백만 달러)	7,872	7,850	8,967	
투자현황	2009	2010	2011	2011년 말 누계
신규법인 수	40	46	49	532
천 달러	275,644	406,737	907,932	4,357,926

자료: EDB.

11. 다른 동남아국가들보다 먼저 싱가포르가 외자유치를 한 이유

1965년 독립 이후 싱가포르는 중계무역의 발전에 따라 물류, 금융이 발전되었다. 싱가포르는 1965년 독립 이후 1970년대 초반 싱가포르 경제에 지대한 영향을 주고 있던 영국군의 철군에 대비하여 공업화를 다른 동남아 국가들에 비해 빨리 추진하였다(今川暎一, 1994).

독립 이전 중계무역으로 발전한 싱가포르가 독립 이후 경제개발 초기에 자력으로 천연자원도 전무한 상태에서 제조업을 육성하기엔 자본과 기술이 부족했다. 싱가포르는 좁은 국토로 인해 농업도 발전할 수 없는 상태였다. 이러한 상황을 타개하는 최선의 방법으로 싱가포르 정부가 선택한 정책이 외국인 투자유치였다. 싱가포르 정부는 외국인 투자유치를 통해 수출을 확대하고 국가경쟁력을 향상시키는 정책을 추진하였다.

싱가포르가 1965년 말레이 연방으로부터 축출되었을 때 싱가포르의 내수시장은 협소하였고, 내놓을만한 국내기업이 거의 없는 가운데 실업률은 높았다. 이러한 총체적 경제적 위기 상황에서 싱가포르가 생존을 위해 선택한 길은 개방과 자유경쟁이었다.

그 당시 대부분의 아시아국가들은 독립 후 민족주의에 의해 외국인 기업의 투자유치보다는 자국기업을 육성하였다. 그러나 싱가포르는 시장을 개방하고 외국인 기업들이 싱가포르에서 자유롭게 경쟁할 수 있는 장을 마련해 주고 이를 통해 고용창출, 수출증대로 경제성장을 시현하였다. 싱가포르는 지속적인 무역자유화와 외국인 투자유치를 통해 부족한 자원을 효율적으로 배분하고 경쟁력을 강화시켰다.

〈표〉 싱가포르의 국제수지 동향 (단위 : 억 미불)

국제수지	2008	2009	2010	2011				
				1/4	2/4	3/4	4/4	연간
경상수지	264	301	555	143	136	158	133	570
상품수지	417	473	631	167	154	175	178	674
서비스수지	−27	−32	15	4	2	12	1	18
소득수지	−89	−100	−40	−12	−2	−11	−30	−56
이전수지	−37	−40	−51	−16	−16	−18	−16	−67
자본수지	−155	−227	−129	−86	−95	−91	−128	−401
직접투자	50	67	274	76	103	113	96	388
증권투자	116	−402	−269	−114	−9	−140	−26	−287
기타투자	−320	108	−134	−48	−190	−64	−198	−501
종합수지	131	113	422	49	44	82	−2	171

자료: EDB.

Check Point 외자유치 초기 싱가포르의 정책

싱가포르는 외국인 투자유치를 위해 1967년에 다양한 인센티브를 공표하였다. 1968년에는 유연한 노동시장을 만들기 위해 노사관계법과 고용법을 대폭 개정하여 다국적기업이 선호하는 노사관계를 구축하고 저임금구조를 정착시켰다. 싱가포르 정부는 1967년 경제확대장려법(The Economic Expansion Incentives Act)를 제정하여 다른 동남아국가보다 빨리 공업을 육성할 토대를 마련하였다(今川暎一, 1994).

Check Point 싱가포르는 어떻게 기업하기 좋은 나라가 되었는가

자유시장경제를 고수하고 있는 싱가포르는 중계 무역항의 장점을 최대한 활용하여 다른 동남아 국가들보다 일찍 무역자유화를 추진하였다. 또한 싱가포르 정부는 외국인 투자유치를 위해 생활환경과 비즈니스 환경 등의 투자환경을 개선하고, 다양한 인센티브를 외국인 기업들에게 제공하였다.

이러한 싱가포르의 지속적인 개방화, 자유화 정책과 세계최고의 비즈니스 환경과 생활환경으로 인해 싱가포르에는 7,000여 개 이상의 다국적기업이 진출하였다.

〈표〉 싱가포르의 국가경쟁력

항목	싱가포르 순위	조사 기관	비고
2009년 기업하기 좋은 국가	1위	세계은행	2위 뉴질랜드, 3위 홍콩 * 한국 19위
2010년 경제 자유도	2위	헤리티지재단 경제자유지수	1위 홍콩, 3위 오스트레일리아 * 한국 31위
2009년 국가경쟁력	3위	국제경영개발대학원 국가경쟁력 보고서	1위 미국, 2위 홍콩 * 한국 27위

12. 싱가포르의 산업구조

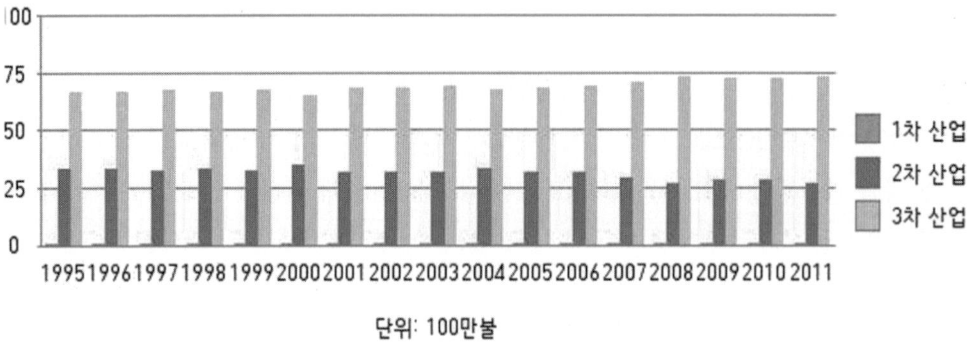

〈그림〉 1995-2011 싱가포르의 산업구조

자료: World Bank.

1) 싱가포르의 90년대 산업구조

1992년 싱가포르의 산업구조는 농업이 0.3%, 공업이 37.5%, 서비스업이 62.2%였다. 싱가포르의 공업은 70년대에는 경공업과 중화학 공업이 발전하였고, 80년대에는 전기,전자산업이 발전하였다. 서비스분야에서는 금융업이 발전하였다(今川暎一, 1994).

2) 최근 싱가포르 산업의 특징

싱가포르는 서비스 중심의 산업구조이다. 2011년 싱가포르는 서비스산업이 GDP의 73.4%를 차지하고 있고 제조업은 26.6%이다. 싱가포르는 협소한 국토로 인해 농업, 어업, 광업은 거의 전무하다. 싱가포르는 제조업과 서비스업을 경제성장의 양대축으로 발전시키고 있다. 싱가포르는 태생적인 노동력 부족의 문제를 해결하고, 산업간 시너지효과를 상승시키기 위해 클러스터형 산업발전을 추진하였다(박번순, 2004).

〈표〉 싱가포르의 산업별 경제성장률 (단위: %)

구분	2009년	2010년	2011년
–재화 생산 산업	–1.4	24.7	6.8
· 제조업	–4.2	29.7	7.6
· 건설업	17.1	3.9	2.6
–서비스 생산 산업	–1.0	11.1	4.4
· 도소매업	–4.7	15.1	1.1
· 운송 및 저장업	–9.9	7.9	4.7
· 호텔 및 요식업	–2.0	12.2	5.8
· 정보통신 서비스업	3.5	3.4	1.5
· 금융서비스업	2.2	12.4	9.1
· 사업서비스업	2.9	6.2	2.7

자료: MTI.

3) 싱가포르의 서비스산업이 발전한 이유

싱가포르에서 서비스 산업은 싱가포르 경제의 중심으로 싱가포르 정부는 서비스산업의 지속적인 발전을 위해 인센티브 등 다양한 지원을 하고 있다.

싱가포르의 서비스산업이 비약적인 발전을 한 이유중의 하나는 싱가포르 정부의 다국적 기업 유치정책, 자본 자유화, 외환 자유화 정책이 지속적으로 시행되면서 자본, 사람, 물자가 싱가포르에 지속적으로 집중되고 있기 때문이다.

최근들어 싱가포르의 서비스업의 가장 큰 변화는 많은 논란 끝에 2010년에 개장한 카지노산업이다. 싱가포르는 카지노 개장을 통해 관광객과 소비가 증가하였다.

〈표〉 싱가포르의 고용에서 주요 서비스산업의 비중

	고 용(천명)			총 고용 비율(%)		
	1986년	1996년	2000년	1986년	1996년	2000년
금융서비스	40.4	69.0	69.0	3.32	3.80	3.29
물류	56.2	89.6	93.3	4.63	4.94	4.45
정보통신기술	28.3	52.1	69.1	2.33	2.87	3.30
관광	100.9	154.5	150.4	8.31	8.82	7.18
교육	25.6	40.3	46.7	2.11	2.22	2.23
의료	9.6	27.6	38.1	0.79	1.52	1.82
법률서비스	4.1	7.6	10.2	0.34	0.42	0.49
합계	1,214.4	1,814.4	2,094.8	100	100	100

자료: Report of the Economic Review Committee. Sub-Committee on Service Industries(2002).

(1) 금융 서비스업

싱가포르는 글로벌 금융허브이다. 싱가포르는 600개 이상의 국내외 금융기관들이 치열하게 경쟁하고 있는 글로벌 금융시장이다. 싱가포르는 외국은행 기준 세계 4위이다. 또한 싱가포르는 런던, 뉴욕, 도쿄에 이은 세계 4위 외환시장이다.

이처럼 싱가포르는 홍콩, 도쿄와 더불어 아시아의 대표적인 금융허브이다. 싱가포르에서 금융산업이 발전한 것은 역사적으로 중계무역항인 싱가포르의 특성과 무관하지 않다. 이 당시 금융은 중계무역의 보조역할이었다.

싱가포르에서 금융산업이 비약적인 발전을 하게 된 결정적 계기는 싱가포르 정부가 1960년대 후반부터 금융산업을 성장산업으로 육성하기 시작하면서 부터이다.

특히 싱가포르 정부는 금융산업에 대한 규제 완화와 금융개혁을 통해 싱가포르 금융산업의 대외신뢰도를 높였다. 또한 싱가포르 정부의 자본 및 외환 자유화 정책과 적극적인 외국기업 유치정책은 싱가포르의 금융산업을 발전시킨 원동력이 되었다. 최근들어 싱가포르는 지역의 특성을 살려 이슬람 금융의 중심지로 거듭나고 있다.

Check Point 싱가포르는 아시아의 스위스?

최근들어 국제금융시장에서는 아시아의 신흥부유층들의 프라이빗 뱅킹, 자산관리 등에 대한 수요가 증가하고 있고, 이러한 자금을 유치하기 위한 경쟁이 치열해지고 있다.

싱가포르는 정부의 통제력이 강한 나라로 금융거래의 개인 비밀보호가 다른 아시아 국가들에 비해 양호하다. 또한 전 세계적으로 국부펀드인 테마섹의 선진화된 운영은 신뢰를 얻고 있다. 이러한 이유로 싱가포르는 조세회피처(tax haven)로 각광받으면서 아시아의 스위스로 불리고 있다.

(2) 관광업

싱가포르는 관광대국이다.

싱가포르의 인구는 500만명이다. 그런데 매년 싱가포르를 찾는 외국인 관광객 수는 1,000만 명이상이다. 싱가포르는 이처럼 인구의 2배이상의 외국관광객으로 붐비는 관광 대국이다.

싱가포르 정부는 싱가포르 경제의 양대축의 하나인 서비스 산업의 새로운 성장동력을 만들기 위해 2010년 카지노가 포함된 복합리조트인 마리나베이센즈(MBS)와 리조트 월드센토사(RWS)를 개장하였다. 새로운 복합리조트 개장 후 싱가포르를 찾는 관광객 수는 증가하고 있다.

Check Point 싱가포르 관광산업의 특징과 경쟁력

싱가포르는 단순히 관광뿐만 아니라 의료, 국제회의, 전시컨벤션 등을 관광가 연계하여 추진하고 있다. 싱가포르 정부는 적극적인 관광객 유치 및 연중 각종 국제회의, 전시 · 박람회 개최, 의료허브, 교육허브 육성 정책을 통해 외국인 유치를 도모하고 있다.

4) 싱가포르 제조업의 특징

싱가포르 정부는 기본적으로 제조업의 육성을 다국적 기업의 유치를 통하여 하고 있다. 싱가포르 정부는 다국적기업과 국내 기업을 연계하고 다국적 기업의 해외 판매망을 활용하고 있다. 싱가포르의 제조업은 전통적으로 전자산업과 석유화학이 핵심이었으나 최근들어서는 생의학 등의 바이오 허브를 구축하고 있다.

싱가포르는 1980년대부터 반도체 등의 전자산업을 다국적 기업의 유치를 통해 육성하고 있다. 싱가포르의 제조업은 전자산업과 석유화학산업, 바이오메디컬 산업이 핵심전략산업으로 발전되고 있다.

(1) 전자산업

싱가포르의 전자산업은 60년대 후반 미국 반도체업체의 진출로 시작되었고, 그 이후 70년대 초반에 유럽의 전자업체와 일본의 전자업체들이 싱가포르에 대거 진출하였다. 이러한 다국적 전자업체들의 싱가포르 진출은 다국적 전자부품업체들의 싱가포르에 동반진출을 가져와 싱가포르의 전기전자산업은 비약적인 발전을 하게 되었다(今川暎一, 1994).

싱가포르는 다국적 전자업체들의 아시아 최대의 생산거점과 유통기지 역할을 하면서 동남아 최대 전자제품 시장이다. 싱가포르의 경제에 지대한 영향을 미치고 있는 전자산업은 2011년 싱가포르 제조 산출량과 총수출의 30%이상을 점유하고 있다. 또한 총인구 500만의 싱가포르에서 전자산업을 통한 고용창출은 9만명에 이른다.

(2) 바이오메디컬 산업

바이오메디컬 산업은 싱가포르 정부가 집중적으로 육성하고 있는 미래전략산업이다. 바이오메디컬 산업은 싱가포르에서 새롭게 시작된 성장산업이지만. 2011년 이미 싱가포르 전체 제조 산출량의 8% 정도를 점유하고 있다. 싱가포르 정부는 복합 바이오메디컬 연구단지인 바이오폴리스 복합 연구단지를 조성하고 파격적인 지원을 하여 글로벌 기업와 해외석학들을 싱가포르로 불러 들이고 있다. 싱가포르 정부는 2011년에서 2015년까지 161억 싱가포르달러를 바이오메디컬 연구개발에 투자할 계획이다. 싱가포르 정부가 전력투구하고 있는 생명공학 분야는 연평균 13%의 성장을 하면서 싱가포르 경제의 새로운 성장 동력이 되고 있다(EDB, 2012).

(3) 화학 산업

싱가포르는 세계 3대 석유정제 허브이다. 싱가포르의 화학산업은 전통적으로 싱가포르 제조업의 양대축중에 하나이다. 화학산업은 2010년 싱가포르 전체 제조산출량에서 29.8%를 점유하고 있고, 고용인원도 2만명 이상이다(MII, 2012). 싱가포르의 화학산업은 싱가포르 서부 지역인 Jurong Island에 집중되어 있다. Jurong Island는 세계 10대 화학 허브 중의 하나이다.

〈표〉 싱가포르의 제조분야 현황

분야	생산물/결과(S$ 십억)	가치창출(S$ 십억)	종업원 수(명)
Chemical(화학)	96	3	23,221
Electronic(선자)	74	14	90,560
Transport(교통)	29	9	119,600
Precision Engineering(정밀공학)	24	7	100,221
Biomedical(생명공학)	21	9	12,292

자료: A★STAR.

13. 싱가포르 무역의 특징

싱가포르의 무역은 GDP의 약 3~4배로 경제에서 무역이 차지하는 비중이 크다. 싱가포르 무역의 특징은 경제에서 차지하는 비중이 크다는 특징뿐만 아니라 총무역에서 40%이상이 중계무역이라는 특징을 갖고 있다. 또한 수입품에서 주류 등 극히 일부 수입품목을 제외하고는 무관세라는 특징을 갖고 있다.

싱가포르는 2012년 세계 14위 무역국이다. 수출금액으로는 세계 13위, 수입금액으로는 세계 15위이다. 싱가포르의 총수출에서 재수출은 45% 정도이다(IMF, 2012).

싱가포르의 최대 무역국은 인접국가인 말레이시아이다. 싱가포르의 주요 수출대상국은 말레이시아, 홍콩, 중국, 인도네시아, 미국 등이고, 주요 수입대상국은 말레이시아, 미국, 중국, 일본, 대만 등이다(IMF. 2012).

〈표〉 싱가포르의 주요 교역국(2011) (단위 : 백만 달러)

순위			국가명	총 교역액	수 출
교역	수출	수입			
1	1	2	말레이시아	86,174	48,345
2	5	1	EU	81,579	37,030
3	4	4	중 국	78,016	41,279
4	3	8	인도네시아	60,030	41,376
5	6	3	미 국	59,004	21,265
6	2	?	홍 콩	46,757	43,684
7	7	5	일 본	43,151	17,789
8	9	7	한 국	35,990	14,972
9	10	6	대 만	35,153	14,123
10	11	10	인 도	27,256	13,583

자료: IMF.

〈표〉 싱가포르의 주요 수출입 품목

수출품목		수입품목	
품목	수출액(SGD 천)	품목	수입액(SGD 천)
전자집적회로	27,396,912	석유와 역청유	36,117,242
선박용 연료	24,840,424	전자집적회로	31,466,351
프로세서와 컨트롤러	24,086,501	석유	30,456,643

자료: IE Singapore.

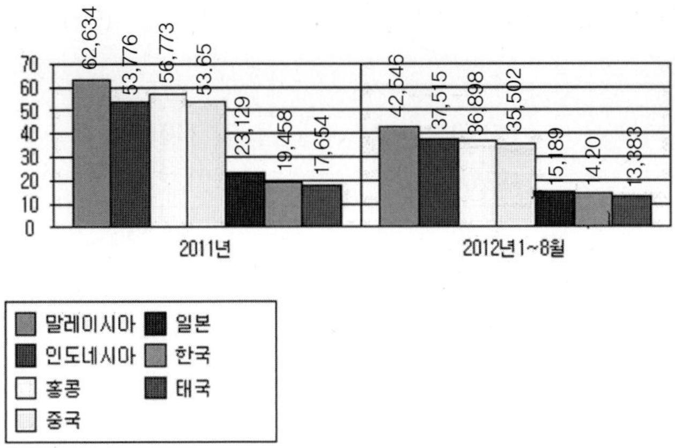

〈그림〉 싱가포르의 대(對) 아시아 수출 (단위: 백만 싱가포르 달러)

자료: IE Singapore.

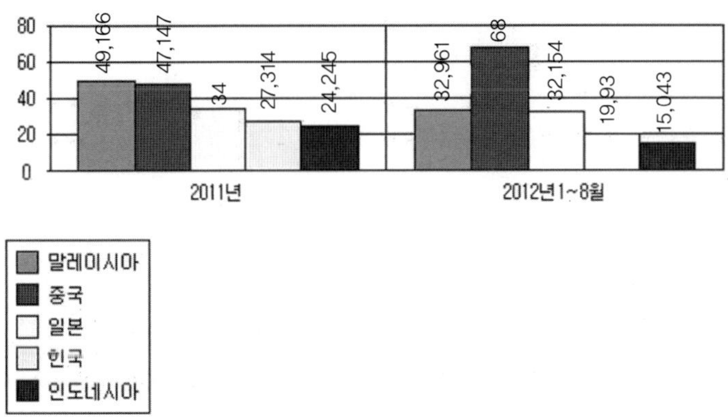

〈그림〉 싱가포르의 아시아로부터 수입 (단위: 백만 싱가포르 달러)

자료: IE Singapore.

〈표〉 싱가포르의 무역의존도(2000-2011) (단위 : %)

년도	수출	수입
2000	143.70	140.30
2001	133.65	127.33
2002	138.16	128.53
2003	154.37	136.98
2004	181.74	149.91
2005	185.95	161.98
2006	195.40	171.61
2007	177.71	156.27
2008	202.74	191.71
2009	153.40	139.73
2010	165.04	145.77
2011	170.84	152.59

자료: KOSIS

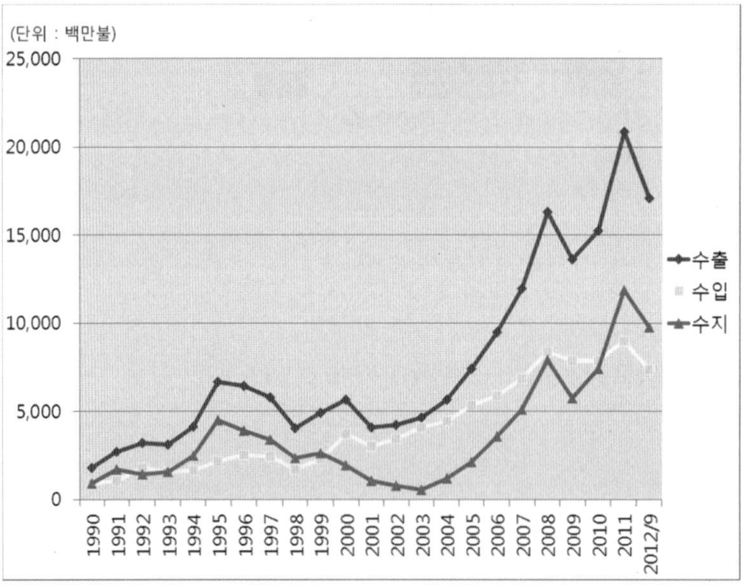

〈그림〉 싱가포르의 수출입 동향

자료: KITA.

〈표〉 싱가포르의 수출입 동향

(단위 : 백만불, %)

년도	수출		수입		무역수지
	금액	증가율	금액	증가율	
1990	1,805	17.8	897	39.9	908
1991	2,702	49.7	1,030	14.8	1,672
1992	3,222	19.2	1,788	73.7	1,433
1993	3,109	−3.5	1,540	−13.9	1,569
1994	4,152	33.5	1,660	7.8	2,492
1995	6,689	61.1	2,168	30.6	4,521
1996	6,439	−3.7	2,527	16.6	3,911
1997	5,79	−10	2,417	−4.4	3,380
1998	4,065	−29.9	1,713	−29.1	2,352
1999	4,922	21.1	2,312	35	2,610
2000	5,648	14.8	3,723	61.1	1,925
2001	4,080	−27.8	3,011	−19.1	1,068
2002	4,222	3.5	3,430	13.9	791
2003	4,636	9.8	4,090	19.2	546
2004	5,654	22	4,461	9.1	1,193
2005	7,407	31	5,318	19.2	2,089
2006	9,489	28.1	5,887	10.7	3,603
2007	11,949	25.9	6,860	16.5	5,090
2008	16,293	36.4	8,362	21.9	7,931
2009	13,617	−16.4	7,872	−5.9	5,745
2010	15,244	12	7,850	−0.3	7,395
2011	20,839	36.7	8,967	14.2	11,872

자료: KITA.

제2장 _ 브루나이

1. 브루나이하면 떠오르는 이미지

●술탄 ●석유 ●엠파이어 호텔

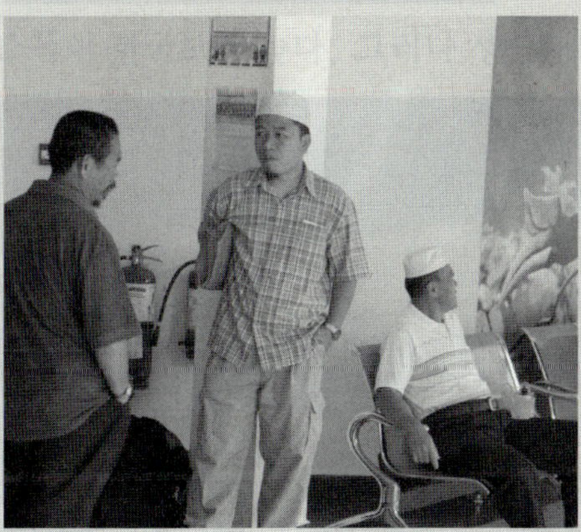

말레이계 국민들에게 경제적 우선권을 부여하는 부미푸트라 정책을 시행하고 있다.

브루나이 정부는 국내산업을 육성하는 정책을 추진하면서 말레이계의 기업들에게 우선권, 특혜를 부여하는 정책을 시행하였고 이를 통해 말레이계 기업들이 육성되었다.

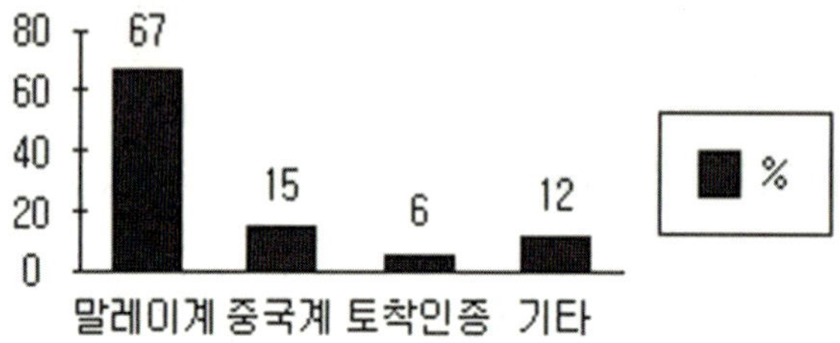

〈그림〉 브루나이의 인종 비율

5. 브루나이 경제개발 계획

브루나이는 1975년부터 1979년까지 국제원유가의 상승으로 인해 경제성장률이 연평균 12.2%를 시현하였다. 1980년대 세계시장에서 석유의 공급과잉으로 인한 유가하락과 이로 인한 브루나이 정부의 석유감산으로 브루나이 경제는 1981년부터 1985년까지 경제성장이 연평균 -3.2%로 하락하였다. 브루나이는 1984년 영국으로부터 독립을 한 후 공공투자 확대 등의 경제개발계획의 추진으로 브루나이는 제5차 경제개발계획(1986-1990)중에 경제성장이 연평균 0.4%로 반등하였다.

브루나이는 제6차 경제개발 5개년계획(1991-95)과 제7차 5개년계획 기간(1996-2000)중 브루나이를 산유국뿐만 아니라 금융, 관광, 무역, 운송 등의 중심지로 개발하기 위해 산업다각화를 추진하였지만, 아시아 외환위기 등으로 경제가 침체되어 성과는 미진하였다.

브루나이 경제는 아시아 외환위기가 발생한 가운데 1997년부터 1999년까지 국제원유가격의 하락에 따라 석유수입이 급락하였다. 또한 브루나이 국가재정과 왕실자산으로 운용되던 왕족대기업인 Amedeo사가 1998년에 파산하여 막대한 국고 손실이 발생하였다. 이러한 국내외적 악재로 인해 브루나이 정부는 추진하려던 신규개발사업을 중단하였고 이로인해 국내 경기가 침체되고 실업이 증가하였다(IMF, 2010).

6. 브루나이의 2000년대 경제

브루나이는 2000년대 제8차 경제개발계획(2001-2005)에의해 석유에 지나치게 의존하고 있는 경제의존도를 낮추기위해 정부재정 지출을 증대하여 산업다각화를 추진하였다.

브루나이는 2008년 글로벌 금융위기로 인해 전반적으로 선진국경제가 침체되면서 유가하락 등으로 석유수출이 감소하여서 경제성장이 2009년 -1.8%로 하락하면서 실업이 증가하였다.

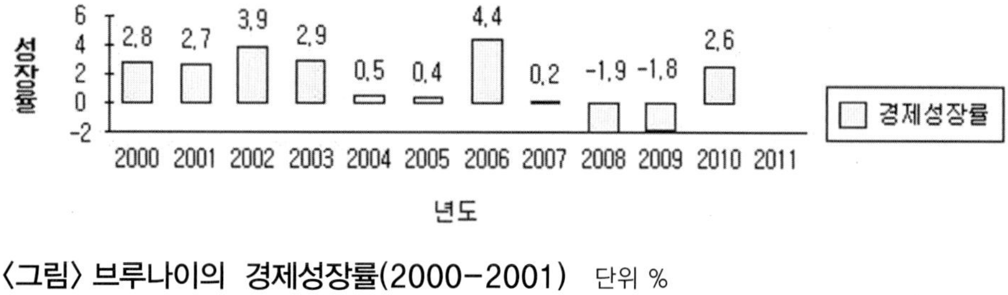

〈그림〉 브루나이의 경제성장률(2000-2001) 단위 %

7. 브루나이 경제의 문제점

브루나이 경제는 석유산업에 편중되어 있어, 지나치게 대외의존도가 높다. 또한 석유로 인한 경제적 풍요로움으로 인해 임금은 높은데, 숙련된 노동력이 부족하여 외국인 투자유치에 걸림돌로 작용하고 있다. 그리고 국내제조업이 발달되어 있지 않고 사회간접자본의 확충이 미흡하다.

Check Point 국제유가에 따라 춤추는 경제

브루나이 경제는 원유와 천연가스에 대한 의존도가 지나치게 높다. 브루나이 GDP의 약 60%, 브루나이 총 수출액의 96%가 원유와 천연가스이다.

이처럼 브루나이 경제가 원유와 천연가스에 편중되어 있어 국제유가의 변동에 국가전체가 위험에 노출되어 있다. 2006년에는 국제유가의 고공행진으로 브루나이 상품수지가 흑자를 시현하여 면서 경제성장률이 5.1% 상승하였지만, 2008년에는 국제 유가가 급락하여 경제성장이 -1.9%로 하락하였다.

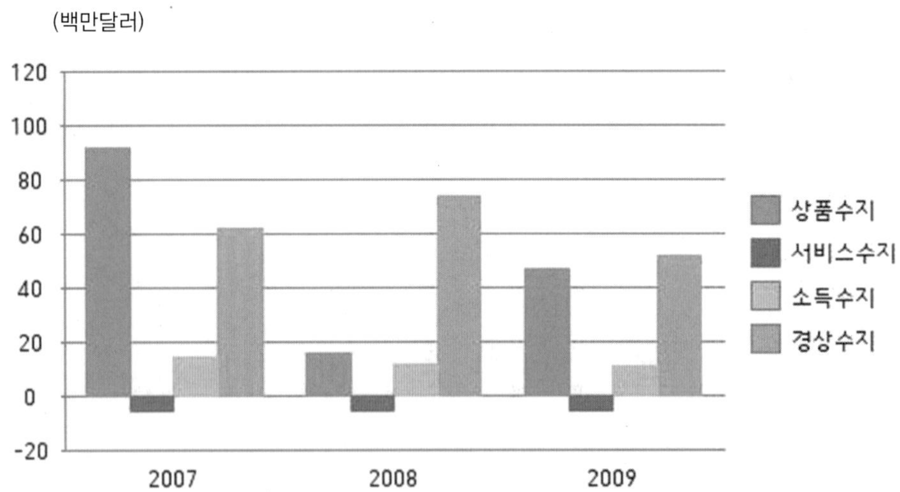

〈그림〉 브루나이의 국제수지

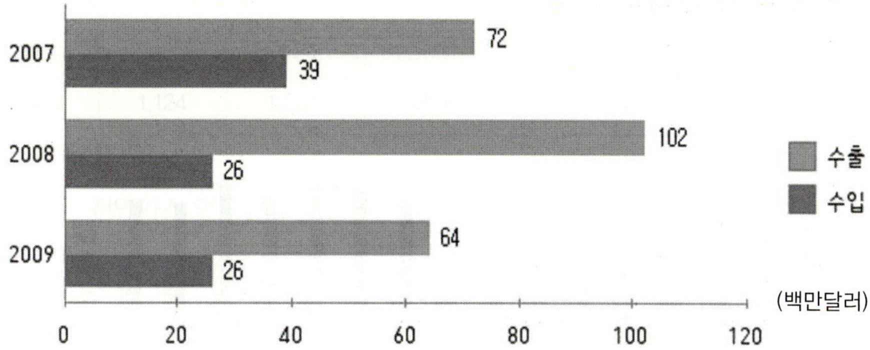

〈그림〉 브루나이의 수출입(2007-2009)

Check Point 브루나이 경제는 어떻게 운영되고 있나?

브루나이는 내놓을 만한 제조업이 없다. 그러나 잘사는 나라중에 하나이다. 비결은 브루나이 GDP의 약 60%, 총수출액의 96%를 차지하고 있는 풍부한 원유와 천연가스의 생산과 수익의 해외운용에 있다.

8. 브루나이의 고민과 장기비전

브루나이에 풍요로움을 선사한 석유가 천년 만년 생산되면 좋겠지만, 브루나이에 매장되어 있는 원유는 향후 약 20년 정도의 사용량인 것으로 추정되고 있다.

브루나이 정부는 석유에 편중되어 국제유가 변동이 국내경제를 좌지우지하는 브루나이 경제의 취약성과 매장된 석유의 고갈에 대비하기 위해 1980년대부터 산업다각화와 민영기업의 육성 등의 경제개발을 추진하고 있다(정영규, 2003).

브루나이 정부는 2035년까지 1인당 국민소득과 국민의 삶의 질을 세계 10위권으로 향상시키기 위해 8개 핵심 분야의 집중개발을 2007부터 2017까지 추진하고 있다(ADB, 2010).

4) 건설업

브루나이에서 건설산업은 석유산업 다음으로 핵심산업으로 브루나이 정부의 공공 개발사업을 이끌고 있다. 브루나이 정부는 대규모 주택사업을 추진하고 있으며 브루나이 수도인 반다르세리베가완을 상업과 금융중심지, 생태친화경 도시, 관광도시로 개발할 계획을 추진중에 있다(BEDB, 2012).

10. 외국인 투자유치

브루나이 정부는 외국인 투자유치를 효율적으로 하기위해 국왕 직속으로 2001년에 브루나이경제개발청(BEDB: Brunei Economic Development Board)를 설립하여 외국인 투자업무를 one-stop service하고 있다.

Check Point 브루나이는 세금천국

브루나이는 개인 및 기업들에게 세금천국이다. 브루나이는 개인소득세, 판매세, 부가가치세 등을 부과하지 않는다. 이러한 세제상 혜택은 내국인과 국내기업뿐만 아니라 외국인과 외국기업에게도 차별없이 똑같이 적용된다.

11. 브루나이 무역의 특징

브루나이는 무역과 관련해서 다른 동남아 국가에 있는 수입에 따른 사치품 판매세, 수입부가금 등 추징금이 없고, 수입쿼터, 수출이행 의무 등이 없다.그리고 수출의 경우에도 수출세가 없고, 수출 수량 제한도 없다

2011년 브루나이의 주요수출 품목은 원유와 천연가스로 총수출의 96%를 차지하고 있다. 주요수입품목은 기계류, 공산품, 식료품 등이다.

브루나이의 주요 수출대상국은 일본(38%), 인도네시아(25%), 한국(14%), 호주(7%)이다. 브루나이의 주요 수입대상국은 싱가포르(38%), 말레이시아(19%), 일본(7%), 중국(5%), 태국(5%), 미국(4%)이다(IMF, 2012).

〈표〉 브루나이의 수출입 동향

(단위 : 백만불, %)

년도	수출		수입		수지
	금액	증가율	금액	증가율	
1990	1	−66	269	9.4	−268
1991	3	114.9	282	4.7	−279
1992	6	105	314	11.3	−307
1993	10	50.7	273	−12.8	−264
1994	13	29	312	14	−299
1995	23	80.4	376	20.7	−353
1996	33	47.2	475	26.3	−442
1997	29	−12.7	487	2.5	−458
1998	18	−37	340	−30.1	−322
1999	14	−24.6	283	−16.9	−269
2000	16	17.3	492	74.1	−476
2001	16	1.4	452	−8	−436
2002	27	62.6	462	2.1	−435
2003	30	13.9	501	8.5	−471
2004	32	3.7	693	38.3	−662
2005	61	94.3	787	13.5	−725
2006	22	−63.5	1,206	53.2	−1,183
2007	27	18.6	935	−22.5	−908
2008	70	163.8	1,724	84.4	−1,654
2009	57	−18.3	969	−43.8	−912
2010	65	13.5	1,522	57	−1,456
2011	588	803.4	2,010	32.1	−1,422

자료: KITA.

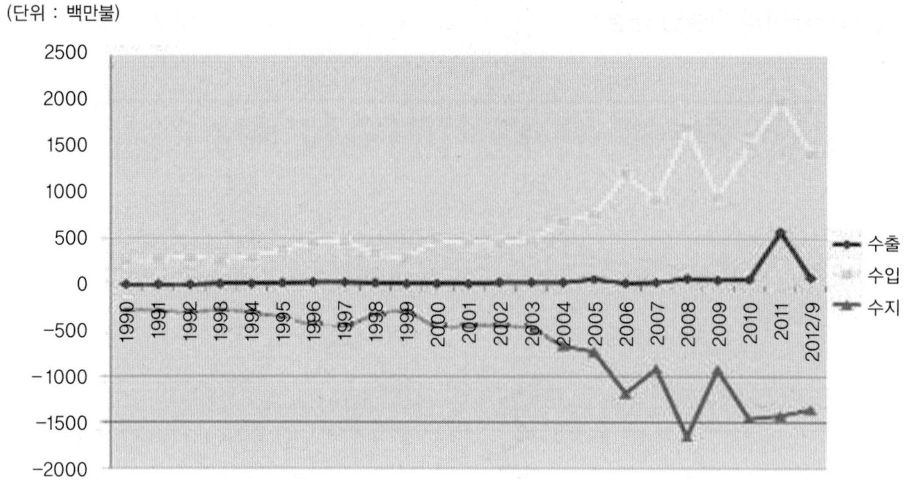

〈그림〉 브루나이의 수출입 동향

자료: KITA.

제3장 _ 말레이시아

1. 말레이시아하면 떠오르는 이미지

●페르로나스 트윈타워 빌딩 ●마하티르 수상 ●동방정책

2. 말레이시아의 이해

말레이시아의 면적은 330천㎢로 한반도의 약 1.5배이다. 말레이시아 인구는 2010년 2천8백만명이다. 종교는 이슬람교(60.4%), 불교(19.2%) 등으로 국민의 절반 이상이 무슬림이다. 통화단위는 Ringgit이며, 언어는 말레이어, 중국어, 영어, 타밀어를 사용하고 있다.

말레이시아는 영국의 식민지배를 받아 영어가 통용되고, 석유, 가스, 고무, 주석 등 천연자원이 풍부한 강점을 갖고 있다. 말레이시아 정부는 1980년대에 전자산업뿐만 아니라 석유화학, 철강 등의 중화학공업도 육성하였다.

말레이시아는 원주민인 말레이계인 부미푸트라와 경제권을 장악하고 있는 이주민인 화교간에 갈등이 있었지만, 정부의 인종간 균형발전 정책으로 경제적 갭이 완화되고 있다.

〈표〉 말레이시아 경제 개황

경제지표		단위	2008	2009	2010	2011
국내경제	GDP	억달러	2,228	1,929	2,378	2,787
	1인당 GDP	달러	8,091	6,917	8,418	9,700
	경제성장률	%	4.7	−1.6	7.2	5.1
	재정수지/GDP	%	−3.2	−5.3	−3.7	−5.1
	소비자물가상승률	%	5.4	0.6	1.7	3.2
국외경제	환율(달러당,연중)	Rp	3.33	3.52	3.22	3.06
	경상수지	백만달러	39,439	31,821	27,345	31,986
	외환보유액	백만달러	91,528	96,713	106,525	133,642
외채현황	총외채잔액	백만달러	66,074	66,272	81,497	87,830
	단기외채	백만달러	28,903	32,397	36,455	43,835
	총외채잔액/GDP	%	29.7	34.4	34.3	31.5
	외채상환액/총수출	%	3.6	6.1	5.4	4.1

자료: KEB(2012).

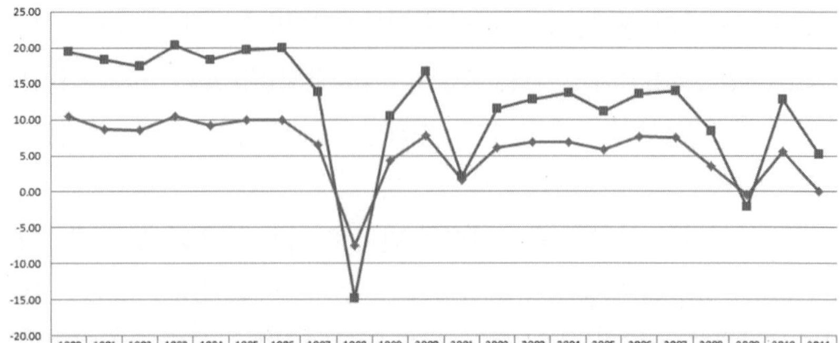

	1990	1991	1992	1993	1994	1995	1996	1997	1998	1999	2000	2001	2002	2003	2004	2005	2006	2007	2008	2009	2010	2011
Malaysia GDP growth (annual %)	9.01	9.55	8.89	9.89	9.21	9.83	10.00	7.32	-7.36	6.14	8.86	0.52	5.39	5.79	6.78	5.33	5.85	6.48	4.81	-1.64	7.19	5.14
Malaysia GNI growth (annual %)	10.51	8.70	8.56	10.41	9.15	9.92	9.95	6.54	-7.48	4.26	7.74	1.61	6.16	6.93	6.90	5.81	7.67	7.47	3.57	-0.47	5.61	

〈그림〉 말레이시아의 GDP, GNI 성장률

자료: World Bank.

3 동말레이시아, 서말레이시아

말레이시아는 말레이반도 남부의 서말레이시아와 보르네오섬 북서부의 사라와크(Sarawak) 및 사바(Sabah)로 구성된 동말레이시아(북칼리만탄)로 이루어졌다. 말레이반도의 서말레이시아는 싱가포르, 태국과 접하고 있다. 보루네오섬의 동말레이시아는 인도네시아와 접하고 있다.

4. 말레이시아 국왕과 수상의 관계

말레이시아의 정부형태는 입헌군주제이다. 말레이시아의 국왕은 말레이시아의 9개의 주를 개별적으로 통치하고 있는 술탄(Sultan)중에서 5년 임기로 선출된다.

그러나 말레이시아의 국왕은 실질적인 행정권이 없다. 말레이시아의 행정권은 내각에 있고 내각의 최고 수장인 총리는 다수당의 당수가 차지한다.

5. 중국인과 말레이인이 함께 살기

말레이시아는 말레이계(53%), 중국계(26%), 인도계(8%) 등 다양한 민족으로 구성된 다민족 국가이다. 그런데 총인구의 26%인 중국계가 경제력을 장악하고 있고, 다수종족인 말레이인은 주로 농촌지역에 거주하며 농업에 종사하고 있어 소득수준이 중국계에 비해 낮다.

이처럼 동일국가에서 다양한 종족이 사는데 한 종족만이 경제력을 장악하는 현상은 사회적 갈등을 가져 왔다. 1969년 말레이인과 중국인간의 무력충돌로까지 치닫은 극단적인 인종폭동이 발생한 후, 말레이시아 정부는 편중된 경제력과 부의 분배를 통한 사회통합을 위해 경제정책으로 말레이계를 우대하는 부미푸트라정책을 1970년대부터 시행하고 있다.

Check Point 부미푸트라 정책

말레이시아의 부미푸트라 정책이란 1971년 신경제정책(NEP: New Economic Policy)에서 강력하게 추진한 말레이인 우대정책을 의미한다. 이 정책은 말레이시아의 다수 종족임에도 불구하고, 농촌에 거주하면서 빈곤층에 속해 있는 말레이인들의 소득 향상과 고용기회의 확대 등을 통해 경제력을 장악하고 있던 말레이시아의 중국인과의 경제력 격차를 줄여 보려는 경제정책이다.

이 정책으로 정부나 공기업, 다국적 기업은 직원을 채용할 때 말레이인을 일정부분 의무적으로 고용해야 하고, 공기업과 자회사에서 추진하는 대형 프로젝트의 실행을 말레이인에게 우선적으로 배정하였다.

〈표〉 말레이시아의 계층별 소득분포 및 불평등 지수(1979-1999)

	소득 분포(%) 및 불평등 지수							
	1979	1984	1987	1990	1993	1995	1997	1999
전체								
상위 20%	55.8	53.2	51.2	50.4	n.a.	51.3	52.4	50.5
중간 40%	32.4	34.0	35.0	35.3	n.a.	35.0	34.4	35.5
하위 40%	11.9	12.8	13.8	14.3	n.a.	13.7	13.2	14.0
불평등 지수	0.505	0.483	0.458	0.446	0.464	0.459	0.470	0.443
농촌								
상위 20%	53.2	49.5	48.3	47.1	n.a.	47.4	48.2	47.9
중간 40%	34.4	36.4	36.7	37.1	n.a.	37.1	36.6	36.5
하위 40%	12.4	14.1	15.0	15.8	n.a.	15.5	15.2	15.6
불평등 지수	0.482	0.444	0.427	0.409	n.a.	0.414	0.424	0.418
도시								
상위 20%	55.6	52.1	50.8	50.6	n.a.	49.8	50.2	48.7
중간 40%	32.1	34.5	35.0	35.1	n.a.	35.7	35.6	36.5
하위 40%	12.3	13.4	14.2	14.3	n.a.	14.5	14.2	14.8
불평등 지수	0.501	0.466	0.449	0.445	n.a.	0.431	0.427	0.416
도시/농촌 격차	1.77	n.a.	n.a.	1.70	1.75	1.95	2.04	1.81

주: Gini Coefficient로서 1이면 완전 불평등을 나타내며 0에 가까울수록 평등한 소득분포를 나타낸다. 2000, 2001, 2002년의 전체 불평등 지수는 각각 0.452, 0.450, 0.461이다.
자료: Ragayah(2002).

6. 말레이시아 경제의 특징

말레이시아 경제의 특징은 첫째, 말레이시아는 팜, 고무, 주석의 세계 최고 수출국이고 대표적인 열대 1차산품의 수출국이었다. 말레이시아는 1980년대 초반까지도 석유 등의 1차산품의 수출이 많았다.

둘째, 말레이시아의 주요 3개 종족인 말레이인, 중국인, 인도인은 종족에 따라 직업, 경제적 수준 등이 영향을 받았다. 전반적으로 다수종족인 말레이인은 주로 농촌에 거주하는 농민이 많았고, 중국인은 도시에서 상업에 종사하는 경우가 많았다. 인도인은 농촌의 농원이나 도시의 노동자가 많았다.

셋째, 말레이시아 경제는 중앙정부가 주도한 공업화 정책에 의해 설립된 공기업의 역할이 컸다(井草邦雄, 1994).

말레이시아는 주석, 고무, 원유, 천연가스 등의 천연자원이 풍부하고, 다국적 기업을 유치하여 전기전자 제품을 중심으로 공업화를 추진하여 경제성장을 이룩한 선발아세안 국가이다.

7. 말레이시아의 독립 전과 1970-80년대 경제

말레이시아는 영국의 식민지 시대부터 고무 플렌테이션과 주석 생산 등의 1차산업으로 번창하였다. 말레이시아는 1970년대 초반부터 제조업을 육성하기 시작했다. 특히 국제 원유가격의 상승으로 인한 외화수입 증대로 중화학공업을 육성하기 시작했다. 특히 말레이시아 정부는 국민차 Proton과 기계산업 등을 집중 육성했다.

말레이시아는 다른 동남아 국가들에 비해 외국인 투자유치를 통한 공업화를 일찍 시작한 국가중에 하나이다. 말레이시아는 외국인 투자유치를 위해 1968년 투자인센티브법을 제정하였고, 1970년대 초에 페낭섬 등에 자유무역지대를 설치하여 섬유와 전자산업을 육성하였다(박번순, 2004). 말레이시아는 1980년대 중반 이후 자원의존 경제를 탈피하기 위해 제조업기반을 확충하여 수출지향형 공업화정책을 강력하게 추진하였다.

Check Point Look East Policy

말레이시아 정부는 말레이시아를 동남아의 산업강대국으로 발돋움시키기 위해 1982년부터 한국과 일본의 산업정책을 배우자는 동방정책(Look East Policy)을 추진하면서 전기·전자업 중심의 제조업을 강력하게 육성하였다. 이를 통해 말레이시아의 전기·전자 제품은 비약적인 발전을 하여 말레이시아 총 수출액의 약 45%를 점유하고 있다.

8. 말레이시아는 어떻게 1990년대 아시아 외환위기를 극복했나

말레이시아는 1997년 아시아 외환위기의 악영향으로 인해 경제성장률이 1998년 -7.4%로 급락하였으나 말레이시아 정부는 IMF 구제금융을 받지 않고 말레이시아 정부주도로 국제 단기자본의 유입 제한 등의 경제통제정책과 경기부양정책을 강력하게 추진하여 자력으로 경제위기를 극복하였다.

9. 2000년대 말레이시아 경제

말레이시아는 2003년부터 2007년까지 연평균 6%의 안정적인 경제성장을 시현하였다. 그러나 2008년 말 글로벌 금융위기로 말레이시아의 수출이 감소하였다.

이로인해 민간소비와 투자가 감소하여 경제성장률이 2008년 -4.7%로 급락하락였다. 2009년에도 말레이시아 경제는 마이너스 성장을 하였다.

2010년에는 주요 선진국의 경기회복에 따라 말레이시아의 수출이 증가하였다. 이로인해 민간소비 등이 증가하여 7%의 높은 경제성장을 시현하였다. 2010년 GDP는 2,378억달러이며 1인당 GDP는 8,493달러이다.

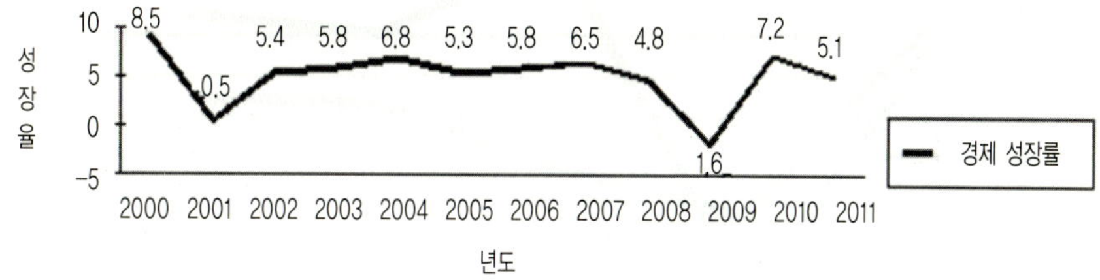

〈그림〉 말레이시아의 경제성장률(2000-2011) (단위 : %)

자료: KOSIS.

〈표〉 말레이시아의 10대 수출국(2006-2008)

순위	국가	수출 금액 (억불)			수출 비중(%)		
		2006	2007	2008	2006	2007	2008
1	싱가포르	247	257	294	15.4	14.6	14.8
2	미국	301	275	248	18.8	15.6	12.4
3	일본	142	160	216	8.8	9.1	10.8
4	중국	116	154	190	7.2	8.8	9.5
5	태국	85	87	95	5.3	4.9	4.8
6	홍콩	79	81	85	4.9	4.6	4.3
7	한국	58	67	78	3.6	3.8	3.9
8	인도	51	59	74	3.2	3.4	3.7
9	호주	46	59	73	2.9	3.4	3.7
10	네덜란드	58	69	70	3.6	3.9	3.5

자료: KITA.

타 등 일본 완성차 업체들이 말레이시아 현지에서 자동차를 생산하고 있어 자동차산업이 발달되어 있다.

또한 말레이시아는 1970년대 이후부터 페낭 등에 전기·전자산업 클러스터가 형성되어 있어 디지털 가전산업이 발달될 수 있는 토대가 마련되어 있고, 전기전자 부품산업도 발달되어 있다.

〈표〉 말레이시아의 업체별 자동차 생산 현황 (단위: 대)

국가	업체명	2008년				2010년	
		승용차	전체	승용차	전체	승용차	전체
말레이계	프로톤	160,400	162,492	153,484	153,981	169,578	170,608
	페로두아	170,877	170,877	161,495	161,495	197,479	197,479
일본계	도요타	62,389	76,780	48,493	64,282	51,271	69,726
	혼다	32,426	32,426	35,062	35,062	42,086	42,086
	닛산	28,619	33,892	18,213	23,999	27,609	28,808
	이스즈	–	5,676	–	4,942	–	6,009
	스즈키	3,673	3,673	3,565	3,565	5,599	5,599
한국계	현대	7,036	7,355	2,974	3,669	3,608	5,052
	기아	11,234	11,234	12,958	12,958	10,508	10,508
기타		7,858	26,405	10,749	25,316	14,830	31,840
계		484,512	530,810	447,002	489,269	522,568	567,715

자료: 말레이시아 자동차공업협회.

Check Point 세금 효자는 어떤 산업인가

말레이시아는 대표적인 팜유, 주석, 천연고무 생산 및 수출국으로 1960년대에는 말레이시아의 대표 수출품이 팜유, 주석과 같은 원자재였다. 1980년대 경제구조의 다각화로 제조업과 서비스업의 비중이 증대하였지만, 여전히 말레이시아 정부의 세수입은 원자재 생산의 비중이 높다.

Check Point 12 NKEAs

말레이시아 정부는 제10차 말레이시아 경제계획(2011-2015)기간동안 인프라 확충과 고부가가치 산업의 발전을 통해 계획기간중에 연평균 경제성장률 6%를 시현하여 2015년에는 1인당 GDP를 38,850링깃(12,140불)을 달성할 계획이다.

말레이시아 정부는 특히 이 기간동안 12개 전략산업을 집중 육성할 계획이다. 이 12개 전략산업을 12 NKEAs(National Key Economic Areas)라고 한다. 12 NKEAs는 석유, 가스 등 에너지, 팜오일, 금융서비스, 관광, 비즈니스서비스, 전기전자, 도소매 유통, 교육, 헬스 케어, 통신·콘텐츠, 농업, 쿠알라룸프르/클랑 밸리 지역개발이다.(이순재, 2011)

Check Point 이슬람 비즈니스의 메카

말레이시아는 57개 회원국을 둔 이슬람 회의기구의 의장국을 지낸 국가로 이슬람 국가 진출의 징검다리 역할을 할 수 있는 강점을 갖고 있다. 말레이시아는 이러한 동남아 이슬람국가로서의 강점을 적극 활용하여 동남아 이슬람금융의 메카를 추진하고 있다.

13. 외국인 투자유치와 말레이시아의 경쟁력

말레이시아는 외국인 직접투자를 성공적으로 유치하여 경제성장을 이룩한 국가이다. 말레이시아 정부는 외국인 투자유치를 위해 외환거래와 과실송금의 자유를 보장하였다.

또한 말레이시아 정부는 외국인 투자에 걸림돌로 작용하는 행정규제를 과감히 철폐하고, 외국인 투자정책을 일관성있고 투명하게 시행하여 정치적 불안요소를 제거하였다. 이러한 말레이시아 정부의 투명한 정책의 노력으로 말레이시아는 2012년 국가 경쟁력이 14위, 비즈니스 경영환경 평가에서 23위, 투자자 보호평가에서 4위를 차지하였다(WEF, 2012). 특히 말레이시아는 영연방국가로 영어상용 지역이고, 다른 동남아 국가들에 비해 고속도로 등의 사회간접자본시설이 잘 갖추어져 있다.

➔ Check Point 외국인 투자가 말레이시아 공업화와 수출에 미친 영향

말레이시아는 1985년 산업구조에서 33%였던 공업비율이 1991년 65%로 급증하였다. 말레이시아의 이러한 공업화 증대의 이면에는 외국인 투자유치가 자리잡고 있다. 1980년 말레이시아에 투자된 외국인 투자는 2.5억 링깃이었지만, 1990년 623억 링깃으로 25배 급증하였다(井草邦雄, 1994). 이처럼 말레이시아의 공업화는 다국적 기업의 투자로 가속도가 붙기 시작했다.

➔ Check Point Pioneer Status

말레이시아에 투자하는 외국인 기업이 말레이시아의 재무부장관이 선정한 제품을 생산하는 경우 개척기업 자격(Pioneer Status)을 얻어 5년동안 70%의 세액공제를 받을 수 있다(MIDA, 2012). 말레이시아 정부는 외국인 투자유치를 위해 이처럼 다양한 인센티브를 부여하고 있다.

➔ Check Point 외국인투자 유치와 부미푸트라정책

말레이시아 정부는 말레이계 국민의 경제력 향상을 위해 기업 설립 등에서 말레이계 국민들에게 우선권을 부여하였다. 이러한 말레이계 우대정책에 의해 말레이시아의 외국인 법인은 전체 지분의 30%를 말레이계에게 의무적으로 배정해야 하지만 외국인 투자의 증대를 위해 제조업은 100% 외국인 소유가 가능하다.

14. 말레이시아 무역의 특징

말레이시아는 동남아 국가중에서도 GDP대비 무역비중이 높은 국가중에 하나이다. 말레이시아는 GDP대비 무역비중이 2배 이상으로 무역의존도가 심하여 세계경제의 사소한 변화에도 민감하게 반응할 수 밖에 없는 경제구조이다.

말레이시아의 주요 수출대상국은 중국, 싱가포르, 일본, 태국, 홍콩, 한국 등 아시아 국가들이다. 말레이시아의 주요 수입대상국은 중국, 싱가포르, 일본, 인도네시아, 태국, 대만, 한국 등으로 아시아 국가들이다.

말레이시아의 주요 수출품은 전기·전자제품과 부품, 석유가스, 팜유 등의 천연자원이다. 말레이시아의 주요 수입품은 전기·전자제품, 전자부품과 기계장비 등이다(IMF, 2012).

〈표〉 말레이시아의 무역의존도 (단위: %)

년도	수출	수입
2000	104.72	87.38
2001	94.38	79.60
2002	92.52	79.24
2003	90.17	74.36
2004	100.84	84.44
2005	102.08	82.91
2006	102.54	83.71
2007	94.23	78.57
2008	94.17	73.82
2009	81.66	64.12
2010	83.60	69.28
2011	81.90	67.31

자료: KOSIS.

〈표〉 말레이시아의 주요 수출품목

(단위 : 백만 달러)

품목	2009년	2010년	2011년
전자집적회로와 초소형 조립회로	21,302	22,850	27,288
석유가스	9,521	13,568	18,192
팜유	9,266	12,242	17,465
석유제품	5,530	7,983	10,790
석유 및 역청유	7,299	9,614	10,778
자동자료 처리기기	9,701	10,996	9,687
발광다이오드 및 감광성 반도체 디바이스	4,813	7,211	7,494
전자계산기 부품	9,693	10,721	6,338
텔레비전 및 모니터	2,935	5,312	4,844
천연고무	1,275	2,871	4,350
고무제의 의류 및 의류부속품	2,043	2,791	3,256
동물성 또는 식물성 유지	1,483	2,183	2,915
유선전화 및 유선전신용 기기	1,668	2,024	2,481
공업용 카르복시 지방산, 지방성 알코올	1,065	1,616	2,318
오실로스코프, 스펙트럼 분석기	1,165	2,106	2,214

자료: World Trade Atlas.

〈표〉 말레이시아의 주요 수입품목

(단위 : 백만 달러)

품목	2009	2010년	2011년
전자집적회로와 초소형 조립회로	19,985	28,543	26,665
석유제품	4,123	7,894	10,652
석유 및 역청유	4,236	5,728	7,839
전자계산기 부품	5,852	5,603	4,701
발광다이오드 및 감광성 반도체 디바이스	2,287	3,251	3,546
통신기기 부품	1,722	3,234	3,390
자동자료 처리기기	2,101	2,414	3,173
유선전화 및 유선전신용 기기	1,573	2,248	2,803
항공기 및 헬리콥터	929	1,349	2,780
금(백금 포함)	1,784	1,789	2,568
승용차	1,579	2,507	2,532
석탄 및 석탄으로부터 제조한 고형연료	1,086	1,626	2,419
천연고무	1,272	1,803	2,295
정제한 동과 동합금	1,080	1,666	2,043
인쇄회로기관	1,676	1,992	2,029

자료: World Trade Atlas.

〈표〉 말레이시아의 국별 수출 현황

(단위 : 백만달러)

순위	국가명	2009	2010	2011
	수출총액	157,339	198,749	227,192
1	중국	19,203	24,912	29,853
2	싱가포르	21,934	26,544	28,831
3	일본	15,189	20,782	26,129
4	미국	17,306	18,957	18,840
5	태국	8,491	10,587	11,703
6	홍콩	8,290	10,088	10,225
7	인도	4,918	6,517	9,222
8	한국	5,789	7,555	8,446
9	호주	5,750	7,472	8,209
10	대만	4,138	6,296	7,426

자료: World Trade Atlas.

〈표〉 말레이시아의 국별 수입 현황

(단위 : 백만달러)

순위	국가명	2009	2010	2011
	수출총액	17,391	20,682	24,716
1	중국	14,074	18,761	24,060
2	싱가포르	15,473	20,726	24,060
3	일본	15,473	20,726	21,369
4	미국	13,903	17,518	18,137
5	인도네시아	6,559	9,151	11,481
6	태국	7,492	10,263	11,295
7	대만	5,268	7,422	8,863
8	한국	5,738	8,933	7,585
9	독일	5,242	6,648	7,180
10	홍콩	3,078	3,945	4,441

자료: World Trade Atlas.

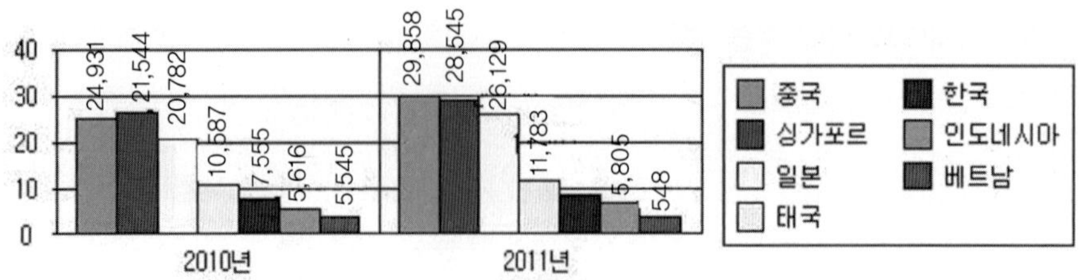

〈그림〉 말레이시아의 대(對) 아시아 수출 현황 (단위:백만 달러)

자료: World Trade Atlas.

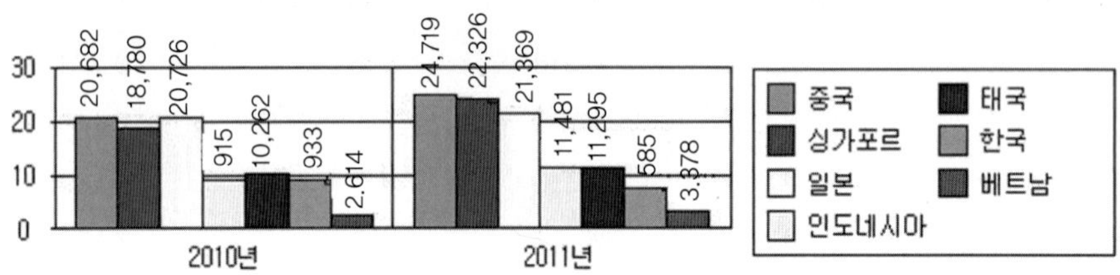

〈그림〉 말레이시아의 아시아로부터 수입 현황 (단위:백만 달러)

자료: World Trade Atlas.

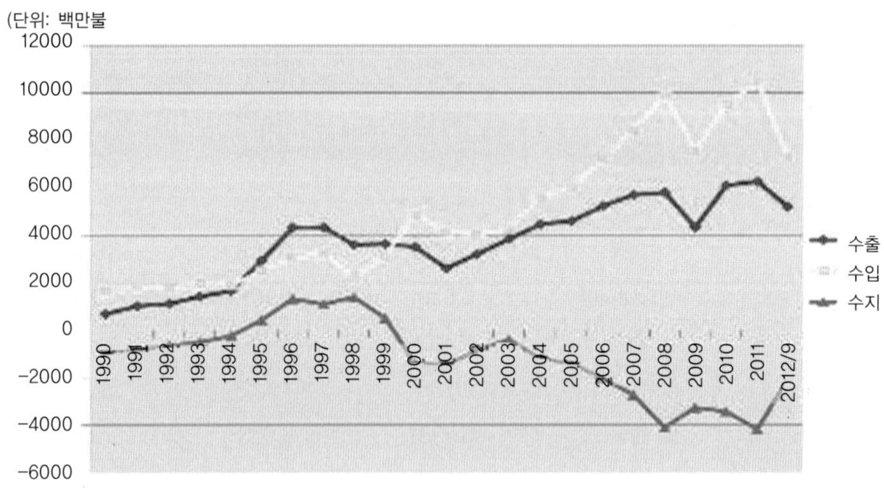

〈그림〉 말레이시아의 수출입 동향 (단위:백만불)

자료: KITA.

〈표〉 말레이시아의 수출입 동향

(단위 : 백만불, %)

년도	수출		수입		무역수지
	금액	증가율	금액	증가율	
1990	708	30.5	1,586	5.5	−878
1991	1,037	46.4	1,869	17.8	−832
1992	1,136	9.5	1,758	−5.9	−622
1993	1,430	25.9	1,947	10.7	−517
1994	1,652	15.5	1,876	−3.6	−224
1995	2,951	78.7	2,515	34.1	436
1996	4,333	46.8	3,007	19.5	1,327
1997	4,356	0.5	3,283	9.2	1,074
1998	3,602	−17.3	2,211	−32.7	1,392
1999	3,647	1.3	3,155	42.7	492
2000	3,515	−3.6	4,878	54.6	−1,363
2001	2,628	−25.2	4,126	−15.4	−1,498
2002	3,218	22.5	4,041	−2	−823
2003	3,852	19.7	4,249	5.1	−397
2004	4,480	16.3	5,679	33.6	−1,198
2005	4,608	2.9	6,012	5.9	−1,403
2006	5,227	13.4	7,242	20.5	−2,015
2007	5,704	9.1	8,442	16.6	−2,738
2008	5,794	1.6	9,909	17.4	−4,115
2009	4,325	−25.4	7,574	−23.6	−3,249
2010	6,115	41.4	9,531	25.8	−3,416
2011	6,275	2.6	10,468	9.8	−4,193

자료: KITA.

제4장 _ 인도네시아

1. 인도네시아하면 떠오르는 이미지

● 세계 최대의 이슬람국가 ● 세계 4위의 인구대국
● 포스트 BRICs의 선두주자 ● 포스트 친디아 ● 신흥 경제국

ROCKIN' SINCE 1998
Hard Rock
HOTEL
BALI
TAKE TIME TO BE KIND
ORLANDO

MUSEUM

2. 인도네시아의 이해

인도네시아의 면적은 1,905㎢로 한반도의 약 9배이다. 2010년 인구는 2억 4천3백만명이다. 국민들의 종교는 이슬람교(86.1%), 기독교(5.7%)로 인도네시아 국민의 대다수가 무슬림이다. 인도네시아의 정부형태는 대통령중심제이다. 현재 인도네시아의 대통령은 Susilo Bambang Yudgoyono이다.

인도네시아는 인구와 자원대국이다. 인구는 세계에서 4번째로 많고, 원유 등 천연자원이 풍부하다. 인도네시아는 네덜란드 식민지배를 받을 때 대규모 상업성 작물재배 방식을 도입하였고 독립 이후에는 수카르노, 수하르토 정권과 결탁한 화교기업의 성장이 경제를 이끌었다. 최근에는 부패방지와 개혁을 과감하게 추진하는 유도요노 정권이 재선에 성공하면서 정치적인 안정속에 경제발전이 이루어 지고 있다.

〈표〉 인도네시아 경제 개황

경제지표		단위	2008	2009	2010	2011
국내경제	GDP	억달러	5,110	5,387	7,084	8,457
	1인당 GDP	달러	2,212	2,299	2,981	3,509
	경제성장률	%	6	4.6	6.2	6.5
	재정수지/GDP	%	0	-1.8	-1.2	-1.6
	소비자물가상승률	%	9.8	4.8	5.1	5.4
국외경제	환율(달러당,연중)	Rp	9,699	10,390	9,090	8,770
	경상수지	백만달러	126	13,583	5,643	2,070
	외환보유액	백만달러	51,641	66,119	96,211	110,137
외채현황	총외채잔액	백만달러	147,622	162,850	179,064	186,857
	단기외채	백만달러	25,331	35,563	50,595	51
	총외채잔액/GDP	%	28.9	30.2	25.3	22.1
	외채상환액/총수출	%	12	15.1	13	12

자료: KEB(2012).

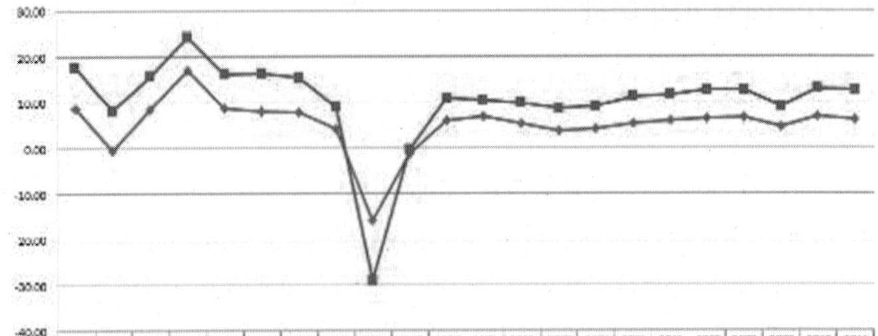

	1990	1991	1992	1993	1994	1995	1996	1997	1998	1999	2000	2001	2002	2003	2004	2005	2006	2007	2008	2009	2010	2011
Indonesia GDP growth (annual %)	9.00	8.93	7.22	7.25	7.54	8.40	7.64	4.70	-13.13	0.79	4.92	3.64	4.50	4.78	5.03	5.69	5.50	6.35	6.01	4.63	6.20	6.46
Indonesia GNI growth (annual %)	6.75	0.59	8.47	17.15	8.70	8.07	7.91	4.36	-15.70	1.10	5.92	6.05	5.55	5.50	4.25	5.45	6.11	6.56	6.71	4.85	6.05	6.22

〈그림〉 인도네시아의 GDP, GNI 성장률

자료: World Bank.

3. 인도네시아 사람 이야기

인도네시아는 중국, 인도, 미국에 이어 세계 4위의 인구대국이고, 동남아시아에서 인구밀도가 가장 높은 나라이다. 인도네시아는 자바족(45%), 순다족(13.6%) 등 300여 종족이 어우러져 산다. 인도네시아는 무슬림이 전체 인구의 약 86%를 차지하는 세계 최대 이슬람 국가이다.

인도네시아의 인구중 중국계는 약 1,000만명 이상으로 전 세계적으로 단일 국가에 거주하는 화교 인구로는 최고이다. 2억 4천만 인구의 4%에 불과한 1천만의 인도네시아 화교가 인도네시아 경제를 장악하고 있다.

인구학적인 관점에서 인도네시아의 가장 큰 장점은 인도네시아 인구의 약 66%가 노동을 할 수 있는 16~64세의 청장년층으로 노동력이 풍부하고 임금이 저렴하다는 점이다. 그러나 인도네시아의 청년 실업률은 20% 이상으로 인도네시아의 실업률 9%에 비해 2배나 높아 사회문제가 되고 있다(BKPM, 2012).

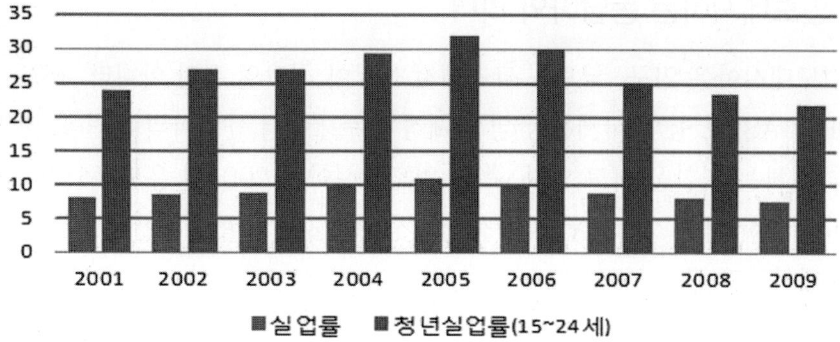

〈그림〉 인도네시아의 실업률 변화추이

자료: World Bank.

Check Point 인도네시아의 거대 인구와 넓은 국토가 경제에 미친 영향

인도네시아 경제의 특징은 인구와 국토가 동남아 다른 국가에 비해 비교대상이 안될 정도로 크다는 점이다. 인도네시아의 인구는 아시아에서 중국, 인도, 다음이고, 국토는 일본의 약 7배로 동서간 길이가 5,000km, 남북간 길이가 4,000km나 된다(Asean, 2012).

인도네시아는 자바섬에 인구의 약 60%가 거주하고 있다. 수하르토 정권은 가족계획을 추진하여 인구를 억제하는 노력을 하였다(井草邦雄, 1994). 이러한 거대 인구와 국토는 경제적 관점에서 인도네시아의 장점으로 작용하기도 하고, 때론 단점으로 영향을 미치기도 한다.

4. 인도네시아는 동남아의 리더

인도네시아은 인구, 국토의 크기에서 동남아 최고일 뿐만 아니라 *ASEAN*, APEC, ASEM 등의 국제통상 및 국제정치 무대에서 동남아의 의견을 결집하고 대변하는 역할을 하고 있다. 특히 인도네시아는 2004년 유도유노 현 대통령이 취임한 이후 정치적 안정과 경제적 성장을 지속하며 아세안의 중심국가로 자리매김하고 있다.

5. 동남아경제에서 인도네시아의 위치

인도네시아의 2008년 실질 GDP는 2,200억 달러로 동남아시아 국가 중 가장 큰 규모로 동남아 경제의 약 12%를 차지하고 있다. 그러나 인도네시아는 2억 4천만 명의 동남아 최대 인구로 인해 1인당 GDP는 동남아 국가중에서 싱가포르, 브루나이, 말레이시아, 태국에 이어 5위이다.

6. 독립 이전 인도네시아의 경제

네덜란드의 식민지 시기 인도네시아 경제는 식민종주국인 네덜란드에 원자재를 공급해 주는 산업구조였다. 이로인해 인도네시아인들은 대부분 사탕수수, 고무와 같은 농업작물 생산에 종사하고 있었다.

7. 수카르노 정부의 경제

네덜란드로부터 독립 후 인도네시아의 수카르노 정부는 경제발전 보다는 사회통합에 더 치중한 정책을 추진함으로써 경제적 성과가 미약하였다.

8. 수하르토 정부의 경제

수하르토 정부는 정책의 중심을 경제발전에 두고, 1969년부터 경제개발 5

개년 계획(Repelita)에 착수하였다. 수하르토 정부의 경제발전 전략은 수출증대와 외국인 투자유치였다.

Check Point 수하르토정권의 다양한 평가

수하르토 대통령의 장기집권에 대한 평가는 다양하다. 수하르토 정권의 경제적 성과가 있음에도 불구하고 관료주의, 부정부패의 만연 등은 비판의 대상이 되고 있다(井草邦雄, 1994).

〈표〉 수하르토 정부의 경제정책 변화

후기 수하르토 체제	탈 수하르토 체제
〈배제적 국가조합주의〉 - 일원적 노동조합 - 엄격한 노조결성 요건 - 파업권 제한과 군부개입	〈다원주의와 노동권 인정〉 - 복수 노조 허용 - 노조결성 요건 대폭 완화 - 파업권 인정과 요건 완화
〈개입적 노동시장정책〉 - 최저임금의 중앙결정 - 해고허가제 - 노동분쟁조정위원회(P4): 노사정 3자간 느린 분쟁조정	〈노동시장 유연성 강화〉 - 최저임금 결정권의 지방이양 - 우선해고와 외주노동 허용 - P4 해체와 노동법정 신설 : 노사 양자간 빠른 분쟁조정

자료: SERI.

Check Point 국제유가 급등과 경제개발

인도네시아의 경제는 원유수출의 증가와 경제개발계획 등으로 1967년부터 1982년까지 7%의 연평균 성장률을 시현하였다. 이 시기 인도네시아 경제가 고도성장을 할 수 있었던 가장 큰 원인은 수하르토 정부가 국제 원유가격의 급등으로 풍부해진 국가재정을 시의적절하게 공공부문에 투자하는 경제개발정책을 시행했기 때문이다.

9. 1980년대 인도네시아 경제의 특징

인도네시아 경제는 1980년대 초반 국제 1차산품가격의 급락으로 대전환을 맞게 된다. 1980년대 초반 국제 원유가의 급락은 그동안 인도네시아 정부의 주요 세입원이었던 석유수출가격을 하락시켰다. 인도네시아 정부는 이를 계기로 석유와 같은 1차산품이외의 다양한 수출상품의 개발을 위한 산업정책을 추진하였다.

Check Point 1980년대 자원의존형 경제의 탈출전략

인도네시아 경제는 1986년에 국제유가와 국제 농산물 가격의 급락으로 수출이 하락하고, 이로 인해 재정적자가 확대되는 등 경제가 위기를 맞았다. 이를 계기로 인도네시아 정부는 자원의존형 경제구조의 문제를 심각하게 인식하고, 비자원부문의 수출산업을 육성하였다.

인도네시아 정부는 인도네시아의 전통적인 수출상품인 원유 등의 1차산품을 대체하기 위해 1980년대 중반부터 섬유제품과 전자부품 등을 중심으로 노동집약적 산업을 육성하였다. 이러한 인도네시아 정부의 산업화정책으로 인해 1990년 초반에 국제유가가 하락하였지만 인도네시아의 총수출량은 증가하였다(Seri,2011). 인도네시아는 자원의존형 경제구조에서 제조업중심의 수출지향형으로 탈바꿈하고 있다.

Check Point 인도네시아 경제에서 공공부문과 민간부문의 관계

수카르노 정권은 대규모 농원, 통신, 은행 등을 국유국영으로 하였다. 이러한 국가주도의 경제개발 정책은 공업의 근대화를 가져온 측면도 있지만, 비효율성과 부정부패의 원인이 되기도 하였다(井草邦雄, 1994).

인도네시아 정부는 1970년대까지는 석유수입으로 인한 넉넉한 재정수입으로 국유기업을 통한 경제개발에 큰 곤란을 겪지 않았다. 그러나 1980년대 국제유가의 급락으로 인한 석유수입의 하락으로 재정이 악화되자, 그동안 국유기업을 중심으로 한 경제개발정책에 한계를 느끼고 민간부문에 문호를 개방하였다. 최근들어서는 민간기업들이 과거 국유기업이 운영하였던 통신, 방송, 농원 등에 진출하고 있다(BKPM, 2012).

Question

인도네시아의 국유국영시스템의 장점과 단점은?

10. 1990년대 아시아 외환위기와 인도네시아 경제

1997년 태국에서 시작된 아시아 외환위기는 인도네시아를 강타하였다. 부채가 높고 경제체질이 강하지 않았던 인도네시아 경제는 인도네시아 통화인 루피아(Rupiah)가치가 폭락하였고 이로 인해 인도네시아 정부와 금융기관들은 대외채무 상환의 압박을 받았다.

인도네시아 정부는 국제통화기금(IMF)과 협상을 통해 방만한 정부지출을 삭감하고, 금융기관들의 구조조정을 하겠다는 약속을 하여 IMF로부터 구제금융을 받기로 했다.

그러나 수하르토 정부가 IMF의 규정을 이행하지 않자 IMF로부터 구제금융이 중단되어 경제불안이 심화되었다. 이러한 위기관리 능력의 실패로 수하르토 대통령은 사임하였다(IMF).

인도네시아 경제는 1998년에 GDP가 13.2%나 급락하였고, 1999년에는 많은 기업이 파산하였다. 이로인해 실업률이 급증하였다. IMF는 수하르토 대통령이 사임한 후 인도네시아 정부에 차관을 제공하였다.

11. 유도요노 정권의 정치적 안정과 경제

인도네시아는 2004년 최초의 민선 SBY(Susilo Bambang Yudhoyono)정부가 들어선 이후 정치적으로 안정되면서 2006년 5.5%, 2007년 6.3%, 2008년 6.0%의 지속적인 경제성장을 시현하였다.

이러한 경제적 성과에 힘입어 2009년 4월 총선에서 유도요노 대통령이 이끄는 민주당(PD)이 압승하였고, 7월 대선에서는 유도요노 대통령이 민선 2기 대통령으로 재선되었다.

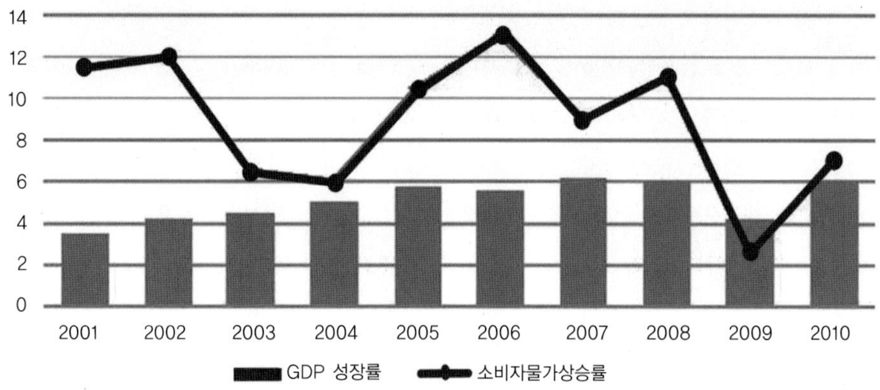

〈그림〉 인도네시아의 경제성장률 및 물가상승률

자료: World Bank

12. 인도네시아 2000년대 최근경제

인도네시아는 2004년 최초의 민선정부인 유도요노정부가 들어선 이후 정치적 안정을 토대로 경제성장이 2006년 5.5%, 2007년 6.3%, 2008년 6.0% 성장률을 시현히였다.

특히 2008년 글로벌 금융위기로 다른 동남아 국가들의 경제가 위축되었음에도 불구하고, 인도네시아 경제는 2008년에도 성장세가 지속되었고, 2009년 4.5%, 2010년 5.1%로 안정적인 성장세를 보였다. 인도네시아의 2010년 GDP는 7,065억 달러이고, 1인당 GDP는 2,907달러이다(IMF).

〈표〉 인도네시아의 주요 수출 대상국(2006-2008) (단위: 백만 달러)

순위	국가	수출 금액			수출 비중(%)		
		2006	2007	2008	2006	2007	2008
1	일본	21.732	23.633	27.744	21.6	20.7	20.3
2	미국	11.232	11.614	13.037	11.1	10.2	9.5
3	싱가포르	8.930	10.502	12.862	8.9	9.2	9.4
4	중국	8.344	9.676	11.637	8.3	8.5	8.5
5	한국	7.694	7.583	9.117	7.6	6.6	6.7
6	인도	3.391	4.944	7.163	3.4	4.3	5.2
7	말레이시아	4.111	5.096	6.433	4.1	4.5	4.7
8	호주	2.771	3.395	4.111	2.7	3.0	3.0
9	네덜란드	2.518	2.749	3.926	2.5	2.4	2.9
10	태국	2.702	3.054	3.661	2.7	2.7	2.7
소계		73.425	82.246	99.691	72.8	72.1	72.9
기타국가		27.374	31.855	37.071	27.2	27.9	27.1
합계		100.799	114.101	136.071	100.0	100.0	100.0

자료: IMF.

〈표〉 인도네시아의 주요 수입 대상국(2006-2008)

(단위: 백만 달러)

순위	국가	수출 금액			수출 비중(%)		
		2006	2007	2008	2006	2007	2008
1	싱가포르	10.035	9.840	21.790	16.4	13.2	16.9
2	중국	6.637	8.558	15.247	10.9	11.5	11.8
3	일본	5.516	6.526	15.128	9.0	8.8	11.7
4	말레이시아	3.193	6.412	8.922	5.2	8.6	6.9
5	미국	4.057	4.787	7.880	6.6	6.4	6.1
6	한국	2.876	3.197	6.920	4.7	4.3	5.4
7	태국	2.983	4.287	6.334	4.9	5.8	4.9
8	사우디	3.384	3.373	4.805	5.5	4.5	3.7
9	호주	2.986	3.004	3.998	4.9	4.0	3.1
10	독일	1.457	1.982	3.069	2.4	2.7	2.4
소계		43.124	51.966	94.093	70.6	69.8	72.8
기타국가		17.941	22.507	35.104	29.4	30.2	27.2
합계		61.065	74.473	129.197	100.0	100.0	100.0

자료: IMF.

Check Point 인도네시아의 글로벌 금융위기의 영향

인도네시아는 2000년 이후 안정적인 경제성장률을 보이고 있으며, 특히 지난 2008년 세계 금융위기시에도 지속적인 경제성장을 달성하였다.

2008년 글로벌 금융위기가 인도네시아에도 불어 닥쳐 수출과 소비수요가 감소하였지만, 동남아국가들에 비해 낮은 GDP 대비 30% 미만인 수출의존도와 내수경기 진작으로 2009년 4.5%, 2010년 5.1%의 경제성장률을 시현했다(IMF).

13. 인도네시아 경제의 한계

최근 인도네시아 경제는 성장세가 지속되고 있지만 여전히 고무, 가스, 석탄, 팜오일 등의 천연광물 5대 품목이 인도네시아 총수출에서 50% 이상을 차지하고 있다. 이처럼 인도네시아는 천연자원 이외의 수출기반이 아직 취약하다.

또한 인도네시아는 1997년 아시아 외환위기 이후 도로, 항만, 공항 등의 사회간접 자본시설에 대한 투자가 미흡하고, 근본적으로 수 많은 군도로 이루어진 국토여건 때문에 사회간접자본의 확장이 곤란하다. 특히 사회간접자본의 확충이 인도네시아의 자카르타, 발리 등 일부지역에 국한되어 국내외 투자도 일부 도시에 편중되어 있다. 이로인해 지역간 경제적 불균형이 심화되고 있다.

14. 인도네시아 산업구조의 특징

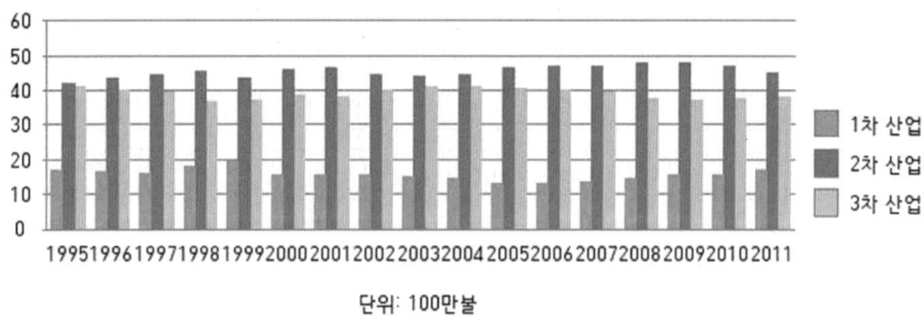

〈그림〉 인도네시아의 산업구조

자료: World Bank.

1992년 인도네시아의 산업구조는 농업이 17.9%, 공업이 42.9%였다. 인도네시아는 석유정제, 천연가스산업이 발전하여 이미 80년에 공업화 비율이 40%를 넘었다(今川暎一, 1994).

인도네시아는 천연자원 의존경제를 탈피하기 위해 경쟁력있는 제조업을 육성하고 있다. 이러한 인도네시아 정부의 산업정책으로 인도네시아의 산업구조는 큰 변화가 있었다.

인도네시아는 전통적인 농업국가로 1970년대 이전까지 농업이 산업구조에서 차지하는 비중은 50% 이상이었다. 그러나 2011년 산업구조는 농업이 14.9%, 제조업이 46%, 서비스업이 39.1%으로 농업은 제조업과 서비스업에 비해 비중이 적다. 그러나 아직도 인도네시아 전체 노동인구중에서 40% 정도가 농업에 종사하고 있다(BKPM, 2012).

〈표〉 인도네시아의 GDP 비중 변화 (단위: %)

부 문	1990년	2000년	2008년	변동폭 (1990~2008)
농업	19.4	15.6	14.5	-4.9
광 업	12.2	12.1	10.9	-1.2
제조업	20.7	27.7	27.9	7.2
전력,가스,수도	0.7	0.6	0.8	0.1
건 설	5.6	5.5	8.5	2.9
상 업	17.0	16.2	14.0	-3.0
물류,통신	6.3	4.7	6.3	0.0
금 융	7.8	8.3	7.4	-0.3
공공행정	6.8	5.0	5.2	-1.6
기 타	3.6	4.3	4.5	1.0
합 계	100.0	100.0	100.0	-

자료: ADB(2010).

〈표〉 인도네시아의 제조업 구조(2010)

(단위 : %)

산업	비중	산업	비중
음식료	16.2	기초금속	3.1
담배	13.9	조립금속	1.3
섬유	5.7	기계, 장비	1.6
의류	1.2	컴퓨터 관련 품목	0.2
가죽제품	2.0	전기기기	1.3
목재(가구 제외)	2.1	통신기기, TV	4.1
종이와 펄프	6.3	의료제품	0.6
인쇄업	0.9	자동차 및 부품	11.8
석유정제	0.2	수송기계(자동차 제외)	4.2
화학	13.2	가구, 보석, 장난감, 기타	2.4
고무 및 플라스틱	4.7	재활용 품목	0.01
광물 관련 품목	2.8		

자료: ADB.

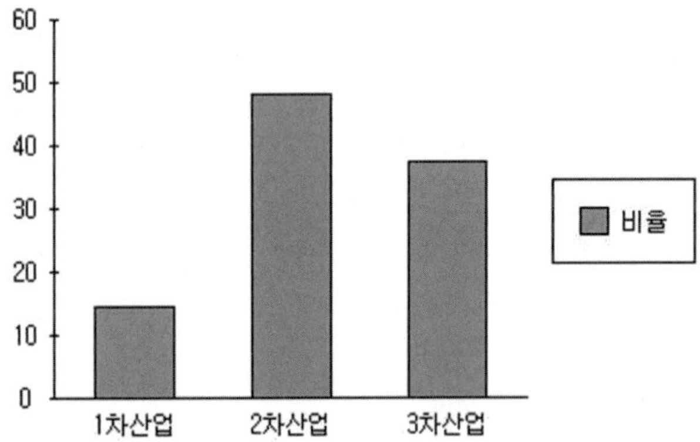

〈그림〉 인도네시아의 산업구조

자료: KIEP.

1) 인도네시아의 천연자원과 농업

인도네시아는 광활한 국토에 풍부한 산림, 광물, 해양자원을 갖고 있는 자원부국이다. 인도네시아는 세계 제2위의 임산보유국이고, 세계 2위 LNG 수출국이다. 이외에도 팜 오일은 세계 1위, 고무와 카카오는 세계 2위, 커피는 세계 4위의 생산국가이다. 이외에도 인도네시아는 석탄, 주석, 구리, 원유,천연가스, 니켈 등의 천연자원이 풍부하다(ESDM, 2012).

〈표〉 인도네시아 주요자원 보유현황 (2006)

구분	단위	매장량	생산량	세계생산 순위
석유	만 배럴	84억 3억	6,530	세계 22위
가스	억 ft	187조 2조	9,547	세계 9위
석딘	민 톤	370억	1억 7,380	세계 8위
구리	만 메트릭톤	2,770	290	세계 4위
니켈	만 톤	1억 6,300	430	세계 5위
주석	만 메트릭톤	130	8.09	세계 2위
보크사이트	만 메트릭	3,200	150	–
금	만 킬로그램	440	9.32	세계 7위

자료: 인도네시아 에너지광물 자원부(ESDM).

Check Point 인도네시아에서 농업이란 ?

수하르토 정권은 농업기반을 성공적으로 정비하여 쌀과 식량 빈곤으로부터 탈출하였다. 인도네시아는 1984년 이전까지 쌀 수입국이었지만, 1984년 식량 자급자족을 달성하였다(井草邦雄, 1994). 인도네시아도 다른 동남아국가들과 마찬가지로 지속적인 경제성장을 하기 위해서는 공업의 발전이 중요하다. 그러나 거대 인구와 광활한 국토를 갖고 있는 인도네시아에서 농업은 여전히 중요하다. 광활한 국토의 인도네시아에서 공업은 특정 도시를 중심으로 집중되어 있고 나머지 대부분의 국토에서 농업은 국민들의 생활터전이다.

Check Point 인도네시아 경제에서 석유와 천연가스, 목재의 역할

인도네시아가 본격적으로 공업화를 시행하기 이전인 1970년대 말까지 석유와 천연가스는 인도네시아 총수출의 70%, 국가재정의 60%를 담당하였다(井草邦雄, 1994).

1960년대 정권을 잡은 수하르토 정권은 석유에 의해 개발의 재원을 충당하였다. 1980년대 국제유가의 하락으로 석유의 인도네시아 경제에서의 역할이 줄어 들었을 때 인도네시아는 목재 수출로 그 공백을 메웠다.

1987년 수하르토 대통령은 국민들에게 석유에만 경제를 의존할 수 없는 절박함을 호소하였다. 다행히 1980년대 초반부터 목재생산이 증가되었고 합판수출이 증가하였다. 1983년 6억달러였던 합판수출은 1989년 24억 달러로 4배가 증하면서 인도네시아 경제의 구원투수가 되었다(BKPM, 2012).

〈표〉 인도네시아 주요 제조업의 수출 품목 (단위: %)

품목	비중	품목	비중
코코넛 가공, 팜오일	17.6	구리·주석 가공	6.6
면직물	11.4	펄프	5.8
철강, 기계류	11.1	기초 화학물	4.7
고무 가공	9.7	목재가공	4.4
전자제품	9.4	음식료	3.3

자료: Ministry of Industry Republic of Indonesia, Industry Facts & Figure(2011).

(1) 팜오일

최근들어 유가상승으로 인해 바이오 디젤이 대체가능 연료로 각광 받으면서 인도네시아 각지에 팜농장이 증가하고 있다.

(2) 고무

인도네시아의 고무 생산은 태국에 이어 세계 2위이다. 고무생산은 중국, 인도의 자동차 시장 확대와 인도네시아 자동차 생산 증가로 자동차용 고무 부품에 대한 수요가 증가하고 있다.

➔ *Check Point* 인도네시아는 OPEC 회원인가

인도네시아는 동남아의 대표적인 산유국중에 하나였다. 그러나 인도네시아의 생산광구에 대한 설비투자가 잘 이루어지지 않아 원유 생산량이 OPEC 쿼터 이하로 감소되어 2004년부터 인도네시아는 석유 수입국되었다. 또한 인도네시아는 2008년에 OPEC을 탈퇴하였다.

〈표〉 인도네시아의 수출입 (단위 : 억 달러)

구분		2009	2010	2011
수출	석유 · 가스	190	280	416
	비석유 · 가스	975	1,298	1,620
	소계	1,165	1,578	2,036
수입	석유 · 가스	190	274	407
	비석유 · 가스	778	1,082	1,366
	소계	968	1,356	1,773
무역수지		197	222	263

자료: 인도네시아 통계청.

Check Point 인도네시아는 자동차와 항공기를 생산하는가

인도네시아의 자동차 생산량은 동남아시아에서 태국에 이어 2위이다. 그렇다면 인도네시아는 항공기를 만들 수 있는 국가인가?

정답은 항공산업은 인도네시아의 경쟁력있는 산업중에 하나이다. 인도네시아는 첨단기술의 집합체인 항공산업을 오래 전부터 육성하였다. 인도네시아는 1970년대 국제유가 상승으로 인한 외화수입 증가로 얻은 외화자산으로 항공산업 등의 자본집약적인 국내공업화를 시행하였다(박번순, 2004). 인도네시아는 2억4천만명의 국민들이 13,000개의 섬에 분산되어 거주하고 있어 항공서비스에 대한 니즈가 증가하고 있다.

〈표〉 인도네시아의 업체별 자동차 생산 현황

(단위:대)

	업체명	2008년		2009년		2010년	
		승용차	전체	승용차	전체	승용차	전체
일본계	도요타	196,590	226,001	181,838	198,048	219,975	265,152
	다이하츠	59,468	76,244	60,101	77,053	92,018	117,969
	스즈키	67,837	98,314	34,326	49,747	57,410	83,204
	미츠비시FUSO	–	61,545	–	42,433	–	70,435
	혼다	43,672	43,672	34,461	34,461	53,566	53,566
	닛산	30,310	30,310	20,019	20,019	37,684	37,684
	이스즈	10,757	24,450	6,529	14,838	10,036	22,811
	히노	–	14,350	–	11,635	–	22,237
	미츠비시	16,361	16,361	11,280	11,280	18,723	18,723
	소계	424,995	591,247	348,554	459,514	489,412	691,781
구미계	벤츠	2,099	2,802	1,806	2,410	3,098	4,133
	BMW	852	852	414	414	837	837
	소계	2,951	3,654	2,220	2,824	3,935	4,970
한국계	현대	2,923	2,923	1,053	1,053	2,663	2,663
	기타	2,250	2,804	1,080	1,425	2,580	3,094
계	433,119	600,628	35,907	464,816	498,590	702,508	

자료 : 닛케이 비즈니스.

〈표〉 인도네시아의 자동자 생산능력 증설 계획

(단위:대)

도요타	20만	13만	33만
다이하츠	33만	10만	43만
닛산	10만	15만	25만
스즈키	8만	7만	15만
혼다	6만	12만	18만
계	67만	57만	134만

자료: 닛케이 비즈니스.

15. 인도네시아의 외국인 투자 유치전략

수하르토 정권은 외국인 투자를 추진하여 이를 기초로 공업을 육성하였다. 수카루노 정권의 초기에는 서양기업들에 의한 인도네시아의 광산과 농원경영, 자원개발에 대한 투자가 활발히 이루어졌으나, 수카르노 정권에 의해 국유화된 후 외국인 투자가 끊겼다. 이러한 상황에서 수하르토 정권에서 외국인 투자를 강력하게 추진하여 외국인 투자의 물꼬를 텄다.

인도네시아는 1967년 외국투자법이 제정된 이후 1970년대 초반 일본기업을 중심으로 투자진출이 증가하였다. 그러나 국내기업의 경쟁력 상실과 정권의 혼란속에 1974년 반일폭동이 발생한 후 정부도 외국인 투자를 규제하면서 외국인 투자는 감소세로 접어 들었다(井草邦雄, 1994).

이렇게 감소세에 있던 외국인 투자는 1980년 인도네시아 정부의 경제정책이 석유 등 1차산품 의존경제에서 탈석유 정책과 공업 생산품 수출증대 정책으로 전환되면서 증가하기 시작하였다.

〈표〉 인도네시아의 외국자본 소유비율 상한선

업종	외국자본소유 비율 상한선
샤리아은행, Foreign Exchange Banking	99%
석유가스개발, 원자력발전을 포함한 발전분야, 고속도로, 식수, 벼 농업(25ha 이상), 고구마·옥수수 농업	95%
Leasing, Venture Capital	85%
생명보험, 손해보험, 재보험	80%
제약	75%
전문병원, 클리닉, 비즈니스컨설팅	65%
건설, 건설 컨설팅	55%
공연장, 1~2 성급 호텔, 케터링, 소파, 바/카페	40%
인력회사, 의료장비 임대, 침술, 통신네트워크, 인력회사, 해상항공운송	49%
자연관광, 생태관광	25%

자료: KITA.

〈표〉 인도네시아 외국인 투자실적

	2008년		2009년		2010년		2011년	
구분	건수(건)	금액 (백만달러)	건수(건)	금액 (백만 달러)	건수(건)	금액 (백만 달러)	건수(건)	금액 (백만 달러)
투자실현	1,138	14,871.4	1,221	10,815.2	3,061	16,214.8	4,894	19,474.5

자료: 인도네시아 투자조정원(BKPM).

16. 외국인 직접투자가 인도네시아의 경쟁력에 미친 영향

2008년 이후 글로벌 금융위기로 인한 선진국의 수입수요 감소와 루피아의 환율 강세에도 불구하고 인도네시아의 무역수지 흑자는 지속되었다. 가장 큰 원인중에 하나는 인도네시아의 수출상품 경쟁력이 향상되었기 때문이다.

인도네시아는 최근들어 외국인 투자가 증가하고 있다. 외국인 투자기업들의 인도네시아에서 설비투자 증가와 생산성 향상, 기업간의 경쟁 등이 인도네시아 수출상품의 경쟁력을 향상시키고 있다.

〈표〉 2010년 인도네시아 국가별 외국인 투자

	국가	건수	금액(백만달러)
1	싱가포르	414	5,005.7
2	영국	133	1,892.1
3	미국	100	930.8
4	일본	323	712.6
5	네덜란드	107	608.3
6	모리셔스	20	582.6
7	홍콩	62	566.1
8	말레이시아	198	472.1
9	대한민국	356	328.5
10	호주	95	214.2

자료: 인도네시아 투자조정원(BKPM).

Check Point 정치적 안정과 외국인 직접투자

2004년 유도요노 대통령이 집권하면서 인도네시아는 정치적 안정을 이루는 가운데 외국인 투자를 확대하기 위해 규제를 철폐하고, 투자법을 대폭 개정하여 외국인 직접투자가 증가하고 있다. 2002년 442건에 1억 1,000달러였던 외국인 직접투자가 2008년에는 1,138 건으로 급증하였다. 이 기간중 인도네시아에 가장 많은 투자를 한 국가와 지역은 EU이고 그 다음은 아세안이다 (손기태 외, 2011).

〈표〉 인도네시아 외국인 투자실적

	2007년		2008년		2009년		2010년	
구분	건수	금액 (백만달러)	건수	금액 (백만달러)	건수	금액 (백만달러)	건수	금액 (백만달러)
투자실현	983	10,349.6	1,138	14,871.4	1,221	10,815.2	3,081	16,214.8

자료: 인도네시아 투자조정원(BKPM).

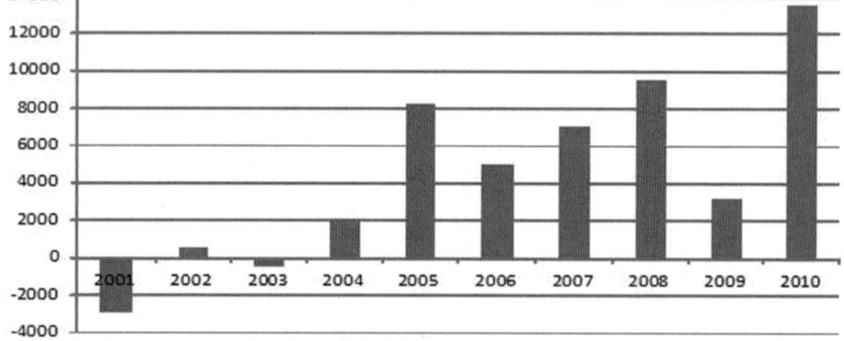

〈그림〉 인도네시아의 순유입 외국인 직접투자(FDI)

자료: ADB.

17. 인도네시아 무역의 특징

인도네시아의 2011년 주요 수출국은 일본, 중국, 싱가포르, 미국, 한국 순이다 인도네시아는 이들 5개국에 대한 수출이 총수출의 53.4%를 차지하고 있다

인도네시아의 2011년 주요 수입 국가는 중국, 싱가포르, 일본, 한국 순이다.

2011년 인도네시아 수출 품목은 석탄(12.5%), 석유가스(11.2%),팜오일(8.5%), 원유(6.8%)이다. 이들 4개 품목이 총수출의 약 40%를 차지하고 있다.

2011년 인도네시아의 수입품목은 석유/역청유(15.6%), 크루드 오일(6.3%) 전화/통신기기(2.6%) 등이다(IMF, 2012).

〈표〉 인도네시아의 국별 수출 현황 (단위 : 백만달러)

순위	국가명	2009	2010	2011
1	일본	18,575	25,782	33,715
2	중국	11,499	15,693	22,941
3	싱가포르	10,263	13,723	18,444
4	미국	10,850	14,267	16,459
5	한국	8,145	12,575	16,389
6	인도	7,433	9,915	13,336
7	말레이시아	6,812	9,362	10,996
8	대만	3,382	4,838	6,585
9	태국	3,234	4,567	5,897
10	호주	3,264	4,244	5,583

자료: World Trade Atlas.

〈표〉 인도네시아 주요 수입 품목

(단위 : 백만 달러)

순위	품목	2009	2010	2011
1	석유와 역청유	10,841	17,654	27,722
2	크루드오일	7,362.2	8,531	11,154
3	전화기, 통신기기	3,096.3	3,789	4,570
4	항공기	3,125.5	3,141	2,881
5	자동차 부분품과 부속품	981.4	1,963	2,277

자료: World Trade Atlas.

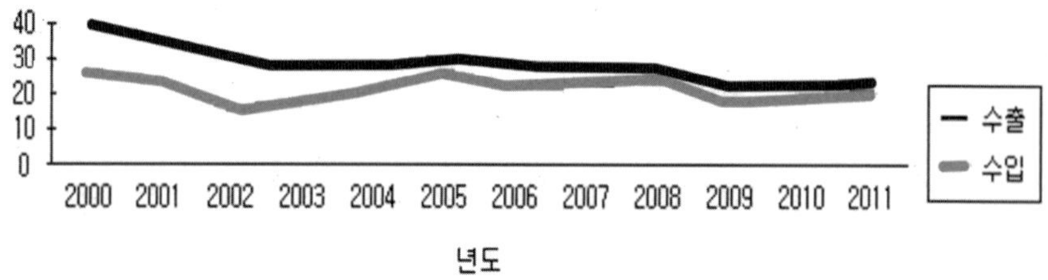

〈그림〉 인도네시아의 무역의존도

(단위 : %)

자료: KOSIS.

〈표〉 인도네시아 주요 수출 품목

(단위:백만 달러)

구분	2010	2011
총수출	157,779	203,497
석탄	18,169.7	25,523.2
석유가스와 기타가스	13,669.5	22,871.5
팜오일/부산물	13,469.0	17,261.3
원유	10,402.9	13,829

자료: World Trade Atlas.

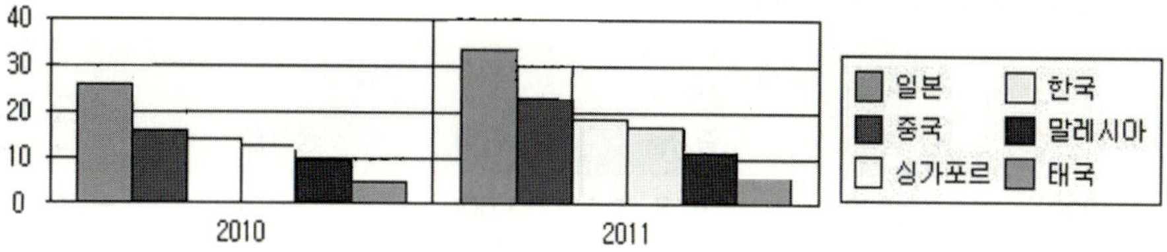

〈그림〉 인도네시아의 대(對)아시아 수출 (단위:백만 달러)

자료: 인도네시아 통계청.

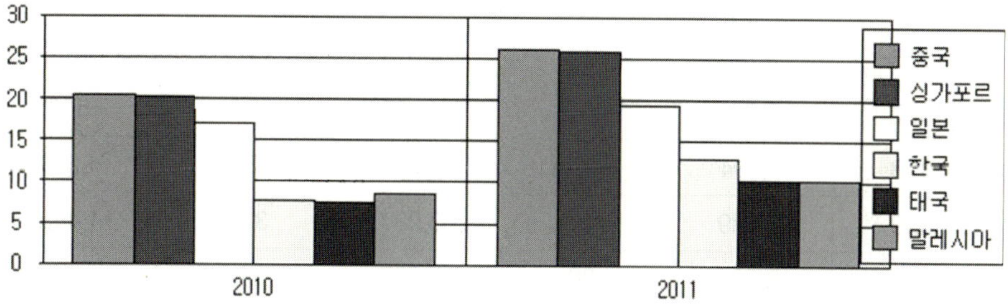

〈그림〉 인도네시아의 아시아로부터 수입 (단위:백만 달러)

자료: 인도네시아 통계청.

POLIS

Jewel in the PALACE
WEEKNIGHTS ON

331

Mabuhay!
Welcome to

2. 필리핀의 이해

필리핀의 공식 국명은 필리핀공화국(Republic of the Philippines)이다. 필리핀은 섬나라이며 면적은 300천㎢으로 한반도의 1.3배나 된다. 필리핀은 북쪽으로는 대만, 남서쪽으로는 말레이시아, 남쪽으로는 인도네시아와 근접해 있다. 필리핀의 섬들은 타이완, 보르네오, 셀레베스 사이에 7,107개가 포진하고 있다.

필리핀은 이처럼 7,000개가 넘는 섬들로 구성되어 있지만, 가장 큰 섬인 루손과 민다나오 섬이 필리핀 총 면적의 2/3를 점유하고 있다.

필리핀은 미국의 식민지배로 비즈니스에서 영어가 가능하고 서구화되어 있으면서 저임금의 강점을 갖고 있다. 또한 필리핀은 천연자원이 풍부하다. 그러나 산업구조에서 동남아의 경쟁국가들에 비해 제조업의 비중이 낮고 서비스업의 비중이 높다.

〈표〉 필리핀 경제

경제지표		단위	2008	2009	2010	2011
국내경제	GDP	억달러	1,736	1,649	1,996	2,131
	1인당 GDP	달러	1,918	1,827	2,123	2,223
	경제성장률	%	4.2	1.1	7.6	3.7
	재정수지/GDP	%	0	-2.7	-2.2	-0.8
	소비자물가상승률	%	8.2	3.2	3.8	4.8
국외경제	환율(달러당,연중)	P	44	48	45	43
	경상수지	백만달러	3,627	9,358	8,924	5,845
	외환보유액	백만달러	37,551	44,243	62,373	75,303
외채현황	총외채잔액	백만달러	65,995	63,116	72,337	72,280
	단기외채	백만달러	7,001	9,485	13,673	16,272
	총외채잔액/GDP	%	37.3	37.5	36.2	32.2
	외채상환액/총수출	%	13.3	13.9	11.8	10.5

자료: KEB(2012).

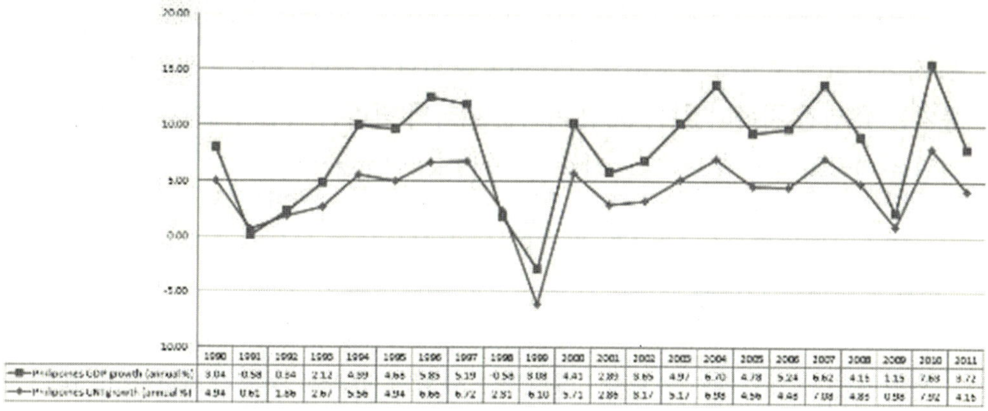

〈그림〉 필리핀의 GDP, GNI 성장률

자료: World Bank.

3. 스페인의 필리핀 통치

스페인의 마젤란(Magellan)은 필리핀 세부(Cebu)에 도착한 후 민다나오(Mindanao)를 경유하여 필리핀의 섬들을 정복하기 시작했다. 1565년에는 세부에 스페인 식민정부를 설립하였고, 1571년에는 식민정부를 마닐라로 이전하여 본격적인 식민지배를 하였다. 필리핀이라는 명칭도 스페인 국왕 필립 2세(Philip Ⅱ)의 이름을 따서 만든 필리피나스(Las Islas Filipinas)가 발전된 것이다.

4. 스페인으로부터 독립과 미국의 식민지배

1898년 필리핀은 스페인으로부터 독립하였으나 같은 해에 필리핀의 새로운 통치자가 된 미국과 격전을 치루었다(今川暎一, 1994).

스페인의 필리핀 식민지배는 333년이다. 일본의 한국 식민통치 기간인 30년의 100배가 넘는 긴 시간이다. 따라서 스페인의 문화는 필리핀의 곳곳에 남아 있다.

Check Point sick man of Asia

필리핀은 독립 이후 1960년대까지 아시아 국가중에서 경제성장이 양호하였고, 경제수준이 높은 나라중에 하나였다. 그러나 페르디난드 마르코스(Ferdinand E. Marcos) 정권의 폐쇄적인 공업화 정책과 소수의 중국계와 스페인계가 소유한 재벌기업의 독점경제로 경쟁력이 저하되었다.

필리핀은 제2차 세계대전 이후 1960년대까지 동아시아 국가중에서 일본 다음으로 잘 사는 나라였다. 그런데 다른 동아시아 국가들이 앞다투어 경제성장을 하던 시기에 필리핀은 마르코스 정권의 장기집권에 따른 부정부패, 사회적 혼란 등으로 경제발전이 더디게 진행되어 "sick man of Asia"로 불릴 정도로 경제가 추락하였다. 2012년 필리핀의 1인당 국민소득은 2,000달러 정도로 경제사정이 좋지 않다.)

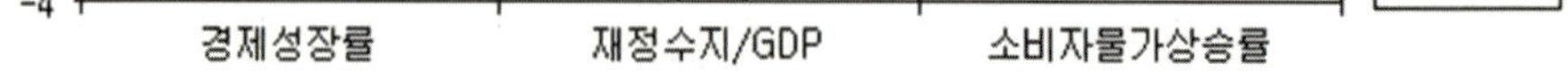

〈그림〉 필리핀 경제지표 (단위 : 백만 달러, %)

자료: IFS, EIU.

9. 해외근로자 견인경제

2010년 해외파견 필리핀 근로자가 필리핀 국내에 송금한 금액은 188억 달러이다. 이러한 해외근로자(OFWs, Overseas Filipino Workers)의 송금액은 2010년 기준으로 필리핀 GDP의 10%, 외환보유고의 38%정도나 된다. 필리핀의 경제성장은 해외에 거주하고 있는 필리핀 해외근로자(OFW)의 연간 200억 달러 정도 규모의 국내 송금에 기반한 소비 지출과 이를통한 내수시장 활성화에 상당부분 의존하고 있다. 2010년 필리핀의 해외근로자 송금이 2009년 대비 8.2% 증가하여 민간소비도 2009년 대비 5.3% 증가하였다(BOI, 2011)

10. 상품수지 적자, 재정수지 적자, 서비스수지 흑자, 이전수지 흑자

"상품수지 적자, 재정수지 적자, 서비스수지 흑자, 이전수지 흑자"는 필리핀 경제상황을 나타내주고 있다. 필리핀은 제조업이 활성화되어 있지 않아 공산품 등을 수입에 의존하므로 상품수지는 만성적인 적자이다.

필리핀은 공무원들의 도덕적 해이 등으로 세무능력이 약하고, 세수기반 또한 취약하여 근본적으로 세수입이 낮다. 또한 필리핀은 피플파워가 강하고 포퓰리즘에 의한 정부의 선심성 예산 지출이 많아 재정수지가 만성적으로 적자이다.

이에비해 필리핀은 관광업, 아웃소싱(BPO)산업이 성장하여 서비스수지는 흑자이다. 또한 해외파견 근로자들의 송금이 증가하여 이전수지도 흑자이다.

Check Point 필리핀의 태풍

한국도 8월말에서 9월에 수 차례 태풍으로 경제적 피해가 발생한다. 매년 발생되는 필리핀의 태풍 발생빈도와 피해는 엄청나다. 필리핀은 5월부터 10월까지 자주 태풍이 발생하여 필리핀경제에 큰 타격을 주고 있다.

필리핀은 매년 20건 이상의 태풍이 발생한다. 2012년 12월에 필리핀 민나나오섬에 섬에 상륙한 태풍 와시로 1,500명의 주민이 사망하거나 실종되었다(KEB, 2012).

Check Point 극심한 빈부격차

필리핀의 사회문제중 가장 심각한 것 중에 하나가 계층간, 지역간 심각한 빈부격차이다. 필리핀은 소득수준 상위 20%인 필리핀의 15대 명문 가문이 전체 국민소득의 50%를 장악하고 있다. 이에 비해 5인 기준 가구당 월 소득이 134달러 이하인 빈곤층이 필리핀 총인구의 1/3이상이다. 또한 필리핀 전체 국민의 20%정도가 하루 소득 1달러정도로 어렵게 생활하고 있다. 그리고 이러한 빈곤층의 60% 이상이 지방에 거주하고 있다(IMF, 2012).

11. 필리핀의 2000년대 경제

필리핀 경제는 1990년대 중반 이후부터 회복되기 시작하였다. 필리핀 경제는 아로요(Gloria Macapagal Arroyo) 정부의 투자 등으로 인해 2004년부터 2007년까지 5% 이상의 안정된 성장세를 시현하였다. 그러나 2009년 글로벌 금융위기로 인해 1.1%로 성장세가 둔화되었으나, 2010년에는 1970년대 중반 이후 34년만에 최고치인 7.3%의 고도 성장을 시현하였다(ADB, 2012).

〈표〉 필리핀의 경제성장률(2000-2011) (단위: %)

년도	경제성장률
2000	4.4
2001	2.9
2002	3.6
2003	5.0
2004	6.7
2005	4.8
2006	5.2
2007	6.6
2008	4.2
2009	1.1
2010	7.6
2011	3.7

자료: KOSIS

Check Point 아키노 정부의 경제비전

현 아키노 정권의 향후 산업정책은 쌀 자급률 향상 및 농업의 산업화, 신재생에너지 및 전력개발, 콜센터와 같은 BPO 산업과 관광산업의 지속적 육성에 초점이 맞춰져 있다(BOI, 2012).

12. 필리핀 경제의 문제점

필리핀 경제의 가장 큰 문제점은 제조업 기반과 사회간접자본이 잘 갖추어지지 않은 가운데 인구증가율(2.0% 이상)이 높고, 실업률(7% 이상)이 높아 골깊은 빈부격차가 해결되지 않고 있는 점이다.

또한 필리핀은 막대한 외채, 공공부채, 재정수지 적자로 사회간접 자본 확충이 어려운데 태풍과 같은 자연재해가 빈번하게 발생하여 경제발전을 저해하고 있다.

13. 필리핀 정부의 경제 해법

필리핀 정부는 필리핀의 근본적인 문제점인 부정부패의 만연, 빈곤의 악순환, 재정수지 적자, 열악한 사회간접자본 등을 해결하고자 2011년에 2011-16년간 중기발전계획(Mid-term Philippine Development Plan)을 발표하였다.

핵심내용은 다음과 같다. 첫째, 부정부패와 재정수지 적자의 해소를 위해 투명하고 신뢰할 수 있는 행정시스템을 구축한다. 둘째, 빈곤계층에 대한 지원시스템을 구축한다. 셋째, 부족한 재정으로 인해 시의적절하게 개발되지 못하고 있는 사회간접자본의 개발을 민자사업(Public-Private Partnership, PPP)을 통해 확충한다(BOI, 2012). 아키노 정부는 공항, 도로, 철도 등의 사회간접자본 투자의 확대를 위해 민관협력방식의 프로젝트를 추진하고 있다.

14. 필리핀의 외국인 투자유치 전략

필리핀 정부는 1987년 외국인 투자를 유치하기 위해 외국인 투자관련 규정을 통합한 종합투자법(Omnibus Investment Code of 1987)을 제정하여 외국인 투자절차 및 인허가절차를 개선하였다. 외국인의 2010년 필리핀 투자액은 45억 달러로 국가별로는 일본의 투자액이 13억달러로 가장 많다.

〈표〉 외국인의 필리핀 투자

	국가	2009년		2010년	
		백만페소	백만달러	백만페소	백만달러
1	일본	70,737.10	1,645.00	58,333.10	1,356.60
2	네덜란드	2,070.00	48.1	36,784.10	855.4
3	한국	9,623.60	223.8	31,182.40	725.2
4	스위스	2,622.00	61	13,556.50	315.3
5	미국	12,947.10	301.1	13,159.00	306
6	케이만아일랜드	0	0	10,638.30	247.4
7	버진아일랜드	1,176.00	27.3	7,653.80	178
8	싱가포르	3,468.00	80.7	7,283.00	169.4
9	중국	2,391.80	55.6	5,657.10	131.6
10	기타	6,183.90	143.8	3,965.30	92.2
11	인도	634.1	14.7	1,856.60	43.2
12	대만	222.6	5.2	1,505.80	35
13	독일	1,001.00	23.3	1,096.70	25.5
14	영국	3,439.40	80	1,065.00	24.8
15	말레이시아	96.4	2.2	753.8	17.5
16	오스트레일리아	799.4	18.6	614.6	14.3
17	프랑스	112.2	2.6	602.3	14
18	캐나다	312.4	7.3	156.9	3.6
19	모리셔스	0	0	115.5	2.7
20	홍콩	3,923.30	91.2	59.1	1.4
21	벨기에	55.5	1.3	29.5	0.7
합계		121,815.80	2,832.90	196,068.40	4,559.70

자료: 필리핀 통계청(NSO).

Check Point 필리핀 인건비 수준과 노동시장

필리핀의 최저 인건비는 중국, 말레이시아, 인도네시아보다는 낮고 베트남 캄보디아보다는 높다. 또한 WEF(World Economic Forum)의 2011 국가경쟁력 평가에서 필리핀은 노동시장유연성 부분에서 113위를 차지하여 노사분규가 우려되는 지역으로 평가되고 있다(WEF, 2012).

〈표〉 필리핀의 투자유망 분야

협력확대 유망분야	호조 요인	협력 현황/발전 방향
전력/LNG	- 전력산업 개혁법 발효('01)후 민영화 본격화 - 만성적 부족, 높은 전기료	- 한전 4개 프로젝트 진행 중 - 중부, 서부발전, SK추진 중 - 필 정부 민자, ADB사업 확대
광물	- 대법원 외국기업 광산개발 투자 합헌 결정('06) - 서구, 일본, 중국기업 참여 급증세	- LG, 광진공 Lapu Lapu동광개발, 생산 단계 - 중소형 광물 투자 프로젝트 다수 추진, 민관협력 확대 필료
바이오/재생에너지	- 바이오에너지법 발효('07), 재생에너지법 제정('08) - 인센티브 확대, 외국기업 투자 증가	- 바이오매스(폐기물 발전), 바이오 에탄올, 디젤 분야 투자 태동기 - 해당 분야 민간 협력 지원 필요
ADB	- 에너지, 인프라 분야 ADB Loan 증가	- 일본, 중국에 비해 한국기업 참여 저조 및 국가차원의 수주 지원 필요
인프라	- 경기 부양 위해 인프라 분야 펀드(40억 달러) 조성추진	- 일본 등 경쟁국 비해 한국 기업 참여 저조 - 민관 협력 참여 추진
관광	- 한국 방문객(61만 명), 필리핀 전체 방문객 1위 - 필리핀 정부 관광산업 인세티브 확대	- 한국기업 리조트 등 사업활발 - 민간 투자 지원 필요
BPO	- 세계 BPO산업의 10%, 인도에 이은 BPO강국 부상	- 해당 분야 투자 검토 기업지원

자료: KOTRA.

15. 필리핀 산업의 특징

1992년 필리핀의 산업구조는 농업이 22.6%, 공업이 35.0%, 서비스업이 %였다. 필리핀은 50년대에는 공업비율이 동남아국가중에서 높은 국가였으나 국내산업을 보호하면서 다른 동남아국가들에 비해 수출지향 공업화가 진전되지 못했다(今川暎一, 1994). 필리핀의 2011년 산업구조는 농업이 GDP의 12.3%, 제조업이 33.3%, 서비스업이 54.4%이다. 이처럼 필리핀은 서비스업이 경제를 끌고 가고 있다.

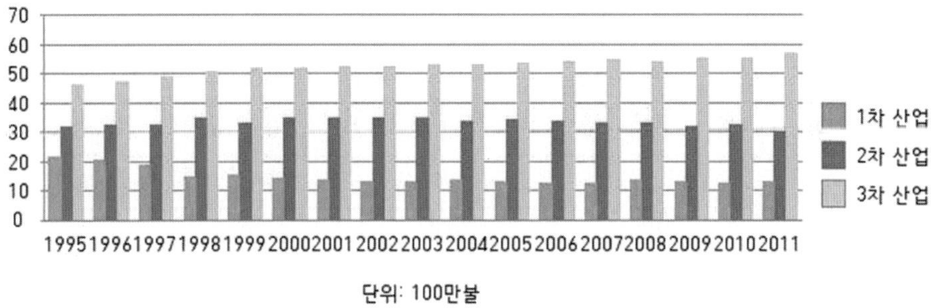

〈그림〉 필리핀의 산업구조

자료: World Bank.

Check Point 필리핀은 제조업이 취약하다

필리핀의 산업화는 다른 동남아 국가들의 수출 제조업중심의 산업화와 달리 수입대체 제조업, 농업, 산림자원 수출위주로 시행되어 제조업기반이 약하다. 2011년 필리핀의 GDP에서 제조업이 차지하는 비중은 33.3%로 동남아 인근 국가 말레이시아 40%, 인도네시아 46%, 베트남 40% 등에 비해 매우 낮은 편이다. 제조업도 전자업에 편중되어 있다. 수출 품목도 반도체 및 전자부품이 총수출의 60%을 차지하고 있다(NCC, 2012).

〈표〉 필리핀의 산업부문별 GDP 비중 변화 (단위:%)

부 문	1990년	2000년	2008년	변동폭 (1990~2008)
농 업	21.9	15.8	14.9	-7.0
광 업	1.5	0.6	1.5	0.0
제조업	24.8	22.2	22.3	-2.5
전력,가스,수도	2.1	2.9	3.2	1.1
건 설	6.0	6.5	4.7	-1.3
상 업	14.4	14.1	14.7	0.3
물류,통신	4.9	5.9	6.9	1.9
금 융	3.9	4.4	5.5	1.5
공공행정	7.2	9.5	6.8	-0.3
기 타	13.2	18.0	19.6	6.3
합 계	100.0	100.0	100.0	-

자료: ADB(2010).

Check Point 소비중심 경제와 제조업

필리핀 경제는 1천만명에 이상의 필리핀 해외근로자의 본국송금과 서비스업을 기반으로 성장하는 소비중심 경제이다. 이러한 필리핀의 소비중심 경제의 특성으로 내수제조업도 식품가공업 등이 발전하고 있다.

Check Point 필리핀 농업이 낙후된 이유

필리핀은 전통적으로 농업국이다. 필리핀 국민의 1/3이상이 농업에 종사하고 있다. 그러나 GDP중에서 농업이 차지하는 비중은 14%정도에 불과하다

필리핀의 농업은 생산성이 낮고 가난한 농민들의 경제적 문제는 사회문제로

남아있다. 이처럼 필리핀의 농업의 생산성이 낮고 농민의 빈곤이 개선되지 않는 가장 큰 이유는 필리핀의 농업이 아직도 전근대적인 지주와 소작인의 관계로 형성되어 있기 때문이다.

Check Point 세계 최고 BPO산업

영어가 가능하면서 인건비가 저렴한 필리핀의 경쟁력으로 필리핀은 2011년 콜센터 세계 1위로 부상하였다.

2008년까지 필리핀은 세계 BPO시장의 21%를 차지하여, 인도(51%)에 이어 2위였으나, 2010년 인도를 누르고 1위 등극하였다. 2010년 필리핀 BPO 산업매출은 91억달러(GDP의 5%), 고용규모 52.5만 명으로 인도(55억 달러)를 넘어섰다.

필리핀은 콜센터와 같은 BPO(Business Process Outsourcing) 산업을 신성장 동력으로 추진하고 있다. BPO 산업은 2011년에 매출액이 110억 달러이고, 고용인원은 63만명이나 된다. 필리핀 정부는 BPO 산업을 신성장동력으로 추진하고 있다. 필리핀 정부는 Roadmap 2016을 통해 2016년까지 매년 BPO 산업을 20% 이상 성장시켜 매출액 250억 달러를 달성하여 BPO 산업이 필리핀 GDP의 9%를 기여하게 할 계획이다(CICT, 2012).

BPO는 대표적으로 콜센터를 비롯, 데이터 입력, 소프트웨어 개발 등 각종 비즈니스에서 수행되는 업무의 아웃소싱을 수행하는 전문산업이다. 필리핀은 국민 대다수가 유창한 영어를 구사하고, 온순한 국민성, 저임금 수준을 강점으로 최근 인도를 누르고 1위를 했다.

Check Point 필리핀의 광물자원 개발은 활성화될 수 있나

필리핀의 강점중에 하나가 금, 은 등 광물자원이 풍부하다는 점이다. 필리핀은 천연자원 매장량 세계 8위이다. 그러나 기술과 자본문제로 본격적인 개발이 이루어지지 못했다. 그러나 최근 광물자원의 개발에 대한 외국인의 투자 비율이 100%까지 허용됨에 따라 광물자원의 개발이 더욱 활성화될 것으로 전망된다.

필리핀의 광물자원은 그동안 취약한 인프라 등에 따른 높은 생산비 및 세계금융 위기 등으로 개발이 부진하였으나, 자원가격 상승에 따라 중국 및 일본 등으로부터 필리핀 광물자원 탐사 및 개발을 위한 투자가 증가하고 있다.

16. 필리핀 무역의 특징

필리핀은 2011년 수출이 481.89억달러이고, 수입이 601.49억달러로 무역수지 적자국이다. 필리핀은 제조업이 GDP대비 40% 이하로 원유, 공산품, 곡물 등의 소비재품의 상당부분을 수입에 의존하고 있는 소비중심의 경제로 매년 수십억 달러의 무역수지 적자가 발생하고 있다.

〈표〉 필리핀의 수출입 현황 (단위: 백만달러)

구분	2009	2010	2011
수출	38,436	51,498	48,305
수입	43,003	54,933	60,496
무역수지	−4,657	−3,435	−12,191

자료: 필리핀 통계청(NSO).

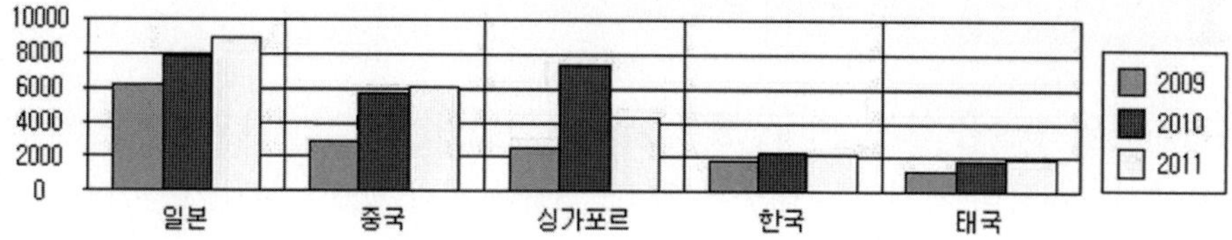

〈그림〉 필리핀의 대(對)아시아 수출 (단위:백만 달러, %)

자료: 필리핀 통계청(NSO).

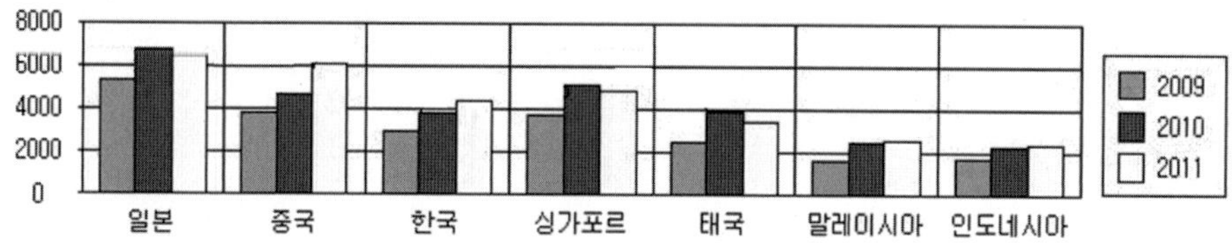

〈그림〉 필리핀의 아시아로부터 수입 (단위:백만 달러, %)

자료: 필리핀 통계청(NSO).

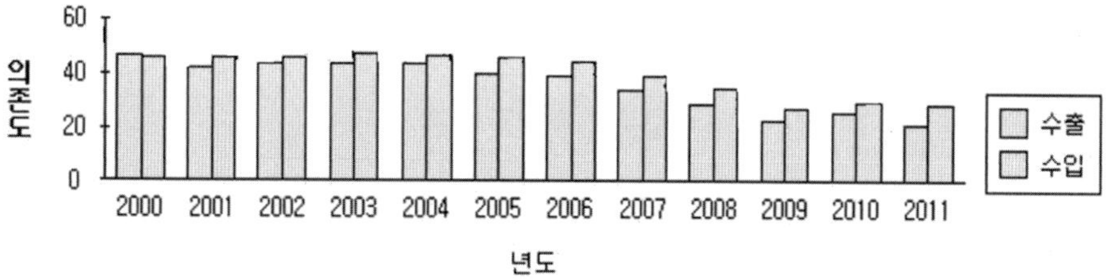

〈그림〉 필리핀의 무역의존도 (단위 : %)

자료: KOSIS.

Check Point 일부 국가에 무역의존 심화

필리핀의 수출은 일본, 미국, 중국 등에 편중되어 있다. 2011년 필리핀의 총 수출에서 3개국이 차지하는 비중은 약 61.5%나 된다(NSO, 2012). 이러한 수출지역의 편중으로 필리핀 경제는 이들 3개국의 경제여건의 변화에 따라 영향을 받는 취약한 구조를 갖고 있다.

〈표〉 필리핀의 주요국가별 수출실적 (단위: 백만달러)

순위	국가명	2,007	2,008	2,009
1	미국	8,546	8,145	6,737
2	일본	7,303	7,706	6,195
3	네덜란드	4,149	3,708	3,740
4	홍콩	5,803	4,987	3,212
5	중국	5,749	5,469	2,929
6	싱가포르	3,138	2,606	2,476
7	독일	2,149	2,440	2,444
8	한국	1,783	2,522	1,826
9	말련	2,497	1,945	1,352
10	대만	1,973	1,862	1,323

주: 순위는 2009년 기준
자료: National Statistics Office.

Check Point 필리핀의 수출품과 수입품의 관계

필리핀은 전자·반도체가 총수출의 60%를 차지하고 있는데 필리핀의 전자반도체 생산은 대부분 필리핀에 진출한 다국적 기업에 의해 이루어지고 있다. 필리핀의 수입은 필리핀에 진출한 다국적 기업이 반도체와 전자제품을 생산하기 위해 수입하는 전자반도체의 중간재 비중이 높다(NSO, 2012).

〈표〉 필리핀의 주요국가별 수입실적(2009)

(단위: 백만 달러, %)

순위	국가명	2,007	2,008	2,009
1	일본	6,841	6,604	5,342
2	미국	7,835	7,220	5,116
3	중국	4,001	4,245	3,806
4	싱가포르	6,218	5,945	3,726
5	대만	4,061	3,834	3,021
6	한국	3,278	2,961	3,004
7	태국	2,277	2,786	2,451
8	인니	1,249	1,464	1,735
9	말련	2,234	1,191	1,629
10	홍콩	2,218	1,958	1,455

자료: National Statistics Office.

〈표〉 필리핀의 수출품목

(단위: 백만 달러, %)

순위	품목	2009년	
		금액	비중
1	전자부품, 반도체	15,574	40.6
2	데이터 처리기기	4,931	12.9
3	의류 부자재	1,084	2.8
4	목제품 및 가구	820	2.1
5	점화케이블	752	2
6	구리	687	1.8
7	위탁가공품	667	1.7
8	코코넛 오일	594	1.5
9	자동차 부품	532	1.4
10	금속부분품	481	1.3

자료: 필리핀 통계청(NSO).

〈표〉 필리핀의 수출입 동향

(단위 : 백만불, %)

년도	수출		수입		무역수지
	금액	증가율	금액	증가율	
1990	500	5.1	270	31.7	230
1991	675	34.9	323	19.6	352
1992	746	10.5	265	−17.9	481
1993	935	25.3	318	19.8	617
1994	1,212	29.7	412	29.7	801
1995	1,493	23.2	611	48.3	882
1996	1,906	27.7	581	−4.8	1,325
1997	2,601	36.5	712	22.5	1,889
1998	2,832	8.9	807	13.3	2,025
1999	3,129	10.5	1,159	43.5	1,970
2000	3,360	7.4	1,815	56.6	1,545
2001	2,535	−24.5	1,819	0.2	716
2002	2,950	16.4	1,867	2.7	1,083
2003	2,975	0.8	1,964	5.2	1,011
2004	3,379	13.6	2,120	7.9	1,259
2005	3,220	−4.7	2,316	9.2	904
2006	3,931	22.1	2,187	−5.6	1,744
2007	4,420	12.5	2,438	11.5	1,982
2008	5,016	13.5	3,099	27.1	1,917
2009	4,567	−9	2,652	−14.4	1,916
2010	5,838	27.8	3,488	31.5	2,350
2011	7,339	25.7	3,571	2.4	3,767

자료: KITA.

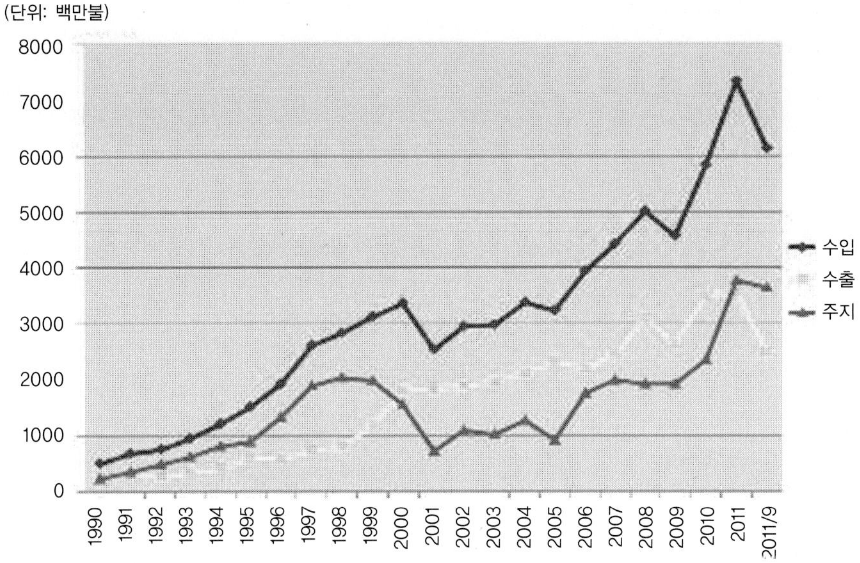

〈그림〉 필리핀의 수출입 동향

자료: KITA.

10

대륙부 동남아시아 경제

태국
캄보디아
베트남
미얀마
라오스

제1장 _ 인도차이나 반도의 변화의 물결

1. 이데올로기 분쟁의 상처가 아물고

베트남 전쟁은 1975년 북부 베트남의 승리로 마무리 되었고, 그 이후 캄보디아의 폴포트 정권과 베트남간의 대립으로 시작된 캄보디아 전쟁도 1991년 파리협정에 의해 끝나면서 동남아 인도차이나 반도에도 이데올로기적 갈등보다는 경제개발에 대한 분위기가 조성되기 시작했다.

주변국의 이데올로기 다툼의 분쟁에 휩싸여 혼란을 겪었던 라오스는 인민혁명당정권이 1986년 "신사고" 정책을 추진하면서 중앙통제의 국가관리로부터 시장경제와 대외개방으로 경제정책을 변경하였다.

베트남도 1986년 12월에 공산당 서기장에 취임한 구엔 반 링이 도이모이(쇄신)정책을 추진면서 폐쇄적인 베트남경제를 대외개방하고, 시장경제체제로 전환시켰다. 캄보디아도 1993년 5월 총선거에서 수립된 신캄보디아 정부에 의해 자유주의 시장경제체제로 전환하였다.

2. 인도차이나를 전쟁터에서 시장으로

인도차이나를 전쟁터에서 시장으로" 이 슬로건은 1988년 태국의 수상이 된 챠챠이가 태국의 인도차이나 구공산권 국가들에 대한 경제적 투자진출을 대외에 선포하면서 한 말이다.

이러한 태국의 인도차이나 반도의 투자 진출에 자극받아 싱가포르, 홍콩, 대만 등 인근국가와 일본, 구미국가들도 인도차이나 반도의 경제적 투자가치에 주목하고 투자를 증가했다. 특히 일본은 1992년 베트남에 ODA를 재개하였다(今川暎一, 1994).

3. 냉전시기 인도차이나 반도 공산국가들의 현재 대외정책

인도차이나 반도의 공산국가들이었던 베트남, 캄보디아, 라오스, 미얀마는 최근들어 냉전시기의 사회주의, 국수주의 정책노선에서 탈피하여 대외무역을 확대하고, 외국인 투자를 경쟁적으로 유치하는 등 과거의 수구적인 이데올로기 지향의 정책에서 탈피하여 성장우선주의 정책을 강력하게 추진하고 있다.

Check Point CLMV

CLMV는 아세안의 후발가입국인 캄보디아, 라오스, 미얀마, 베트남을 통칭하는 용어이다. 이러한 CLMV는 아세안 선발가입국들에 비해 일인당 국민소득, SOC 등 경제여건이 취약하지만, 역설적으로 미개척시장으로서 성장잠재력이 매력적인 비교우위로 작용하고 있다.

제2장 _ 태국

1. 태국하면 떠오르는 이미지

●국왕 ●툭툭 ●새벽사원 ●탁신

POLICE

อาคารสถาบัน ๒

2. 태국의 이해

태국은 중국 남쪽 인도차이나 반도의 중앙부에 있는 나라이다. 태국은 북서쪽으로 미얀마, 북동쪽으로 라오스, 동쪽으로 캄보디아, 남쪽으로 말레이시아와 접하고 있다. 중부와 남부는 평야가 펼쳐져 있다. 태국의 면적은 한반도의 약 2.3배인 513㎢이고, 인구는 약 6천7백만명이다. 타이인이 총 인구의 75%를 차지한다.

태국은 동남아에서 유일하게 서구열강의 직접적인 식민지배를 받지 않은 국가이고 인도차이나 반도의 공산화 도미노 현상에서도 유일하게 벗어난 국가이다.

〈표〉 태국 경제 개황

	경제지표	단위	2008	2009	2010	2011
국내경제	GDP	억달러	2,726	2,637	3,189	3,456
	1인당 GDP	달러	4,300	4,151	4,992	5,
	경제성장률	%	2.6	−2.3	7.8	0.1
	재정수지/GDP	%	0	−3	−0.8	−1.9
	소비자물가상승률	%	5.5	−0.8	3.3	3.8
국외경제	환율(달러당,연중)	Bt	33.31	34.29	31.69	30.49
	경상수지	백만달러	2,157	21,896	13,176	11,870
	외환보유액	백만달러	111,008	138,418	172,129	175,124
외채현황	총외채잔액	백만달러	49,839	57,886	71,263	82,497
	단기외채	백만달러	34,029	33,620	33,127	50,600
	총외채잔액/GDP	%	18	22	22	23.9
	외채상환액/총수출	%	11	7	2	2.1

자료: KEB(2012).

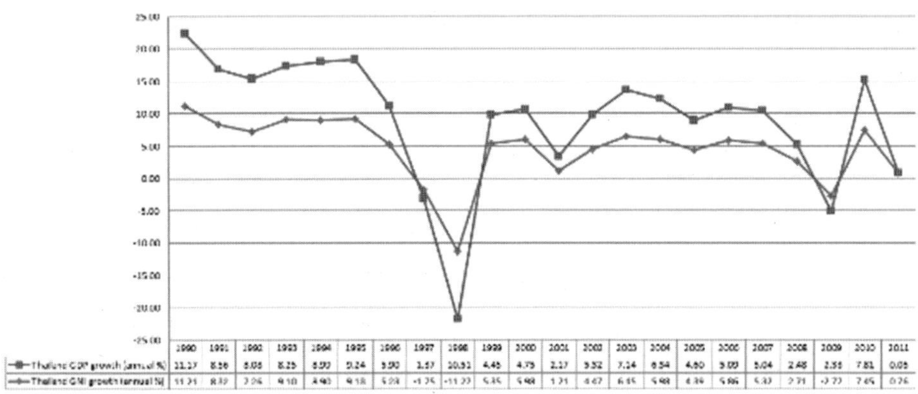

〈그림〉 태국의 GDP, GNI 성장률

자료: World Bank.

Check Point 뜨라이롱(Tri-Rong)

뜨라이롱(Tri-Rong)은 태국의 국기를 말한다. 태국의 국기에는 태국의 특징이 모두 나타나 있다. 태국의 국기는 청색, 흰색, 적색으로 구성되어 있다. 청색의 의미는 국가원수인 국왕을 의미하고, 흰색은 태국 국민의 대다수가 믿고 있는 불교를 의미하며, 적색은 태국국민의 피를 의미한다. 이처럼 태국의 국기는 국왕, 불교, 국민을 나타내고 있다.

3. 태국은 국왕이 통치하는가

태국의 정부형태는 입헌군주제하의 내각책임제이다. 따라서 국가원수는 Bhumibol Adulyadej 국왕이지만, 실질 국가운영은 총리가 하고 있다. 현재 태국 총리는 부정부패 문제로 퇴임한 탁신 전 총리의 여동생인 잉락 친나왓이 총리로 취임하였다. 태국의회는 양원제이다. 2011년 프어타이당이 과반수 이상을 차지했다.

4. 태국 국민은 모두 불교만 믿는가

태국 국민의 95%정도는 종교가 불교이다. 그러나 태국국민의 5%정도는 이슬람교를 믿는 무슬림이다.

5. 정치적 안정과 경제성장

태국이 지속적으로 경제성장을 시현할 수 있었던 것은 시의적절한 경제정책뿐만 아니라 정치적 안정이 지속되었기 때문이다. 태국은 쿠데타가 자주 일어나 정권 교체가 민주적으로 이루어지지 않은 경우가 많지만, 쿠데타 이후에도 전 정권의 경제정책은 그대로 승계되는 경우가 많았다.

6. 동남아에서 태국경제의 위상

태국은 공업화정책과 외국인 투자유치 정책을 추진하여 동남아에서 두번째로 경제규모가 큰 국가이다. 태국의 2010년 GDP는 3,146억 달러이고, 1인당 GDP는 4,696달러로 동남아에서는 인도네시아 다음으로 경제 규모가 크다. 인구도 동남아에서 네번째로 많다.

7. 태국의 1960-90년대 경제

태국은 1960년대 초부터 적극적인 산업화 정책을 추진하여 고도 경제성장을 달성했다. 태국은 1960년부터 1970년대에 걸쳐 수입대체형 산업정책을 추진하여 고도성장을 시현했다. 또한 1970년대부터 시의적절하게 추진한 수출지향적 산업정책으로 1980년대 후반 이후에도 경제성장이 지속되었다.

태국경제는 1997년 아시아 외환위기 이전까지 경제성장률이 연평균 8%를 유지하였다. 태국경제는 1997년 외환위기로 인해 30여년 만에 처음으로 경제성장률이 1997년에 -1.4%, 1998년도 -10.5%로 곤두박질하였지만, 2002년 하반기 이후 민간소비와 수출이 반등하여 5.3%의 경제성장을 달성하였다.

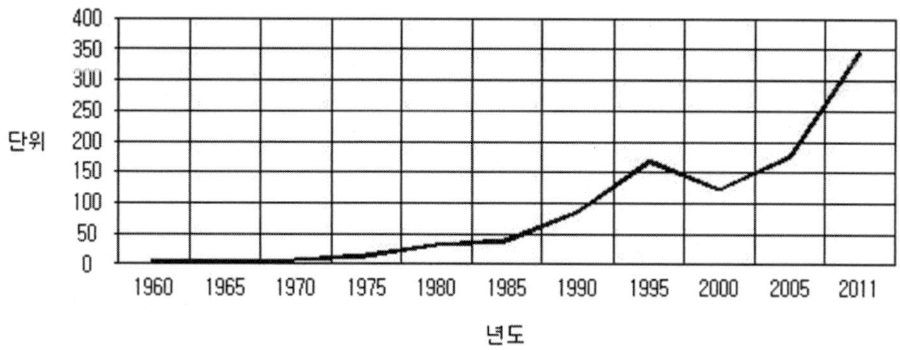

〈그림〉 태국의 국내총생산 (단위 : 십억)

자료: World Bank.

8. 태국의 2000년대 경제

태국 경제는 2002년 이후 수출과 관광산업 등이 증가하며 2007년까지 경제성장률은 연평균 5%의 안정적인 성장세를 시현하였다. 그러나 2008년 글로벌 금융위기로 주요 수출국의 수입수요 감소와 국내 정치적 불안 등으로 인해 경제성장률이 2.5%로 둔화되었다.

글로벌 금융위기가 더욱 심화된 2009년에는 수출 감소가 지속되는 가운데 실업률 등이 상승하면서 1997년 아시아 외환위기 이후 처음으로 경제성장률 -2.3%로 곤두박질했다. 그러나 2010년에는 세계경기 회복 등에 의해 수출이 증가하면서 경제성장률이 7.8%로 반등했다(IMF, 2012).

〈그림〉 태국의 2000년부터 2011년까지의 경제성장률 (단위 : %)

자료: KOSIS.

〈표〉 태국의 주요 수출 대상국(2006-2008년) (단위: 백만 달러)

순위	국가	수출 금액			수출 비중(%)		
		2006	2007	2008	2006	2007	2008
1	미국	19.449.6	19.216.7	20.274.5	15.0	12.6	11.4
2	일본	16.385.9	18.118.6	20.090.2	12.6	11.9	11.3
3	중국	11.728.0	14.836.5	16.190.8	9.0	9.7	9.1
4	싱가포르	8.357.2	9.544.0	10.114.7	6.4	6.3	5.7
5	홍콩	7.166.7	8.687.4	10.046.3	5.5	5.7	5.6
6	말레이시아	6.613.6	7.791.1	9.917.5	5.1	5.1	5.6
7	호주	4.349.6	5.725.2	7.982.5	3.4	3.8	4.5
8	인도네시아	3.313.2	4.767.3	6.325.6	.2.6	3.1	3.6
9	베트남	3.075.0	3.803.7	5.017.8	2.4	2.5	2.8
10	네덜란드	3.237.5	3.801.0	4.175.8	2.5	2.5	2.3

자료: KITA.

9. 태국은 대외의존도가 높은 국가이다

태국은 2010년 수출이 GDP에서 차지하는 비중이 65% 이상으로 대외의존도가 높다. 또한 태국의 주요수출국은 미국, 일본, 중국 등에 지나치게 편중되어 있다. 이처럼 태국은 대외의존도가 높고, 수출도 주요 선진국에 편중되어 있어 세계경기 침체 등의 악영향을 쉽게 받는다. 이러한 태국의 경제구조로 인해 태국은 1997년 아시아 외환위기와 2008년 글로벌 금융위기에 경제가 침체되었다.

10. 태국경제의 한계

태국경제의 가장 큰 문제는 수출국과 수출상품이 편중되어 있고, 제조업이 외국기업에 의존하고 있는 점이다. 또한 최근에 발생된 홍수처럼 자연재해도 태국경제에 악영향을 주는 경우가 많다.

11. 태국 산업구조의 특징

태국은 1954년 산업투자장려법, 1960년 투자위원회(BOI)를 설립하여 공업을 육성하였고, 고관세의 무역정책으로 국내 수입대체산업을 육성하였다.

1980년대 전통적으로 농업국인 태국은 농업과 공업을 동시에 발전시키려는 신흥농공업병행국가(Newly Agro-Industrializing Country: NAIC)를 추진하였다(박번순, 2004).

1992년 태국의 산업구조는 농업이 13.1%, 공업이 37.4%, 서비스업이 49.5%였다. 70년대 농업이 GDP에서 차지하는 비율은 30.2%였으나 급락하였다(今川瑛一, 1994). 태국의 2011년 산업구조는 서비스업이 52.7%, 제조업이 34%, 농업이 13.3%이다(Thailand NSO, 2012).

〈그림〉 태국의 산업구조

자료: World Bank.

〈표〉 태국의 산업부문별 GDP 비중 변화 (단위:%)

부 문	1990	2000	2008	변동폭 (1990-2008)
농 업	12.5	9.0	11.6	-0.9
광 업	1.6	2.4	3.5	1.9
제조업	27.7	33.6	34.9	7.7
전력,가스,수도	2.2	3.0	2.9	0.7
건 설	6.6	3.1	2.9	-3.4
상 업	17.7	17.2	14.1	-3.6
물류,통신	7.2	8.0	7.1	-0.1
금 융	5.5	6.2	6.2	0.7
공공행정	3.5	4.3	4.4	0.9
기 타	1.64	13.2	12.3	-4.1
합 계	100.0	100.0	100.0	-

자료: ADB(2010).

Check Point 태국경제에서 농업이란?

태국은 동남아의 대표적인 쌀 생산국으로, 쌀 수출 세계 1위국이다. 태국은 공업국가이지만, 태국은 여전히 농업이 중요한 산업이다. 노동인구를 기준으로 보면 농업은 40.3%를 점유하여 태국의 총노동인구에서 농업인구의 비중이 매우 높다. 그러나 GDP를 기준으로 보면 농업은 13%정도 밖에 되지 않는다(Thailand NSO, 2012).

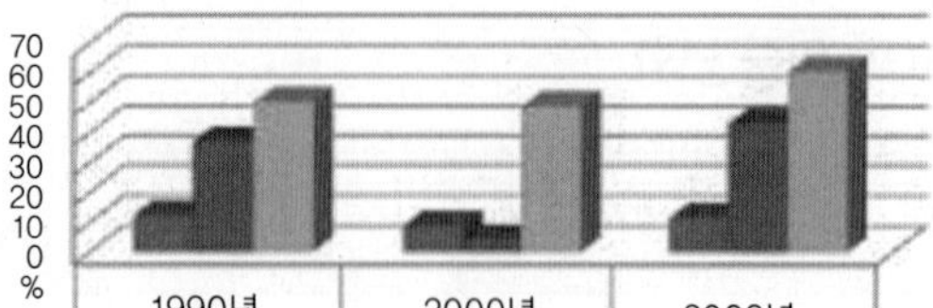

	1990년	2000년	2009년
1차산업	12.5	9	11.6
2차산업	37.2	4.2	43.3
3차산업	50.3	4.9	60.7

〈그림〉 태국의 GDP 구성 비교

Check Point 태국에서 제조업이란?

태국에서 제조업 종사자는 전체 노동 인구의 13.6%에 지나지 않지만 GDP를 기준으로 제조업 생산은 GDP의 34%나 차지하고 있다.

Check Point 태국에서 섬유산업은 사양산업인가

태국은 과거에 대표적인 동남아 지역의 의류 수출국이었다. 그러나 중국 등의 후발개도국들의 저임금으로 인해 가격경쟁력을 상실하여 성장세가 둔화되었다. 그러나 최근들어 동남아 후발개도국과의 차별화전략으로 태국의 섬유산업이 제2의 부흥기를 맞고 있다.

Check Point 태국은 자국 자동차 브랜드가 있나

태국은 자동차 생산국이다. 그러나 자체 브랜드는 없다. 태국은 연간 약 160만대의 자동차를 생산하지만 태국의 자동차회사나 자체 브랜드는 없다. 태국의 자동차 생산은 대부분 도요타, 혼다 등 일본 자동차이다.

이처럼 태국에서 생산되는 자동차는 대부분 일본 자동차인데 2011년 일본에서 발생한 쓰나미로 일본으로부터 자동차 부품의 공급이 잘 이루어지지 않아 2011년 4~5월 태국의 자동차 공장가동률은 50%정도로 급락하였다(태국 자동차 생산자연협회, 2012).

〈표〉 태국에 진출한 세계 100대 자동차부품 공급업체

일본계 공급업체				그 외 공급업체			
2	Denso	41	TS Tech	1	Robert Bosch	36	Teneco
4	Aisin Seiki	43	Takata	3	Continental	44	Federal-Mogul
13	Yazaki	46	Bridgestone	6	Faurecia	47	Michelin
15	Sumitomo	49	Tokai Rika	7	Johnson Control	50	GKN Driveline
16	Toyota Boshoky	57	Showa	8	ZF	51	Hella
18	Calsonic Kansei	61	Mitsuba	11	TRW	52	Goodyear
19	JTEKT	66	Asahi Glass	12	Delphi	56	Grupo Antolin
20	Hitachi	72	Stanley	14	Lear	58	Bayer
28	Toyoda Gosei	74	Akebono Brake	17	BASF	59	TI Automotive
33	NTN	82	Sanden	21	Valeo	65	Draexlmaier
34	NSK	84	F-Tech	22	Visteon	67	American Axle
35	Mitsubishi	92	Alpine	23	Autoliv	73	Rieter Auto.
39	NHK Spring	94	Pioneer	25	Mahle	84	F-Tech
40	Koito	98	Omron	27	Dana	86	Hayes Lammerz
				31	Borg Warner	93	3M

자료: 태국 자동차 생산자 연합회(2012).

Check Point 태국에서 관광산업이란?

관광산업은 태국의 대표적인 산업이다. 태국의 관광산업이 GDP에서 차지하는 비중은 7%정도이다. 태국의 관광종사자는 전체 노동인구에서 15%정도를 차지하고 있다(Thailand NSO, 2012).

최근들어 태국은 반정부 시위, 홍수 등으로 관광산업에 악재가 많아 관광산업이 다소 위축되었지만, 여전히 태국경제를 지탱하는 버팀목으로서 역할을 충실히 하고 있다. 특히 태국의 관광은 의료관광과 연계되어 더욱 활성화되고 있다.

〈표〉 태국의 방문 관광객 수 (단위 : 백만명, %)

년도	1분기	2분기	3분기	4분기	합계
2008	433(+13)	355(+13)	333(+4)	333(−17)	1.454(+1)
2009	364(−16)	296(−17)	329(−1)	426(+28)	1.414(−3)
2010	466(+28)	290(−2)	376(+14)	459(+8)	1.591(+13)
2011	531(+14)	444(+53)	473(+26)	441(+4)	1.889(+19)

자료: Thailand NSO.

〈표〉 태국의 의료관광객 수 및 수익변화 (단위: 백만명, 억바트)

년도	의료 관광객 (성장률%)	수익(성장률%)
2009	139(1)	509(20)
2010	198(30)	639(21)
2011	224(12)	787(19)

자료: 태국 공중보건부.

Check Point 태국은 인도차이나 사회주의 국가들의 징검다리

태국은 선발 아세안 국가중에서 인도차이나 반도의 후발개도국들과 가장 근접하고 관계가 밀접하다. 따라서 태국은 외국인 기업들이 인접국인 인도차이나 사회주의 국가들인 미얀마, 캄보디아, 라오스 등에 진출할 때 교두보(bridgehead)나 인도차이나 반도 지역본부로 활용할 수 있다.

〈표〉 태국의 외국인투자 제한분야

구분	내용	업종
Category A	투자금지 업종, 단 특별법이나 조약에 의해 별도로 승인된 경우는 제외	신문방송사업, 쌀 경작, 조경사업, 축산업, 산림업, 태국 영해 내 수산업, 태국 식물 채취사업, 태국 골동품, 문화재 교역 또는 경매, 불상 주조사업, 토지 매매
Category B	원칙적으로 금지됨. 단, 정부(내각)의 사업 승인을 받은 경우에만 가능하나, 미국인의 경우 태국-미국 간 상호 협정에 의거, 미국인임을 증명하는 서류와 함께 신청 시 내각 승인 없이 투자 가능	**국가 안보와 관련된 분야** - 무기, 탄약, 화약, 폭발물 및 부분품의 생산, 판매, 관리 - 전쟁 장비, 선박, 항공기, 군용 차량의 생산, 판매, 관리 - 모든 종류의 전쟁장비 및 부분품의 생산, 판매, 관리 - 국내 육상, 수상, 항공 운송 관련 사업 **예술, 문화, 전통, 민속 공예품에 영향을 미치는 사업** - 골동품 매매 - 목각 생산 - 양잠,견사 생산, 직조, 프린팅 - 태국 전통 악기 생산 - 금, 은, 동 그릇 - 태국 도자기 생산 **천연자원 및 환경 관련 사업** - 사탕수수로부터 설탕 제조 - 염전 - 광산 개발 - 가구용 목재 제조 사업
Category C	원칙적으로 금지됨. 투자청, 투자위원회 또는 상무부로부터 외국인 기업허가(Alien Business Licence)를 득할 경우에만 가능. 주로 외국인 기업에 비해 태국기업의 경쟁력이 떨어지는 분야	제분업, 수산업(양어업), 임업, 합판 제조업, 리임 생산, 회계 시비스업, 법률서비스, 건축 서비스업, 엔지니어링 서비스업, 건설업(예외 조항 별도), 브로커, 에이전트업(예외조항 별도), 경매업(예외조항 별도), 국내무역, 소매업(총자본금 1억 바트 이하), 도매업(점포당 자본금 1억 바트 이하), 광고업, 호텔업(호텔경영 예외), 가이드를 동반한 관광, 식음료 판매업, 식물재배 및 증식업, 기타 서비스업(정부규정에 명시된 것 예외)

자료: KITA.

Check Point 태국의 경쟁력은 무엇인가

태국은 국토가 넓고, 자원이 풍부하여 태국에 투자하는 외국인 투자기업들은 태국내 다양한 투자지역을 선택할 수 있고, 원자재 확보가 용이하다.

또한 태국은 인구가 6,700만명으로 인구가 많고, 일인당 국민소득도 높아 노동력이 풍부하다. 또한 높은 소득수준으로 내수시장도 활성화되어 있다.

특히 태국의 경쟁력은 동남아에서 유일하게 식민지배를 받지 않은 자신감을 기반으로 지속적인 개방을 하였고, 동남아 다른 국가들에 비해 상대적으로 사회간접자본이 잘 갖추어져 있고, 정치적으로 안정되어 있다.

12. 태국 무역의 특징

태국은 1980년대 이후 외국인 투자가 증가한 후 외국인 투자기업이 생산에 필요한 원·부자재, 자본재 등의 수입이 증가하여 무역수지 적자가 지속되었다. 태국 총수입의 약 70% 정도는 원재료, 중간재, 자본재이다. 주요 수입국은 일본, 중국, 아랍에미리트 등이다(IMF, 2012).

〈표〉 태국의 무역의조도 (단위 : %)

년도	수출	수입
2000	56.20	50.47
2001	56.21	53.64
2002	53.67	50.94
2003	56.33	53.17
2004	59.67	58.53
2005	62.46	66.98
2006	63.16	62.15
2007	62.29	57.20
2008	64.53	65.73
2009	57.65	51.13
2010	61.26	58.05
2011	65.51	66.22

자료: 태국 상무부

〈표〉 태국의 주요 수출 품목

(단위: 백만달러)

품목	2011년
자동차 부품	16,984.0
컴퓨터 부품	17,064.2
정제유	10,091.9

자료: 태국 상무부.

〈표〉 태국의 주요 수입 품목

(단위: 백만달러)

품목	2011년
원유	32,897.4
기계 및 부품	19,947.5
전자기기 및 부품	13,339.9

자료: 태국 상무부.

〈표〉 태국의 주요교역국 수출현황

(단위: 백만달러)

순위	국가	2009	2010	2011
1	중국	16,119.39	21,473.19	27,402.40
2	일본	15,723.81	20,411.82	24,070.27
3	미국	16,661.27	20,200.45	21,857.96
4	말레이시아	7,662.91	10,566.59	12,398.75
5	홍콩	9,484.03	13,131.80	16,470.03
6	인도네시아	4,667.33	7,346.43	10,078.02
7	싱가포르	7,573.81	9,009.49	11,450.09
8	호주	8,578.63	9,369.47	7,997.08
9	베트남	4,678.42	5,845.45	7,059.19
10	인도네시아	3,223.80	4,393.62	5,181.44

자료: 태국 상무부.

〈표〉 태국의 주요교역국으로부터 수입현황 (단위: 백만 달러)

순위	국가	2009	2010	2011
1	일본	25,024.10	37,855.52	42,162.11
2	중국	17,029.40	24,237.50	30,581.15
3	아랍에미리트	6,666.63	8,783.37	14,468.79
4	말레이시아	8,574.74	10,728.90	12,326.06
5	미국	8,373.31	10,677.12	13,377.93
6	스위스	2,494.86	5,156.48	8,868.94
7	한국	5,422.04	8,060.94	9,198.62
8	대만	4,797.51	6,815.28	7,502.24
9	싱가포르	5,724.11	6,293.09	7,787.29
10	인도네시아	3,800.52	5,692.33	7,369.85

자료: 태국 상무부.

〈표〉 태국의 대(對) 아시아 수출 현황 (단위: 백만 달러)

국가	2011
중국	27,402.40
일본	24,070.27
말레시아	12,398.75
인도네시아	10,078.02
싱가포르	11,450.09
베트남	7,059.19
필리핀	4,640.87
한국	4,577.35
캄보디아	2,905.40
라오스	2,789.52
미얀마	2,845.83

자료: 태국 상무부.

〈표〉 태국의 아시아로부터 수입 현황

(단위: 백만 달러)

국가	2011
일본	42,62.11
중국	30,581.16
말레이시아	12,326.06
한국	9,198.62
싱가포르	7,787.29
인도네시아	7,369.85
미얀마	3,268.32
베트남	2,031.18
필리핀	2,701.84

사료: 태국 상무부.

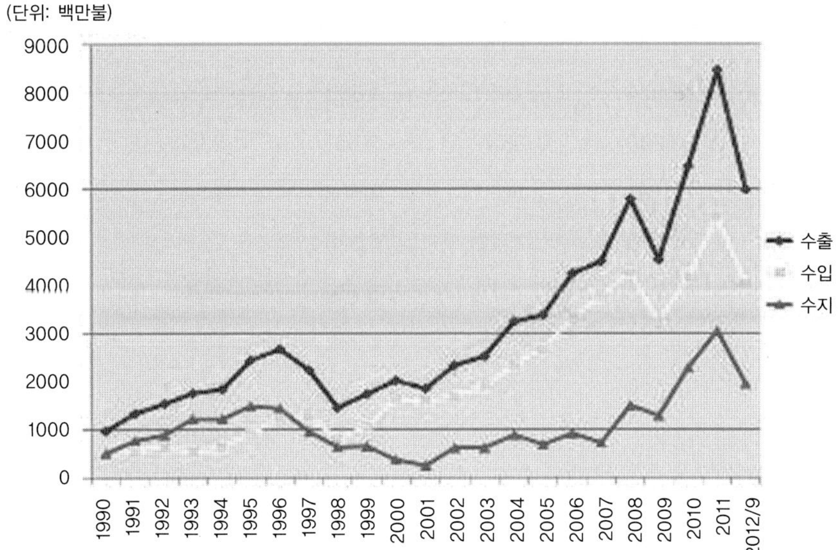

〈그림〉 태국의 수출입 동향

자료: KITA.

〈표〉 태국의 수출입 동향 (단위 : 백만불, %)

년도	수출		수입		무역 수지
	금액	증가율	금액	증가율	
1990	969	28.8	464	11.4	505
1991	1,337	38	562	21.1	775
1992	1,532	14.6	638	13.5	895
1993	1,761	14.9	539	−15.6	1,222
1994	1,835	4.2	620	15.1	1,215
1995	2,428	32.3	936	50.9	1,492
1996	2,664	9.7	1,219	30.3	1,445
1997	2,243	−15.8	1,284	5.3	959
1998	1,450	−35.4	809	−37	641
1999	1,735	19.6	1,068	32.1	667
2000	2,015	16.2	1,631	52.7	384
2001	1,848	−8.3	1,589	−2.6	259
2002	2,335	26.4	1,703	7.1	633
2003	2,524	8.1	1,898	11.5	626
2004	3,249	28.7	2,351	23.9	898
2005	3,381	4.1	2,689	14.4	692
2006	4,246	25.6	3,328	23.8	918
2007	4,488	5.7	3,769	13.2	719
2008	5,779	28.8	4,282	13.6	1,497
2009	4,528	−21.6	3,239	−24.4	1,290
2010	6,460	42.7	4,169	28.7	2,291
2011	8,459	30.9	5,413	29.9	3,046

자료: KITA.

제3장 _ 캄보디아

1. 캄보디아하면 떠오르는 이미지

●앙코르왓트 ●킬링필드 ●훈센 ●불교

2. 캄보디아의 이해

캄보디아의 정식국명은 캄보디아 왕국(Kingdom of Cambodia)이다. 캄보디아는 인도차이나반도 남쪽 메콩강 하류에 위치한 인민공화제 국가이다. 캄보디아는 베트남, 라오스, 태국과 국경을 접하고 있다. 면적은 181천㎢으로 남한의 약 1.8배이다.

〈표〉 캄보디아 경제 개황

경제지표		단위	2008	2009	2010	2011
국내경제	GDP	억달러	104	104	113	129
	1인당 GDP	달러	711	703	753	852
	경제성장률	%	6.7	0.1	6	6.1
	재정수지/GDP	%	0.3	-4.2	-2.8	-2.6
	소비자물가상승률	%	25	-0.7	4	5.5
국외경제	환율(달러당,연중)	CR	4,054	4,139	4,185	4,059
	경상수지	백만달러	-468	-360	-447	-1,239
	외환보유액	백만달러	2,641	3,288	3,802	4,069
외채현황	총외채잔액	백만달러	4,215	4,364	4,624	5,029
	단기외채	백만달러	261	166	224	341
	총외채잔액/GDP	%	37.6	41.9	41.1	39.3
	외채상환액/총수출	%	0.9	1.2	1.1	1

자료: KEB(2012).

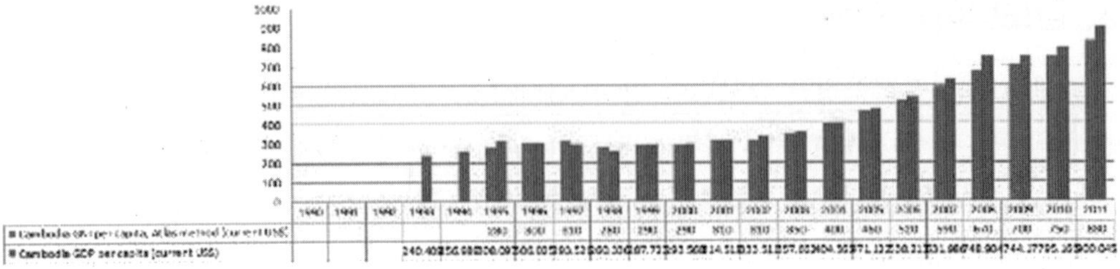

〈그림〉 캄보디아의 GDP, GNI 성장률

자료: World Bank.

3. 크메르족의 불교나라

캄보디아의 인구는 2010년 1,400백만명이다. 민족은 크메르족(90%)과 소수민족으로 구성되어 있으며 언어는 크메르어(95%)을 사용하며 종교는 불교(96.4%), 이슬람교(2.1%)로 국민의 대부분이 불교를 믿고 있다.

4. 캄보디아는 국왕이 통치하나

캄보디아의 정부형태는 입헌군주제이다. 캄보디아의 현재 국가원수는 Norodom Sihamoni 국왕이고 총리는 Hun Sen이다. 캄보디아는 국왕이 있지만, 실질적인 국가 통치는 총리가 하고 있다. 캄보디아는 1953년 11월 프랑스로부터 독립하였고, 그 이후 입헌군주제를 채택하였다.

그러나 이데올로기로 인한 사회적 혼란속에 캄보디아는 1975년부터 1979년까지 공산주의 정권 크메르루즈 치하에서 전체주의 국가형태였다. 그러나 베트남의 캄보디아 침공으로 1979년부터 1991년까지 친베트남의 온건한 공산당이 국가를 통치했다. 베트남군이 캄보디아에서 철군한 이후 캄보디아는 1991년부터 UN 감시하에 과도정부가 잠시 유지되다가 1993년 캄보디아를 입헌군주국으로 전환하는 새헌법이 채택되었다(NIS, 2012).

5. 캄보디아의 정치는 안정적인가

캄보디아의 의회는 양원제이다. 국가원수는 Hun Sen 총리이다. 2008년 7월 총선에서 훈센 총리의 캄보디아 국민당이 전체 하원의석의 4분의 3을 차지하는 압승을 하면서 훈센총리의 정치적 기반이 더욱 강화되었고, 정치적 안정이 이루어지고 있다.

6. 캄보디아의 1990년대 경제

캄보디아는 1990년대 후반 이후 정치적 안정이 이루어지기 전까지 이데올로기로 인한 장기 내전과 정치불안으로 경제가 침체되었다. 캄보디아 경제는 1990년대 정치적 안정과 대외개방에 따른 관광업의 호황, 의류중심의 수출 증가, 서구사회의 지원 등에 의해 성장세가 지속되었다.

〈표〉 캄보디아의 경제성장률 (단위: 백만달러,%)

경제지표(단위)	1996년	1997년	1998년	1999년	2000년
1인당 GDP(달러)	292	274	251	256	266
경제성장률(%)	7.0	1.0	1.0	5.0	5.0
실업률(%)	2.8	4.8	5.4	6.5	7.1
경상수지(백만달러)	185	210	224	66	N.A
무역수지(백만달러)	459	269	228	208	163
수출	650	874	999	962	1,576
수입	1,109	1,142	1,227	1,170	1,413

자료: KOTRA.

7. 캄보디아의 2000년대 경제

정치적 안정속에 적극적인 외자유치 등을 통해 캄보디아 경제는 2004년 10.3%, 2005년 13.3%, 2006년 10.8%, 2007년 10.2% 등 2004년부터

2007년까지 연평균 두자리수의 고도 경제성장을 시현하였다. 그러나 2008년 글로벌 금융위기로 인해 캄보디아의 주력업종인 의류, 관광업 등이 침체되어 캄보디아 경제는 2009년 0.1%로 급락하였다. 그러나 2010년 세계경제의 회복속에 수출이 증가되면서 경제성장률이 5.5%로 반등하였다. 2010년 GDP는 121억 달러이고, 1인당 GDP는 1,937달러였다.

〈표〉 캄보디아의 경제성장률 (단위 : %)

년도	경제성장률
2000	8.8
2001	8.0
2002	6.7
2003	8.5
2004	10.3
2005	13.3
2006	10.8
2007	10.2
2008	6.7
2009	0.1
2010	5.5
2011	6.9

자료: KOSIS.

〈표〉 캄보디아의 산업별 성장률 (단위 : %)

	2004년	2005년	2006년	2007년	2008년	2009년	2010년
경제성장률	10.3	13.3	10.8	10.2	6.7	0.1	5.5
농업	−0.9	15.7	5.5	5.1	4.8	5.6	2.3
벼농사	−12.2	43.7	4.3	7.5	3.6	4.2	5
제조업 등	16.6	12.7	18.3	8.4	3.1	−2.5	5.7
봉제업	24.9	9.2	20.4	10.0	2.0	−2.1	25
서비스업	13.2	13.1	10.1	10.1	6.7	4.6	2.4
관광업	23.4	22.3	13.7	10.3	5.7	3.9	16

자료: IMF.

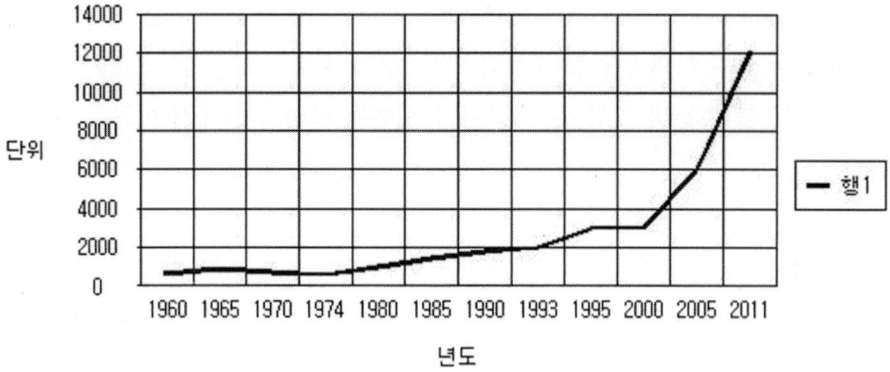

〈그림〉 카보디아의 GDP

Check Point 캄보디아는 WTO 회원국인가

캄보디아는 2004년 9월 WTO 회원국이 되있다. 캄보디아는 WTO에 가입을 하면서 46개의 캄보디아 통상관련 국내법을 WTO협정에 적합하게 개정하였다. 캄보디아는 WTO 가입을 계기로 국내법과 제도를 글로벌 스탠다드에 맞게 개정함으로써 다양한 분야에서 외국인 투자가 증가할 것으로 전망된다.

8. 캄보디아의 경쟁력은 무엇인가

캄보디아는 중국과 베트남에 비해 저임금 등의 경쟁력으로 인해 중국과 베트남의 대체 투자국으로 부상하고 있다. 특히 수출에 있어서도 EU는 무기 이외의 모든 불품에 대한 면세 혜택을 제공하는 Everything But Arms를 캄보디아에 적용하고 있다(CDC, 2012).

9. 캄보디아의 빈곤문제

캄보디아의 빈곤문제는 심각한 사회적 문제이다. 캄보디아의 경제성장과 캄보디아 정부의 노력으로 캄보디아의 빈곤률은 점진적으로 낮아지고 있다. 캄보디아의 빈곤지수는 2004년 35.1%이었으나, 2010년 25.8%로 감소하였다.

그러나 캄보디아의 빈곤은 지역에 따라 차이가 크다. 특히 프놈펜의 수도권보다 내륙 산악지역의 빈곤율이 높다. 캄보디아 정부는 매년 1%씩 빈곤지수를 낮추는 목표를 추진하고 있다. 캄보디아 정부는 이러한 단계적 빈곤감소를 통해 2015년까지 빈곤지수를 19.5%까지 감소시키는 국가적 목표를 추진하고 있다.

또한 캄보디아 정부의 국가전략 개발계획에 의해 2010년까지 연평균 6% 정도의 경제 성장률을 달성하여 총인구중에서 최저생계선이하의 비율을 36%에서 25%로 하락시키는 목표를 추진하였다(NIS, 2012).

Check Point least developed countries

최빈개발도상국(least developed countries, 最貧開發途上國)은 유엔 총회(UN General Assembly)의 경제사회이사회(ECOSOC)가 3년마다 1인당 국민총소득(GNI), 인적자산[1)], 경제취약성[2)] 등을 조사하여 지정한 전 세계에서 가장 빈곤한 국가로 50여개 국가가 지정되어 있다.

10. 캄보디아 경제의 한계

캄보디아는 자체 제조업이 발달하지 않아 소비재의 상당부분을 수입에 의존하고 있다. 또한 캄보디아는 전통적으로 농업국가로 기후 등에 의한 농산물 작황에 따라 경제가 지대한 영향을 받는다. 특히 캄보디아는 메콩강 홍수로 인해 농업부문이 타격을 받으면 경제가 악영향을 받는다.

캄보디아는 제조업도 봉제업을 제외하고는 내세울만한 제조업이 없다. 그런데 봉제업의 경우 캄보디아의 내수시장이 작아 수출에 전적으로 의존하고

1) 국민들의 문맹률, 영양섭취 정도, 유아사망률 등.

2) 국민들중에서 자연재해의 발생으로 피해가 발생한 인구 비율.

〈표〉 OECD/DAC의 수원국 기준과 ASEAN 역내국가의 분류

구분	최빈개도국	기타 저소득국	하위 중소득국	상위 중소득국
명칭	LCDs	OLICs	LMICs	UMICs
분류 기준	UN지정	1인당GNI〈935달러	1인당 GNI ≤3,705	1인당GNI≤ 11,455
국가 분류	캄보디아, 라오스, 미얀마	베트남	인도네시아, 필리핀, 태국,	말레이시아

자료: OECD.

있는데 대외 경제여건에 따라 수출이 영향을 받고 있어 경제가 대외여건에 취약하다.

실제로 캄보디아의 의류수출은 미국 등의 선진국의 경기하강기에 수출이 직접적인 타격을 받았다. 캄보디아는 경제난으로 민간저축률이 매우 낮기 때문에 국내에서 재원조달이 제한적이어서 외국인 투자 자본과 대외원조 의존도가 심화되고 있다.

11. 캄보디아 산업구조의 특징

캄보디아의 산업구조는 2011년 기준으로 서비스업이 40%, 농업 30%, 제조업이 30%이다. 캄보디아는 전통적인 농업국가로 오랜 내전 등으로 인해 1990년대 초까지도 농업이외의 산업이 거의 전무하였다. 1990년대까지는 1차 산업의 비중이 높았지만, 최근에는 3차산업의 비중이 40%로 증가하였다(NIS, 2012).

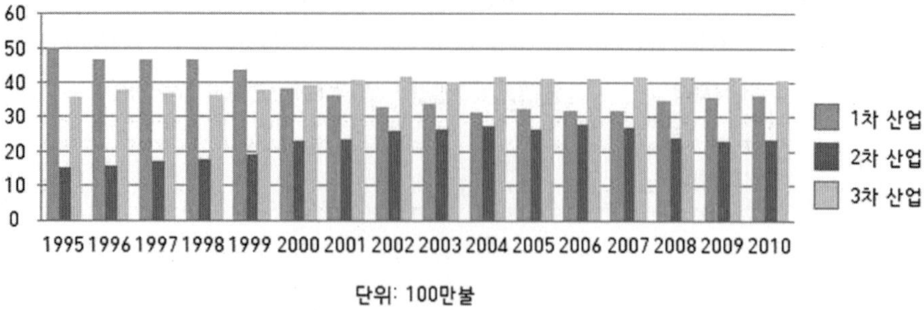

〈그림〉 카보디아의 산업구조

자료 World Bank(2010).

Check Point 캄보디아 농업의 강점

캄보디아의 농업은 넓은 농지에 비해 상대적으로 사람이 적어 장기적으로는 농업이 발전할 수 있는 가능성을 갖고 있다. 캄보디아는 총노동 인구의 70% 이상이 농업에 종사하고 있다. 캄보디아는 2000년도에 쌀의 자급자족이 이루어졌다.

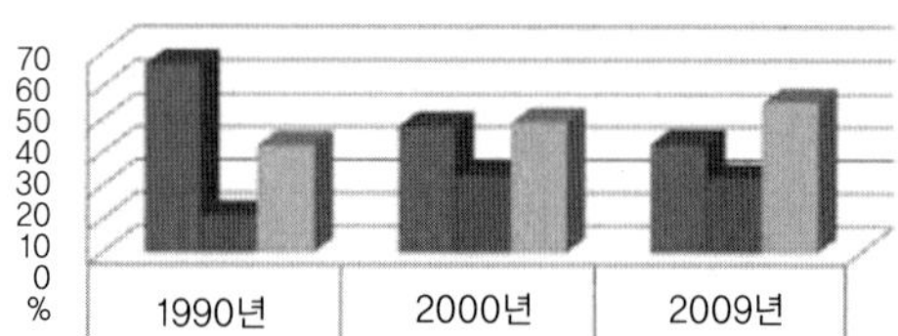

	1990년	2000년	2009년
■ 1차산업	56.5	37.9	32.5
■ 2차산업	11.5	23	22.4
■ 3차산업	32.2	39.1	45.1

〈그림〉 캄보디아의 GDP구성 비교

〈표〉 캄보디아의 쌀 생산 동향

년도	2005년	2006년	2007년	2008년	2009년	2010년
쌀 생산량(백만 톤)	5.98	6.26	6.73	7.18	7.59	8.25
톤/헥타르	2.48	2.49	2.62	2.75	2.84	2.97

자료: 캄보디아 농림수산부.

〈표〉 캄보디아의 1차 산업 GDP 성장률

(단위 : %)

구분	1차 산업 GDP 성장률		
	2006년	2007년	2008년
농림수산업	5.5	5.0	5.7
작물	5.3	8.2	6.6
가축&가금류	8.2	3.7	3.8
어업	3.8	0.8	6.5
임업&벌목	7.0	1.1	0.9

자료: 캄보디아 경제재정부.

〈표〉 캄보디아의 2차 산업 GDP 성장률

(단위 : %)

구분	2차 산업 GDP 성장률		
	2006년	2007년	2008년
공업	18.3	8.4	4.0
제조업	17.4	8.9	3.1
직물, 의류&신발	20.4	10.0	2.2
기타제조업	15.0	6.8	6.5
건설	20.0	6.7	5.8

자료: 캄보디아 경제재정부.

Check Point 캄보디아의 유일한 제조업인 봉제산업

봉제산업은 캄보디아의 대표적인 제조업체로 2011년 280여개의 봉제업체가 있다. 이들 봉제업체는 대부분 중국계 공장으로 생산품은 캄보디아 총 수출의 80% 이상을 차지하고 있고, 봉제산업의 고용인원은 약35만명으로 캄보디아 2차산업 총고용의 41%를 차지하고 있다.

Check Point 캄보디아의 관광업은 3차산업을 선도

최근들어 캄보디아를 방문하는 외국인 관광객이 급증하면서 캄보디아의 3차산업에 종사하는 인구가 증가하고 있다. 2010년 캄보디아를 방문한 외국인 관광객은 250만명 이상이었다(CDC, 2012).

〈표〉 캄보디아의 3차 산업 GDP 성장률 (단위 : %)

구분	3차 산업 GDP 성장률		
	2006년	2007년	2008년
서비스업	10.1	10.1	9.0
무역	7.1	9.5	9.4
호텔&요식업	13.7	10.2	9.8
교통&통신	2.1	7.2	7.1
부동산&사업	10.9	10.7	5.0
기타 서비스업	17.2	12.1	12.0

자료: 캄보디아 경제재정부.

12. 캄보디아 외국인투자의 변화

캄보디아가 대외개방 이후 캄보디아에 투자한 외국인 기업의 업종은 대부분 섬유업이었다. 그러나 최근들어서는 봉제업과 같은 섬유산업뿐만 아니라 농업, 채굴산업과 같은 자원개발 투자, 에너지산업 등에 대한 투자가 증가하고 있다(하대장외, 2010).

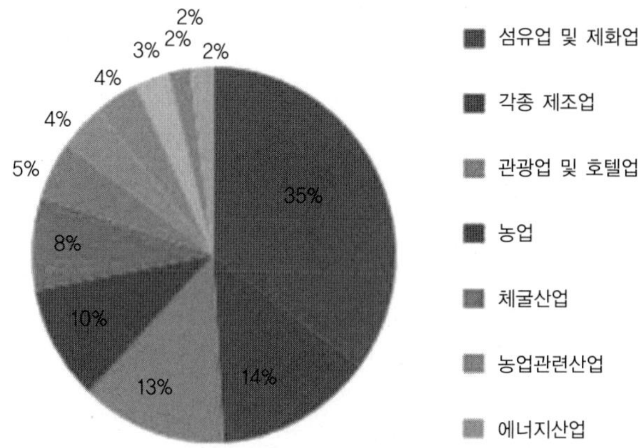

〈그림〉 산업별 외국인 직접투자 현황(2007-2009)

자료: NIS(2010).

13. 캄보디아 투자환경의 장점

캄보디아는 최근들어 정치가 비교적 안정되어 있어 정치가 불안정한 다른 동남아 국가들에 비해 투자위험이 적다. 또한 임금이 저렴하여 노동집약형 산업에 가격경쟁력이 있다.

그리고 캄보디아는 농수산물자원이 풍부한데 이러한 풍부한 농수산물을 저임금의 노동력을 활용하여 식품가공을 현지에서 할 수 있다. 또한 캄보디아는 광물자원과 석유·천연가스 등의 에너지자원을 개발할 수 있다.

〈표〉 캄보디아의 외국인 투자 현황 (단위 : 백만달러)

	2000	2001	2002	2003	2004	2005	2006
미국	12.7	5.9	3.2	–	5.6	9.8	67.5
EU	21.9	2.0	1.6	6.2	4.9	14.0	314.6
중국	28.4	5.0	24.1	34.1	83.1	452.0	717.1
한국	19.4	2.1	79.0	2.4	6.2	56.0	1,009.8
일본	0.2	–	2.2	–	2.2	–	2.1
대만	18.9	57.0	6.8	1.3	13.7	10.4	47.7
홍콩	4.9	1.2	1.6	5.5	–	1.4	4.1
ASEAN	51.8	66.3	26.2	15.7	39.0	132.6	171.1
기타	59.9	65.1	93.1	186.1	75.8	372.0	2,080.9
계	218.1	204.6	237.8	251.3	230.5	1,048.1	4,414.8

자료: 캄보디아 개발위원회(CDC).

14. 캄보디아 투자 환경의 한계

비즈니스 관점에서 캄보디아는 어떤 나라인가?

첫째, 잠재 소비자 관점에서 보면 캄보디아의 인구는 1,400만 명으로 작은 편이다. 더욱이 캄보디아 총인구의 85% 이상이 1인당 국민소득이 450달러 이하로 소비자의 잠재구매력은 매우 취약하다

둘째, 사회간접자본의 관점에서 보면 캄보디아는 오랜 내전으로 인해 사회간접 자본이 많이 파괴되었고, 투자재원이 부족하여 시의적절하게 확충하지 못해 도로 등의 사회간접자본이 열악하다.

15. 캄보디아에 투자를 가장 많이 한 국가

캄보디아에 투자를 가장 많이 한 국가는 유럽이나 미국이 아니고 아시아 국

가들이다. 최근 캄보디아의 투자에서 중요한 부분은 중국의 투자가 급증하고 있다는 점이다. 중국이 캄보디아에 대한 투자를 증가하는 이유는 캄보디아를 중국의 동남아 진출의 전초기지로 활용하고 있기 때문이다. 동기간 한국의 캄보디아 투자는 3위였다.

16. 캄보디아 무역의 특징

캄보디아의 2010년 주요 수출품은 의류, 목재, 천연고무, 쌀 등이다.

캄보디아의 주요 수출국은 미국(45%), 싱가포르(10%), 독일(8%), 영국(7%), 캐나다(6%), 베트남(4%)이다.

캄보디아에서 생산된 섬유제품의 80% 이상은 미국으로 수출된다. 캄보디아의 주요수입품은 석유제품, 생활용품 등이다. 캄보디아의 주요 수입국은 태국(25%), 베트남(19%), 중국(14%), 싱가포르(11%), 홍콩(7%), 대만 (5%), 한국(4%)이다(IMF, 2012).

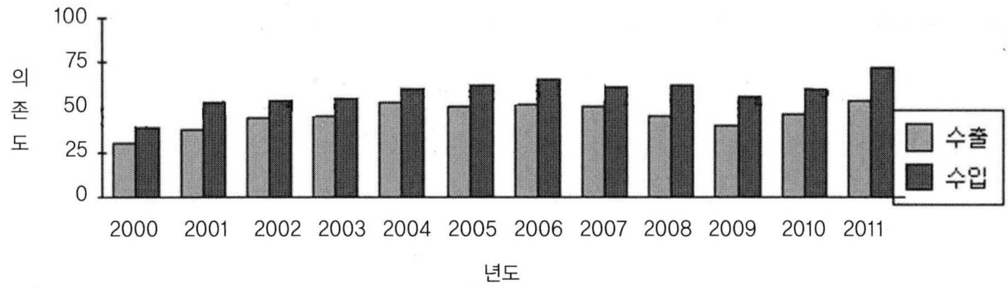

〈그림〉 캄보디아의 2000년부터 2011년까지의 무역의존도 (단위 : %)

자료: KOSIS.

〈표〉 캄보디아의 주요 수출 품목

(단위: 천달러)

품목	2008년	2009년	2010년
봉제의류	2,967,563	2,418,576	3,110,000
천연고무	33,782	51,623	87,000
목재	3,561	4,761	31,000

자료: 캄보디아 상무부 무역통계연보.

〈표〉 캄보디아의 주요 수입 품목

(단위: 천달러)

품목	2008년	2009년	2010년
석유제품	308,361	350,254	662,000
담배	117,350	143,896	146,400
의약품	6,971	9,681	118,000
자동차	154,062	97,983	252,000
섬유류	1,567,034	1,396,947	2,170,000

자료: 캄보디아 상무부 무역통계연보.

〈표〉 캄보디아의 국별 수출현황

(단위 : 백만달러)

국가	2007	2008	2009	2010
미국	1.880.4	1.904.5	1.553.1	1.903.4
홍콩	463.8	812.7	1.647.3	1.384.8
영국	147.3	150.7	179.7	235.2
독일	184.9	133.5	108.8	112.3
프랑스	42.9	33.0	41.9	57.3
싱가포르	132.2	109.7	481.8	429.5
네덜란드	78.8	147.0	145.1	235.5
베트남	79.3	165.0	115.3	96.0
중국	10.1	12.4	16.3	64.9
일본	33.6	31.0	797.8	89.5
한국	5.8	7.1	9.3	24.5
계	3.525.4	3.506.6	4.378.5	4632.9

자료: 캄보디아 상무부 무역통계연보.

〈표〉 캄보디아의 국별 수입현황

(단위 : 백만달러)

국가	2007	2008	2009	2010
싱가포르	179.3	293.5	208.8	155.5
태국	512.3	673.3	464.7	689.9
홍콩	683.5	568.7	224.2	552.6
베트남	347.7	455.8	439.2	486.7
중국	628.0	902.2	881.4	1,184.9
대만	382.5	353.5	341.7	476.5
한국	191.7	221.5	118.8	247.8
일본	140.7	110.3	209.1	156.5
말레이시아	107.3	118.3	132.0	165.3
미국	36.3	212.8	90.6	129.8

자료: 캄보디아 상무부 무역통계연보.

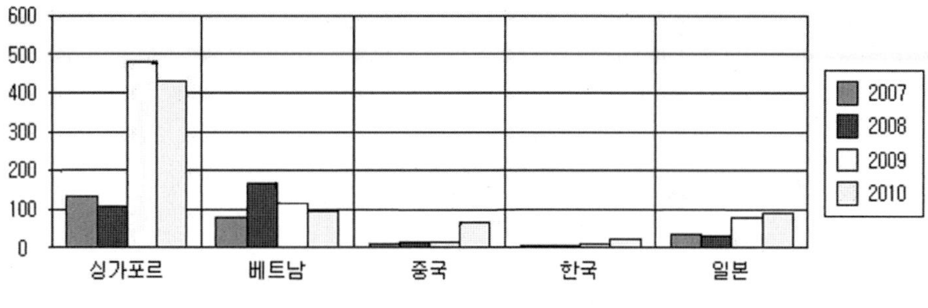

〈그림〉 캄보디아의 대(對) 아시아 수출

(단위: 백만달러)

자료: 캄보디아 상무부 무역통계연보.

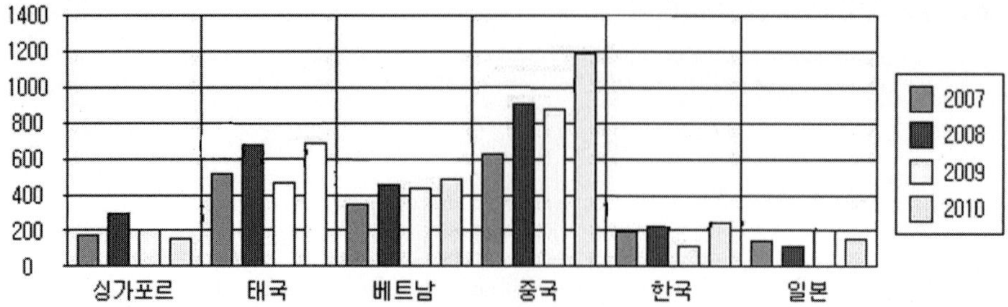

〈그림〉 캄보디아의 아시아로부터 수입 (단위: 백만달러)

자료: 캄보디아 상무부 무역통계연보.

〈표〉 캄보디아의 수출입 동향 (단위: 백만불, %)

년도	수출		수입		무역수지
	금액	증가율	금액	증가율	
1997	52	–	2	–	50
1998	62	19.3	1	-43	61
1999	80	29.5	5	332.3	75
2000	96	19.6	2	-55	94
2001	102	5.9	7	207.7	94
2002	115	13.5	3	-57.4	112
2003	106	-8.4	4	38.8	101
2004	126	19.7	7	65.5	119
2005	144	14.2	6	-14.2	138
2006	205	42.1	5	-8.4	200
2007	281	37.2	9	62.5	273
2008	294	4.6	14	62.1	280
2009	273	-7.2	18	26.6	255
2010	333	21.8	43	138.7	290
2011	451	35.4	87	101	363

자료: KITA.

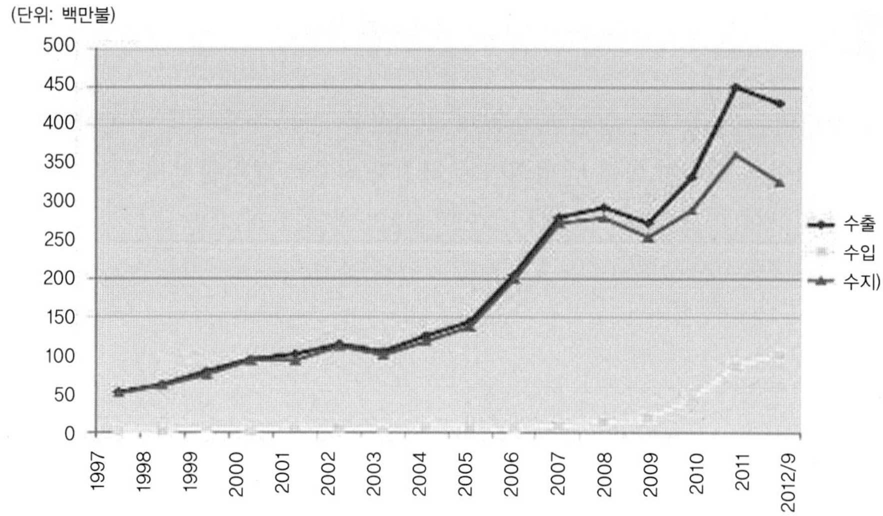

〈그림〉 캄보디아의 수출입 동향

자료: KITA.

Check Point 캄보디아의 밀무역

캄보디아는 베트남, 태국, 라오스와 국경을 맞대고 있어, 부족한 생필품 등을 밀무역을 통해 상당부분 해결하고 있다. 캄보디아는 봉제업을 제외한 제조업이 미약하여 생활용품이 절대적으로 부족하고 기본적인 소비재도 전적으로 외부에 의존해야 한다.

Check Point 캄보디아가 제3국 수출이 많은 이유

캄보디아의 총수입중에서 제3국 재수출용 수입품이 점유하는 비율은 30% 이상이다. 캄보디아에서 이처럼 재수출용 수입이 많은 이유는 직물 등의 원자재를 캄보디아에 무관세로 수입하여 가공한 다음 제3국으로 재수출하기 때문이다.

Check Point 캄보디아는 만성적인 무역수지 적자

캄보디아는 제조업이 발달하지 않아 소비용품 등을 수입에 의존한다. 이처럼 캄보디아는 수입이 많아 만성적인 무역수지 적자를 면치못하고 있다. 2010년 캄보디아의 수출은 52억 달러, 수입은 69억 달러로 적자였다.

제4장 _ 베트남

1. 베트남하면 떠오르는 이미지

● 아오자이 ● 호치민 ● 시클로 ● 베트남 전쟁 ● 도이머이

GALIEN

2. 베트남의 이해

베트남의 정식 명칭은 베트남 사회주의 공화국(Socialist Republic of Vietnam)이다. 베트남은 인도차이나 반도의 동쪽 끝에 있다. 베트남은 중국과 라오스, 캄보디아와 국경을 맞대고 있다. 베트남의 국토 면적은 331천㎢로 한반도의 약 1.5배이다

베트남은 프랑스의 오랜 식민지배를 받았다. 독립 이후 1945년 베트남 북부에는 사회주의 정권인 베트남 민주공화국이 수립되었고, 베트남 남부에는 1949년 친 서방적인 베트남 공화국이 수립되어 남북간에 소위 말하는 베트남 전쟁을 벌이다가, 1975년에 통일베트남이 탄생하였다.

베트남은 세계 초강대국인 프랑스, 미국과의 전쟁에서 모두 승리한 강한 나라이다. 베트남은 인구도 약 1억명으로 많은 편이고, 교육열이 높아 숙련된 인력이 풍부하다. 도이머이 정책으로 외국인 투자유치와 시장개방화가 가속화되고 있다.

〈표〉 베트남 경제 개황

경제지표		단위	2008	2009	2010	2011
국내경제	GDP	억달러	903	932	1,036	1,227
	1인당 GDP	달러	1,048	1,068	1,174	1,374
	경제성장률	%	6.3	5.3	6.8	5.9
	재정수지/GDP	%	−1	−7	−5.2	−2.7
	소비자물가상승률	%	23.1	6.7	9.2	18.7
국외경제	환율(달러당,연중)	D	16,440	17,800	19,131	20,649
	경상수지	백만달러	−10,787	−6,116	−4,287	−663
	외환보유액	백만달러	24,176	16,803	12,926	17,652
외채현황	총외채잔액	백만달러	24,954	28,718	35,139	39,748
	단기외채	백만달러	7,935	7,455	9,197	11,903
	총외채잔액/GDP	%	28	31	34	32
	외채상환액/총수출	%	3	4	3	3

자료: KEB(2012)

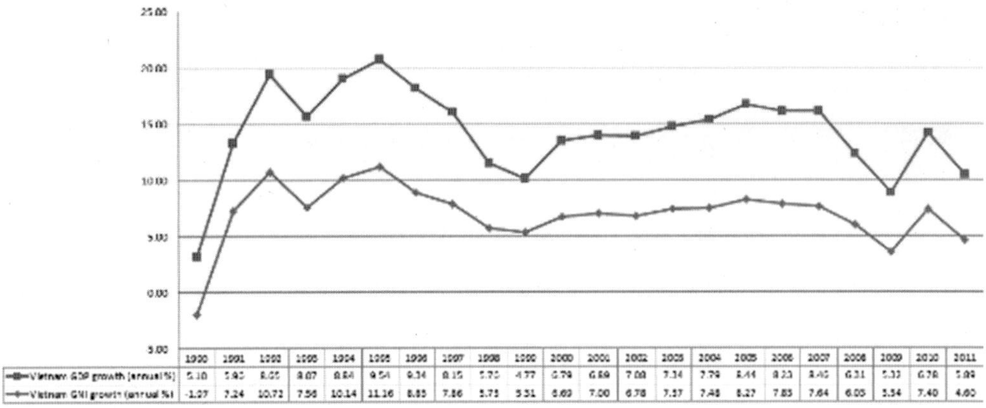

〈그림〉 베트남의 GDP, GNI 성장률

자료: World Bank

3. 베트남의 지리적 특징

베트남은 동남아의 대륙부인 인도차이나 반도의 동쪽 끝에 S자 모양으로 있다. 베트남은 라오스, 캄보디아, 중국과 국경을 접하고 있다.

베트남은 국토의 3/4이 산악지형이고, 1/4은 평야지대이다. 베트남은 세계 제2위의 쌀 수출국인데 북부 홍강유역과 남부 메콩강 유역은 베트남의 대표적인 곡창지대이다.

Check Point 베트남의 남북의 차이

베트남은 국토가 남북으로 길게 형성되어 있어 하나의 국가이지만 남북간에 기후가 상이하다. 베트남의 남부는 전형적인 동남아 기후인 열대 기후에 속하지만, 북부는 춘하추동 4계절이 있다.

베트남은 남북으로 길게 펼쳐진 지형의 특성으로 인해 남과 북의 기후차이가 크고, 이로인해 남과 북의 문화, 특산물 등의 차이가 난다. 베트남의 북부는 석탄, 철광석 등 지하자원이 풍부하고, 남부는 쌀과 커피의 주요산지이다. 남북간에는 지역민들의 특성도 상이하다. 북부베트남인들은 대륙적인 행정관료적 특색이 있고, 남부베트남인들은 낙천적인 상인기질이 있다.

4. 베트남 식민의 역사

Check Point　중국의 천년지배, 프랑스의 100년 지배

베트남은 2,700년의 민족사중에서 1,100년을 중국의 지배를 받았고, 프랑스로부터는 약 100년간 식민지배를 받았다. 제2차대전중에는 4년정도 일본의 식민지배를 받았다.

Check Point　베트남의 사법(四法)

베트남은 불교가 전래되기 전부터 민간에 뿌리내렸던 자연신 숭배사상과 불교가 융합되어 베트남의 불교사원에서는 자연신인 四法인 바람(법풍), 비(법우), 천둥(법우), 번개(법전)을 숭배하고 있다(Mary Somers Heidhues, 2001).

5. 베트남은 인도차이나 반도의 인구대국

2012년 베트남의 인구는 9천 15만명으로 인도차이나 반도에서 가장 인구가 많고, 세계에서도 13위 인구대국이다. 이러한 인구대국 베트남 국민의 86%은 비엣족이다. 그런데 베트남에는 비엣족이외에도 53개의 소수민족이 있다.

6. 베트남의 정치체계

베트남은 사회주의 공화제이다. 베트남은 공산당이 국회와 정부를 장악하고 있다. 베트남을 대표하는 국가 주석은 국회가 국회의원 중에서 선출하고, 임기는 5년이다.

베트남은 공산당 체제하에서 정권이 비교적 안정적이다. 베트남은 1976년 통일 이후 지역간 정치적 균형을 위해 베트남 북부 출신의 총서기장, 남부 출신의 총리, 중부 출신의 대통령 등으로 권력을 지역별로 분배하였다. 베트남 정치체계의 가장 큰 특징중의 하나는 베트남 공산당에 의한 집단지도체제가 정착되어 있는 점이다(FIA, 2012).

7. 베트남의 G2관계

베트남은 과거 미국, 중국과 불편한 관계였다. 미국과는 오랜 베트남 전쟁으로 적대관계였다. 중국과도 국경분쟁 등으로 마찰이 자주 발생하였다. 그러나 베트남은 2001년에 미국과 일반무역협정(NTR)을 체결하고, 베트남 종전 후 처음으로 판 반 카이 전 총리가 2005년 6월 미국을 방문한 이후 양국 관계의 새로운 물꼬가 터졌다. 2007년에는 미국과 항구적 일반무역협정(PNTR)까지 타결하였다.

중국과의 관계도 2009년 베트남과 중국간의 국경 경계선이 확정되면서 갈등이 해소되었다. 베트남은 미·중과 과거의 불편한 관계를 뒤로하고 G2와 경제적 협력관계를 강화하고 있다.

8. 베트남 사회주의경제의 시행착오

1975년 통일의 민족과업을 성취한 베트남은 1976년에 베트남 공산당 제 4차 전국대회에서 사회주의 경제발전전략을 수립하였다. 핵심내용은 사회주의적 공업화를 추진하기 위해 생산수단, 상업활동의 국유화와 집단화를 토대로 중화학공업 중심의 경제발전을 달성한다는 계획이었다.

특히 1976년부터 1980년까지 남부 베트남지역을 사회주의 경제체제로 전환하는 것을 목표로 하고 농업집단화 등을 추진하였으나, 사회적 혼란이 가중되는 가운데 생산성이 저하되는 시행착오를 겪었다.

이처럼 베트남은 통일 이후 1970년대와 1980년대에 통일베트남의 사회주의 국가건설을 위해 추진하였던 신경제정책이 실패하여 식량문제가 심각해지고 경제난이 지속되었다.

〈표〉 베트남의 경제사회개발 목표

구 분		2001~05 목표	2001~05 성과	2006~10 목표
경제개발 지표	GDP 성장률	7.5%	7.5%	7.5~8%
	1인당 GDP	410불	600달러(추정)	1000달러(2010년)
	농림수산분야	20~21%	20.5%(4.3% 성장)	15~16%(2~3.2% 성장)
	제조건설분야	38~39%	41.0%(10.8% 성장)	42~43%(10~10.2% 성장)
	서비스분야	41~42%	38.5%(6.2% 성장)	41~42%(7.7~8.2% 성장)
	연 수출증가율	14~16%	16.2%	14~16%
사회개발지표	고용창출(5년)	750만명	750만명	800만명
	인구증가율	1.2%	1.4%	1.12%
	빈곤층 비율	17%(2001년)	17%(2005년)	15~16%(2010년)

자료: SERI.

9. 도이머이 정책의 성공으로 고도성장

베트남 정부는 이러한 경제난을 타개하기 위해 1986년 제6차 공산당 전당대회에서 대외개방 개혁정책인 도이머이(刷新)정책을 채택한 이후 과감하게 시장경제원리에 입각하여 외국인투자 등의 개혁정책을 추진하여 고도성장을 시현하였다(FIA, 2012).

도이머이(Doi Moi) 정책의 핵심은 개혁개방정책이다. 도이머이 정책에 의해 외국인투자법 등을 제정하여 외국인 자본을 99%까지도 합작투자를 할 수 있게 하였고, 외국인 투자자의 과실금 송금도 허가하였다. 베트남정부는 시장경제체제로 전환하면서 내부 경제개혁과 공기업의 민영화를 지속적으로 추진하였다. 도이머이 정책의 성공으로 베트남 경제는 1990년대들어 연평균 경제성장률 7%의 고도성장을 시현하였다.

〈표〉 베트남의 토지사용료 우대조항

No.	대상	기간(프로젝트 운영 개시일부터)
1	사회-경제적으로 특별히 열악한 지역에서 우대업종 사업을 하는 경우	15년
2	사회-경제적으로 특별히 열악한 지역의 프로젝트 또는 열악한 지역에서 우대업종 사업을 하는 경우	11년
3	사회-경제적으로 특별히 열악한 지역의 프로젝트 또는 특별 우대 업종 사업을 하는 경우	7년
4	특별우대 업종 사업을 하는 경우, 또는 환경오염 또는 (정부)계획에 따라 이전한 기업의 신규사업	3년

자료: 토지법 시행령 Decree No. 1422005ND-CP 제14조 및 15조

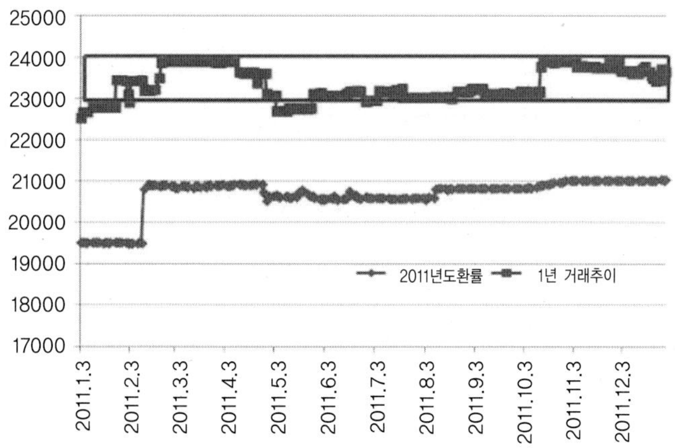

〈그림〉 베트남의 환율 및 역외 선물 거래 추이

10. 베트남의 2000년대 경제

베트남은 도이머이정책으로 개혁·개방을 하면서 냉전시기에 적대관계에 있었던 국가들과 관계를 개선하기 시작했다. 1990년대에는 본격적으로 아세안 등의 국가들과 경제교류를 가속화하였다. 이 시기에 베트남은 10% 정도의 고도성장을 시현하였다.

베트남 경제는 1998년 아시아 외환위기에 경제성장세가 다소 주춤하였으나, 2000년 이후 미국과의 무역협정 체결 등으로 경제성장이 지속되었다. 베트남은 2002년부터 2004년까지 평균성장률이 7%를 시현했고, 2007년 WTO에 가입하였다. 2007년에는 8.5%의 경제성장을 달성했다. 베트남은 2008년 글로벌 금융위기로 경제성장이 둔화되었지만, 2009년에 5.3%로 반등하였고, 2010년에는 세계경기의 회복과 베트남 정부의 시의적절한 경기부양책으로 6.8% 성장하였다. 2010년 GDP는 1,000억 달러이고 1인당 GDP는 3,100달러이다.

베트남 정부는 10개년 사회경제개발전략을 통하여 현대화된 산업개발을 위해 도로와 통신 등 인프라를 확충하고 자동차, IT, 석유화학, 신재생에너지, 관광, 조선, 유통을 전략산업으로 집중 육성할 계획이다(GSO, 2012).

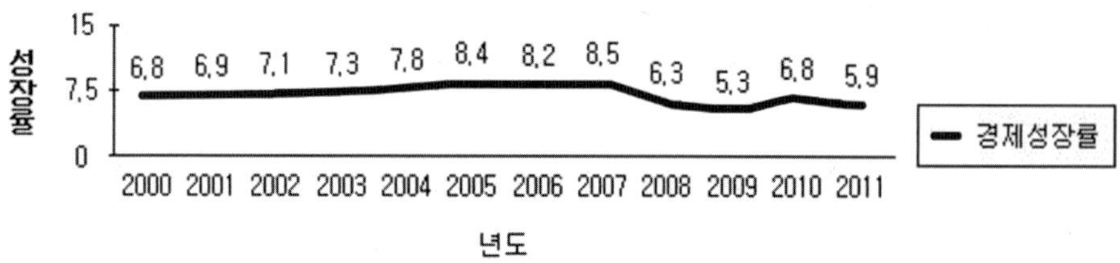

〈그림〉 베트남의 경제성장률 (단위 : %)
자료: KOSIS.

〈표〉 베트남의 수출입 현황 (단위: 백만 달러)

연도	수출	수입	무역수지
2005	32.447	36.761	−4.314
2006	39.826	44.891	−5.065
2007	48.561	62.682	−14.121
2008	62.910	80.420	−17.510

자료: ADB.

〈표〉 베트남의 주요 수출 대상국 (단위: 백만 달러)

순위	국가	수출 금액			수출 비중(%)		
		2006	2007	2008	2006	2007	2008
1	미국	7.829	10.090	11.869	19.7	20.8	18.9
2	일본	5.232	6.070	8.538	13.1	12.5	13.6
3	중국	3.651	3.557	4.536	9.2	7.3	7.2
4	호주	3.030	3.357	4.225	7.6	6.9	6.7
5	싱가포르	1.631	2.202	2.660	4.1	4.5	4.2
6	독일	1.445	1.855	2.073	3.6	3.8	3.3
7	말레이시아	1.215	1.390	1.955	3.1	2.9	3.1
8	필리핀	783	965	1.825	2.0	2.0	2.9
9	한국	843	1.253	1.784	2.1	2.6	2.8
10	영국	1.180	1.390	1.581	3.0	2.9	2.5

자료: KITA.

Check Point 외국인 투자 사업은 국유화되지 않는다

"외국인 투자 사업은 국유화되지 않는다". 이 문구는 베트남 헌법에 명시된 투자보장 규정이다. 외국인 기업이 사회주의 국가에 투자할 때 우려하는 요인 중에 하나가 국유화, 몰수 등의 위험이다.

베트남은 이러한 외국인 투자자들의 우려를 불식하기 위해 헌법에 투자보장을 분명히 명시하고 있다. 또한 외국인투자법에도 "외국인 투자기업 및 개인에게 공정하고 평등한 대우를 보장한다"는 투자보장 규정을 재차 명시하고 있다.

〈표〉 연도별 외국인의 대베트남 신규 투자 동향 (단위: 건, 백만달러)

구분	2006	2007	2008	2009
투자건수	987	1,544	1,557	839
투자금액	7,838.9	18,718.4	66,499.9	16.345.4

자료: 베트남 계획투자부(MPI : Ministry of Planning and Investment), 2010.

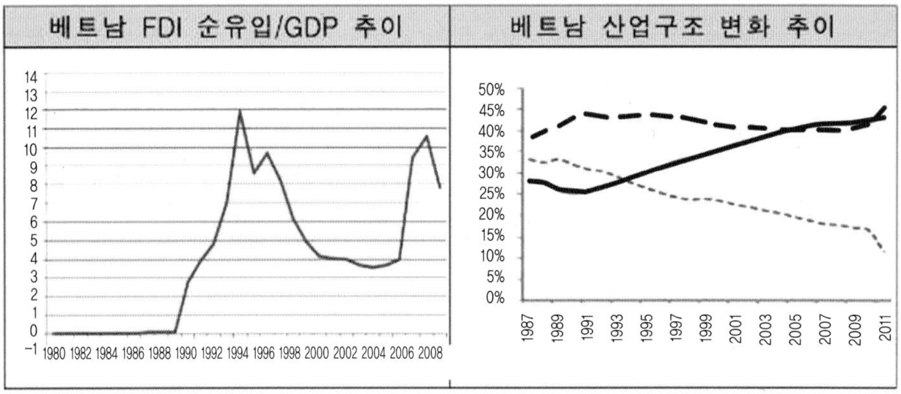

자료: IMF.

11. 베트남의 원조 변화

베트남은 아직까지도 외국의 원조에 상당부분 의존하고 있는데, 1991년까지는 소련이 주요 원조국이었으나 최근들어서는 서방국들과 한국, 일본 등의 동아시아국들의 원조가 급증하고 있다.

12. 중진국의 함정

베트남의 성장세가 주춤하면서 일각에서는 베트남이 중진국의 함정에 빠진 것 같다는 전망이 나오고 있다. 중진국의 함정이란 개발도상국의 고도성장이 정체되는 현상을 의미한다. 즉, 개발도상국이 경제 발전 초창기에 높은 경제성장을 시현하다가 중진국 수준의 경제에 와서 경제성장이 정체하는 현상을 의미한다.

베트남은 1986년 도이머이정책을 실시한 이후 고도성장을 지속하였다. 그러나 2008년 이후부터 경제성장률이 다소 둔화되었다. 베트남 경제가 이렇게 성장이 정체되는 가장 큰 이유는 인건비가 상승하면서 외국인 기업들의 투자가 주춤하고 국영기업들의 부실경영이 개선되지 않고 있기 때문이다.

13. 베트남의 뿌리깊은 부정부패

베트남 사회의 고질적인 병폐중의 하나는 부정부패의 만연이다. 베트남경제는 공산당원과 공무원들의 부정부패가 시정되지 않아 경제의 효율성이 떨어지고 국가경쟁력이 저해되고 있다.

판 반 카이 전 총리는 이처럼 심각한 공무원들의 부정부패를 없애기 위해 반부패 위원회를 설립하였다. 응우옌푸쫑 베트남 공산당 서기장은 공산당 중앙위원회 회의 연설에서 공산당이 당원들의 부패를 방지하지 못했음을 국민들에게 사과했다.

14. 국영기업의 경영난

베트남의 성장을 가로막는 요인중의 하나는 베트남 국영기업들의 비효율성과 방만한 경영이다. 2010년 베트남의 대표적인 국영기업중의 하나인 국영 조선회사인 비나신이 경영악화로 채무불이행을 선언했다.

또한 해운공사, 국영 전력공사 등도 부채상환에 곤란을 겪는 등 베트남의 많은 국영기업들의 경영이 악화되고 있다. 응우옌푸쫑 베트남 공산당 서기장은 베트남 정부가 국영기업의 관리·감독을 잘못했음을 국민들에게 사과했다(MPI, 2012).

15. 베트남 경제의 문제점

베트남은 저임금에 의한 기술집약적 산업으로 수출이 증가하고 있지만, 근본적으로 자체 기술이 부족하고, 부품과 소재산업이 취약하여 외화가득률이 낮고, 무역수지 적자가 확대되고 있다.

또한 베트남은 항만, 도로, 철도 등의 인프라 부족으로 물류부분이 비효율적이다. 그리고 베트남은 체제전환국가들에서 전반적으로 나타는 부정부패와 관료주의가 만연되어 있다.

16. 베트남 산업의 특징

2011년 베트남의 산업구조는 농업이 22%, 제조업이 40%, 서비스업이 38%를 차지하고 있다(GSO, 2012).

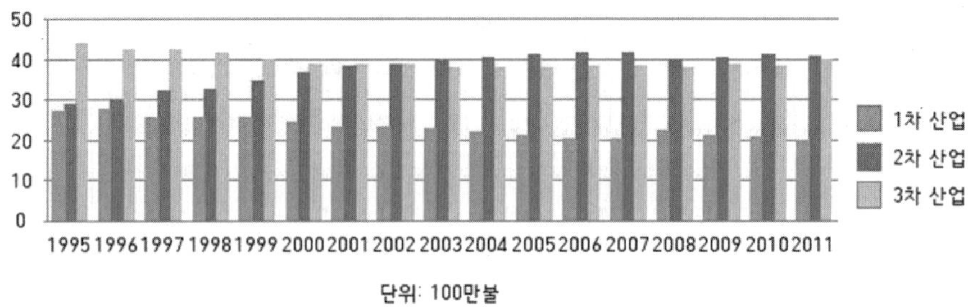

〈그림〉 1995-2011 베트남의 산업구조

자료: World Bank.

Check Point 도이머이 정책 후 산업변화

도이머이정책을 실시한 이후 베트남의 산업구조가 크게 변했다. 부가가치 비중에서 농업의 비중은 1990년 39%에서 2009년 22%로 급감하였고, 제조업 비중은 12%에서 22%로 두배 증가하였다.

베트남은 전통적인 농업국이었으나, 도이머이 정책 이후 농업의 비중이 감소하고, 제조업부문의 비중이 커지면서 경제성장을 주도하고 있다. GDP에서 제조업이 차지하는 비중은 1980년 30%에서 2011년 40%로 증가하였다.

서비스업의 비중은 1990년 39%가 변동없이 2009년도 39%로 유지되었다.

노동생산성 측면에서 보면 1980년에 비해 2007년 1인당 노동생산성은 농업은 2.8배, 제조업은 3.9배, 서비스산업은 2.1배 증가하였다. 베트남은 총 노동인구의 60% 이싱이 아직도 1차산업에 종사하고 있다(GSO, 2012).

〈표〉 베트남의 연도별 산업부문별 생산액 및 증가율 (단위: 백만 달러, %)

구분	2004년		2005년		2006년		2007년		2008년	
	증가율	생산액	증가율	생산액	증가율	생산액	증가율	생산액	증가율	생산액
국영부문	11.8	83.6	8.7	90	9.1	97.6	10.3	107.6	4.0	111.9
민간부문	22.8	61.1	24.1	75	23.9	92	20.9	111.2	18.8	132.1
FDI부문	15.7	80.2	20.9	97.7	18.8	117.2	18.2	138.3	18.6	164

자료: 베트남 통계청.

Check Point 베트남의 농업중 세계 1위는 몇 개인가?

베트남은 후추 세계 1위의 수출국이이다. 베트남은 1989년 쌀의 자급자족을 달성한 이후 쌀 생산은 중국, 미국에 이어 세계 3위이며, 쌀 수출은 태국에 이어 세계 2위이다. 베트남은 커피 수출도 브라질에 이어 세계 2위이다. 베트남의 후추는 세계 수출시장의 60%를 장악하고 있다. 베트남의 커피는 전 세계 저가 인스턴트 커피시장을 장악하고 있다(MPI, 2012).

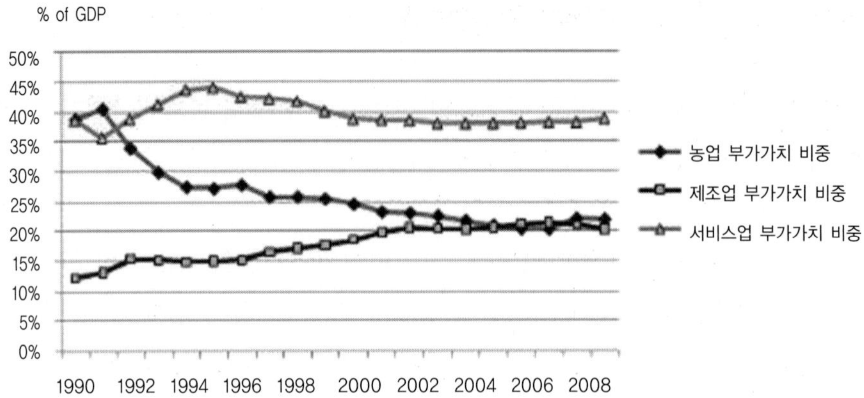

〈그림〉 베트남의 산업구조 변화

자료: KIEP.

Check Point 베트남은 산유국인가

최근에는 중국과 서방 세계와의 합작으로 이루어진 석유개발을 통해 산유국이 되었다. 원유는 베트남 대표 수출품목으로 국가 최대 수입원으로 전체 수출액의 20% 정도를 차지한다.

베트남은 산유국이지만 2009년 2월에 처음으로 정유공장이 설립되었으며, 정유공장이 설립되기 이전에는 정유된 연료와 석유화학 제품을 모두 수입하였다.

〈표〉 베트남의 원유 및 천연가스 생산 현황

연도	원유(백만 톤)	천연가스(10억m^3)
2007	15.9	7.1
2008	14.9	7.5
2009	16.9	8.0

자료: 베트남 통계청.

17. 베트남 무역의 특징

베트남의 2010년 주요 수출 국가는 미국(20%), 일본(10.7%), 중국(9.8%), 한국(4.3%) 순이다. 주요 수입국가는 중국(23.8%), 한국(11.6%), 일본(10.8%), 대만(8.4%), 태국(6.7%), 싱가포르(4.9%)순이다. 베트남의 주요 수출 품목은 의류, 신발, 수산 제품, 원유, 쌀 등이다. 주요 수입 품목은 기계, 석유제품, 철강제품 등이다

베트남 무역의 가장 큰 특징은 일반적으로 수입이 수출을 초과하는 만성적인 무역수지 적자국이라는 점이다. 또한 교역상대국도 큰 변화가 있었다. 통일이후 베트남은 1980년대 후반까지 구소련이 주요 교역상대국이었으나 1990년대 초부터는 일본, 대만, 태국, 싱가포르 등의 동아시아 국가들로 변화되었다.

베트남의 현재 무역구조는 풍부한 천연자원과 저렴하면서 숙련된 노동력의 강점으로 한국, 일본 등의 동북아 국가들의 FDI를 유치하여 노동집약적 제품 생산하여 수출하고 자본, 기술집약적인 제품을 수입하는 Inter-Industry Trade 형태를 보이고 있다,

〈표〉 베트남의 무역의존도 (단위 : %)

년도	수출	수입
2000	46.30	50.12
2001	45.95	49.43
2002	47.60	56.26
2003	50.88	63.78
2004	58.34	70.42
2005	61.33	69.49
2006	65.40	73.92
2007	68.40	88.28
2008	68.81	88.60
2009	58.74	71.96
2010	67.89	78.74
2011	78.15	83.90

자료: KOSIS.

〈표〉 베트남의 주요국별 수출현황

(단위: 억불)

순위	국명	2009년	2010년	2011년
1	미국	113.56	142.38	153.01
2	중국	49.09	73.09	96.81
3	일본	62.92	77.28	95.96
4	한국	20.64	30.92	43.13
5	독일	18.85	23.73	19.97
6	말레이시아	16.82	20.93	25.37
7	호주	24.86	27.04	23.61
8	영국	13.29	16.81	21.93
9	인도네시아	15.46	19.09	21.40
10	캄보디아	11.46	15.51	21.34

자료: 베트남 통계청.

〈표〉 베트남의 주요국별 수입현황

(단위: 억불)

순위	국명	2009년	2010년	2011년
1	중국	164.41	200.19	220.48
2	한국	69.76	97.61	117.46
3	일본	74.68	90.76	92.79
4	대만	62.53	69.77	78.60
5	태국	45.14	56.02	59.21
6	싱가포르	42.48	41.01	59.45
7	미국	30.09	37.67	39.40
8	말레이시아	25.08	34.13	36.02
9	인도	16.35	17.62	20.60
10	인도네시아	15.46	19.09	202.28

자료: 베트남 통계청.

〈표〉 베트남의 주요 수출입 품목 (단위: 천 달러)

수출 품목명	2011년	2012년	수입품목명	2011년	2012년
섬유/직물제품	14.043	9.721	기계/플랜트 및 부품	15,342	10,756
각종 전화기 및 부품	6.886	7.355	전자제품 및 컴퓨터	7,974	8,023
원유	7.241	7.355	유류제품	9,879	6.329

자료: 베트남 통계청.

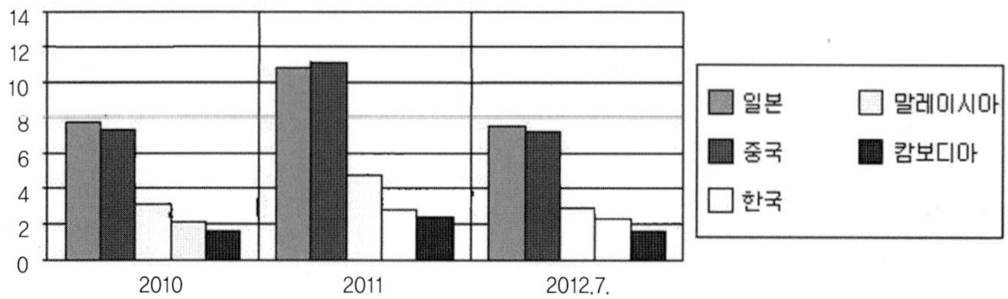

〈그림〉 베트남의 대(對) 아시아 수출 (단위: 백만 달러)

자료: General statistics Office.

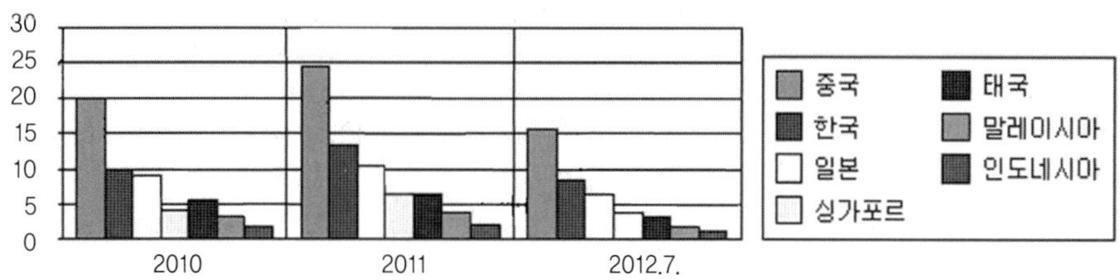

〈그림〉 베트남의 아시아로부터 수입 (단위: 백만 달러)

자료: General statistics Office.

〈표〉 베트남의 수출입 동향 (단위 : 백만불, %)

년도	수출		수입		수지
	금액	증가율	금액	증가율	
1990	117	160.2	33	−20.3	83
1991	199	70.3	41	23.3	158
1992	436	119.2	57	39.3	379
1993	728	67	91	58.1	638
1994	1,027	41.1	114	25.5	914
1995	1,351	31.5	194	70.2	1,157
1996	1,599	18.4	232	19.9	1,367
1997	1,603	0.2	239	2.8	1,365
1998	1,361	−15.1	184	−22.9	1,178
1999	1,445	6.2	264	43.7	1,181
2000	1,686	16.7	322	22	1,364
2001	1,732	2.7	386	19.6	1,346
2002	2,240	29.4	470	21.9	1,770
2003	2,561	14.3	511	8.6	2,051
2004	3,256	27.1	673	31.8	2,582
2005	3,432	5.4	694	3.1	2,738
2006	3,927	14.4	925	33.3	3,003
2007	5,760	46.7	1,392	50.5	4,368
2008	7,805	35.5	2,037	46.4	5,768
2009	7,149	−8.4	2,370	16.3	4,780
2010	9,652	35	3,331	40.5	6,321
2011	13,465	39.5	5,084	52.6	8,381

자료: KITA.

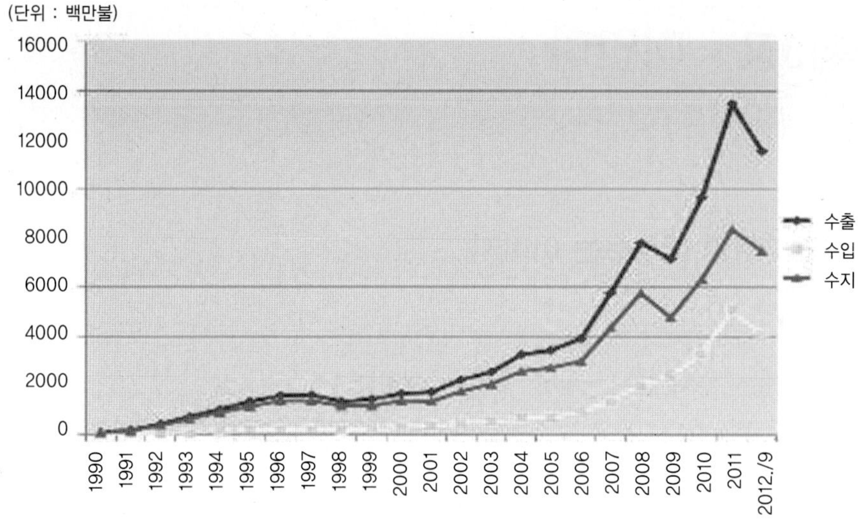

〈그림〉 베트남의 수출입 동향

자료: KITA.

제5장 _ 미얀마

1. 미얀마하면 떠오르는 이미지

●아웅산 수치여사 ●버마 ●바간 ●파고다

คาราโอเกะ
8 แผ่น 100

2. 미얀마의 이해

미얀마의 정식명칭은 미얀마 연방공화국(The Republic of the Union of Myanmar)이다. 미얀마는 인도차이나 반도의 서쪽 끝에 위치하고 있다. 미얀마는 동남아시아의 인도차이나 반도와 인도대륙 사이에 있는 국가로 면적은 677,000㎢로 한반도의 3배정도이다.

미얀마는 인도차이나 반도의 국가중에서 가장 면적이 크고, 세계에서도 40번째로 큰 국가이다. 미얀마는 북서쪽으로 인도와 방글라데시, 동남쪽으로 라오스, 태국, 북쪽으로는 중국과 국경을 접하고 있다. 미얀마 인구는 2011년 기준 6천 2백 4십만명이다.

〈표〉 미얀마 경제 개황

경제지표		단위	2008	2009	2010	2011
국내경제	GDP	억달러	314	352	454	519
	1인당 GDP	달러	533	587	742	832
	경제성장률	%	3.6	5.1	5.3	5.5
	재정수지/GDP	%	-0.6	-3.1	-4.5	-4.2
	소비자물가상승률	%	22.5	8.2	8.2	4.2
국외경제	환율(달러당,연중)	Kt	1,185	1,055	970	815
	경상수지	백만달러	-860	-983	-392	-1,366
	외환보유액	백만달러	3,412	3,561	3,763	3,931
외채현황	총외채잔액	백만달러	8,002	8,186	6,352	5,956
	단기외채	백만달러	1,024	896	881	851
	총외채잔액/GDP	%	33.4	28.8	18.3	13.2
	외채상환액/총수출	%	4.1	8.3	8.4	3.8

자료: KEB(2012).

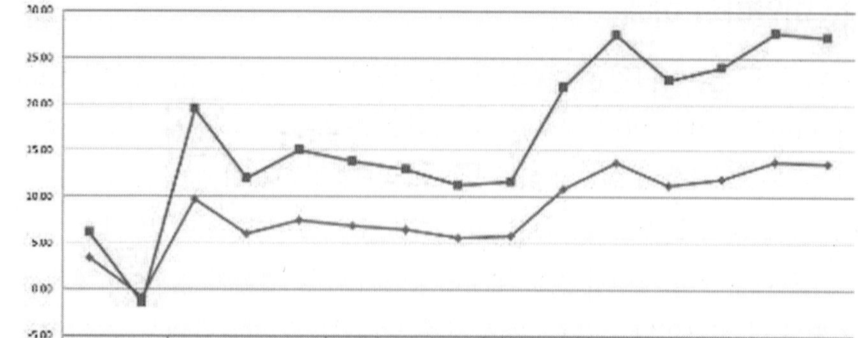

	1990	1991	1992	1993	1994	1995	1996	1997	1998	1999	2000	2001	2002	2003	2004
Myanmar GDP growth (annual %)	2.82	-0.65	9.66	6.01	7.48	6.95	6.44	5.65	5.87	10.95	13.75	11.34	12.03	13.84	13.64
Myanmar GNI growth (annual %)	3.34	-0.83	9.76	5.98	7.52	6.92	6.55	5.66	5.87	10.94	13.74	11.34	12.03	13.84	13.64

〈그림〉 미얀마의 GDP, GNI 성장률

자료: World Bank.

3. 미얀마는 단일민족 국가인가

많은 사람들이 미얀마는 버마족의 단일국가로 생각하는 경우가 많다. 그러나 미얀마는 총인구의 68%인 버마족이외에도 샨족 9%. 까렌족 7%. 까잉족 4%. 몽족 2%, 중국계 3%. 인도계 2% 등의 135개의 소수민족들이 있다(IMF, 2012).

4. 자주 변경되는 미얀마의 국호

미얀마는 1885년 영국의 식민지가 되었다가 1948년 1월 4일 영국에서 독립하면서 국호를 버마연방(Union of Burma)이라고 하였다. 그 이후 1989년 국호를 미얀마연방(Union of Myanmar)으로 개칭하였고, 2010년 11월 미얀마 연방공화국(Republic of the Union of Myanmar)으로 다시 변경하였다

5. 미얀마 군부독재와 대외통상관계

미얀마는 1988년 친위쿠데타로 집권한 군부가 초헌법적 기구인 국가평화발전위원회(SPDC)를 구성하고 SPDC 의장은 딴쉐 장군이 국가원수와 국방부 장관을 겸임하는 군사정부체제로 운영되어 왔다.

이과정에서 국민들의 데모가 확산되었고, 아웅산수치 여사는 수차례에 걸친 가택 연금과 석방이 되풀이 되었다. 이러한 군부독재는 미국, 영국 등의 서방세계와 대립하게 되었고, 2003년부터는 미국 등의 서방국가들로부터 경제제재를 받았다. 이 시기 미얀마는 서방세계 대신 인접국인 중국, 인도, 베트남, 태국, 싱가포르 등 아세안국가들과 밀접한 관계를 맺었다.

6. 미얀마 신정부 출범

미얀마는 2011년 4월 1일에 미얀마 연방 공화국의 신정부가 출범하였다. 구 군정하에서 총리를 역임한 신정부의 떼인 세인 대통령이 취임하면서 군부가 1988년 이래 군정하에서 장악하고 있던 3권(입법, 사법, 행정)이 분리되었다. 특히 신정부는 국가 경제발전을 위해 외국인 투자유치에 적극성을 보이고 있다(ADB, 2012).

7. 신정부와 아웅산 수치여사의 화해

신정부 출범 후 미얀마 민주화의 상징인 아웅산 수치 여사는 2012년 4월 실시된 보궐선거에서 당선되어 정치적 입지를 확고히 하였다. 아웅산 수치 여사는 떼인 세인 대통령과 면담에서 낙후된 미얀마 경제발전을 위해 정치적 사안은 뒤로 하고 상호협력하기로 하였다.

버마의 민주화운동 지도자 아웅산 수치 여사와 테인 세인 대통령은 미국의 외교전문지 포린폴리시가 선정한 2012 올해의 사상가(Thinkers) 100인에서 공동 1위에 올랐다(Today, 2012).

8. 미얀마의 식민시대-1960년대 경제

미얀마는 영국의 식민지배하에서 세계 최대의 쌀 수출국으로 동남아시아에서 가장 부유한 국가중에 하나였다. 그러나 1962년 군부 쿠데타 이후 버마식 사회주의 경제계획을 추진하면서 거의 모든 산업이 국영화되고, 폐쇄적인 정책을 추진하면서 미얀마의 경제는 곤두박질쳤다.

근대화 과정에서 미얀마는 소수민족과 중앙정부간의 오랜 분쟁, 군사정부의 통제경제로 인한 민간의 경제활동 제한, 폐쇄정책으로 인한 외국인 투자 금지 및 축소 등으로 경제침체가 지속되었다(今川瑛一, 1994).

9. 미얀마의 1980-1990년대 경제

1988년 군사정부가 민중의 민주화 투쟁을 무력으로 강제 진압한 이후 국민의 정치적 불만을 타개하기 위해 경제정책을 기존의 중앙정부의 통제계획경제에서 일정부분 민간기업을 장려하고, 외국기업의 투자를 허가하는 등 시장경제로 전환하기 시작하였다(今川瑛一, 1994).

미얀마는 1980년대 후반에 미얀마의 주력 수출상품인 쌀 등의 1차 산품의 국제가격의 급락으로 외화가 부족해지면서 경제가 침체되었다. 미얀마 정부는 경제난을 타개하기 위해 1988년 시장경제 시스템을 도입했다.

1990년대 중반 이후에는 기후안정으로 농업 생산의 증가와 광업 등에 외국인 투자의 증가로 경제성장이 지속되었다. 특히 야다나(Yadana)에서 천연가스가 생산되면서 미얀마 경제는 1999년부터 2001년까지 고도성장을 시현했다(MIC, 2012).

Check Point 미얀마의 임시방편적인 경제정책

신정부 출범 이전의 미얀마에는 중장기적 경제정책 대신 임시방편적인 정책이 많았다. 미얀마 군사정부는 2004년 상반기 인플레이션을 잡기위해 쌀 수출금지를 하였는데 이로인해 농가 수입이 급락하였다.

2005년에는 정부의 보조금을 감소시키기 위해 정부의 보조 기름가격을 8배 인상하여 사회적 혼란을 초래하였다. 2006년에는 행정수도를 양곤에서 네피도로 이전함에 따라 발생한 공무원들의 불편과 불만을 해소하기 위해 공무원 임금을 5배이상 인상하여 물가 상승을 초래하였다(IMF, 2012). 이러한 미얀마 군사정부의 임시방편적인 경제정책은 국민들의 불만을 가져왔고, 경제난을 가중시켰다. 특히 재정 적자, 국제수지 적자, 인플레이션이 지속되고 있다.

10. 미얀마 경제의 내일

미얀마는 2011년 민선정부가 출범한 후 공기업의 민영화, 수입 자유화 등의 개혁개방이 가속화되고 있다. 미얀마 정부는 군부시절 비효율적이고 방만하게 운영되었던 공기업의 민영화를 착수하였다. 또한 기존의 폐쇄적인 대외정책을 개선하여 외국인 투자 유치를 위한 개혁정책을 추진하고 있다. 미얀마는 굳게 닫었던 빗장을 열기 시작했다. 2014년 아세안 회의를 개최 하고 2015년 주식시장도 개설할 계획이다(Today, 2012).

11. 미얀마 산업구조의 특징

미얀마의 2010년 산업별 GDP 비중은 농림수산업이 39.9%, 제조업이 22.6%, 서비스업이 37.5%이다. 전통적으로 미얀마의 주력산업은 농업, 임업, 광업 등 1차산업이다. 미얀마는 오랜 내전과 정치적 혼란으로 개발하지 않은 석유, 천연가스, 목재 등의 천연자원이 풍부하다(今川瑛一, 1994).

특히 최근에는 해상 천여가스 유전이 개발되면서 1차산업중에서 천연자원의 비중이 증가하고 있다. 미얀마의 산업구조는 벼농사를 중심으로 한 농업이 주력산업이고 제조업은 아직 걸음마 단계로 미얀마는 아직까지 제조업 기반이 취약하다.

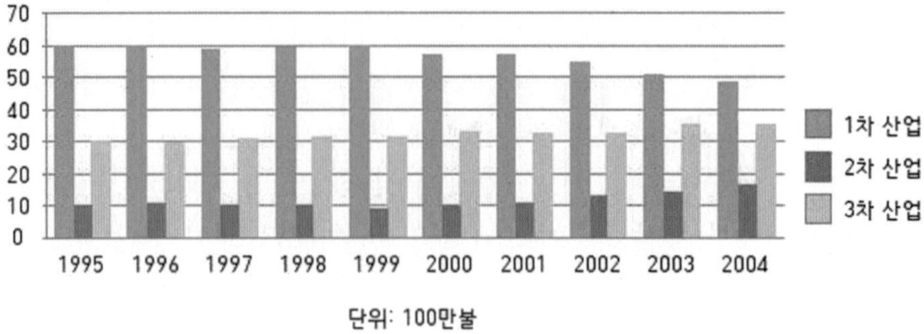

〈그림〉 1995-2004 미얀마의 산업구조

자료: World Bank.

Check Point 미얀마의 농업과 자연재해

미얀마는 총인구의 70%이상이 농촌에 거주하고 있고, 전체 노동인구의 60%가 농민인 농업국가이다. 미얀마의 주요 농산물은 쌀로 미얀마 전체 경지면적의 약 60%나 차지하고 있다(MIC, 2012).

미얀마의 농업은 생산방식이 낙후되어 생산성이 낮고 농업기반이 취약하여 자연재해의 심각한 영향을 받는다. 2008년에 발생한 사이클론으로 곡창지대인 이라와디 삼각주에 치명적인 농작물 피해가 발생했다.

Check Point 군부독재와 제조업

신정부 출범 이전의 미얀마는 26년간 폐쇄적 계획경제체제인 버마식 사회주의 경제체제를 구축하기 위해 모든 생산시설을 국유화하였고, 민간의 대외무역을 금지했다.

미얀마 정부는 경제난을 타개하기 위해 1988년 시장경제체제로 전환하였으나 대규모 공장과 주요산업은 정부가 비효율적으로 독점운영하여 생산성이 낮았다(ADB, 2012).

미얀마는 이처럼 주요 공장과 산업을 정부가 독점운영하고 있어 민간기업과 개인 투자자들이 경영에 참가할 수 없는 구조로 제조업의 발전이 이루어 질 수 없었다. 미얀마의 제조업은 농림수산업에 기반을 둔 제조업이 대부분이고 그 다음 제조업은 봉제업이다.

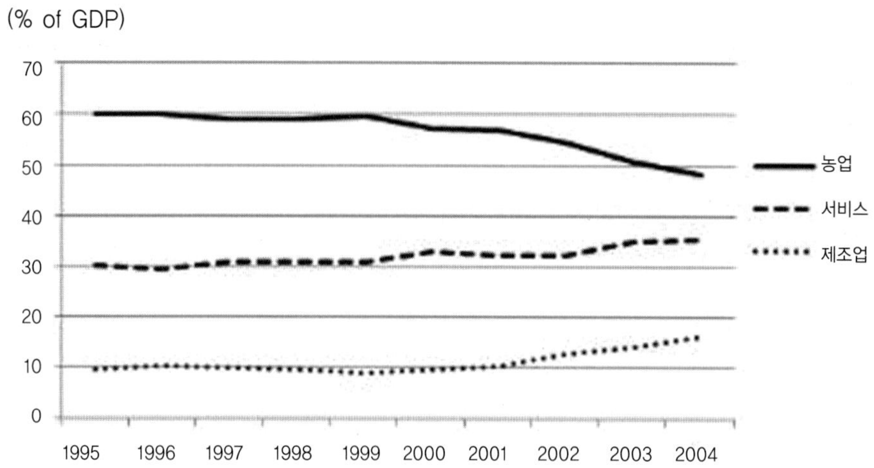

〈그림〉 미얀마의 산업구조 변화

Check Point 미얀마도 경제특구가 있나

미얀마도 중국과 베트남 등의 다른 사회주의국가들처럼 개방화의 첫단계 경제특구를 개발하고 있다. 미얀마도 외국인 투자유치를 위한 경제특구를 개발하기 위해 2011년 경제특구법을 제정하였다. 미얀마의 경제특구는 중국과 태국의 국경지대에 개발될 계획이다(MIC, 2012).

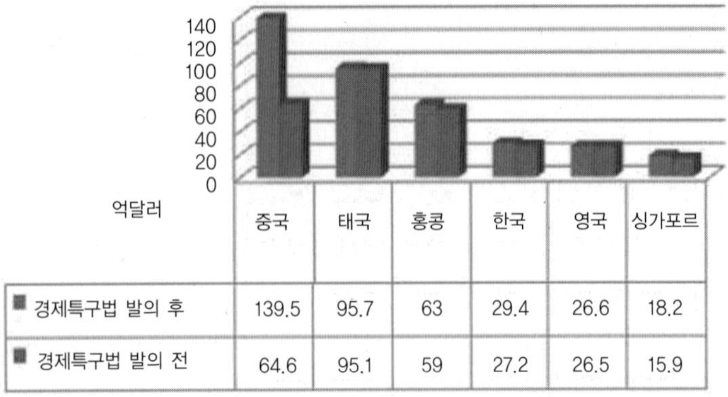

〈그림〉 대(對) 미얀마 외국인 투자

자료: 미얀마 외국투자위원회(MIC).

Check Point 미얀마에 투자를 가장 많이 한 국가

그동안 서방세계엔 빗장을 활짝 열지 않았던 미얀마에 가장 많은 투자를 한 국가는 이웃국가인 태국이고, 그 다음이 중국이다. 최근들어 미얀마에 대한 외국인 투자는 석유와 가스분야에 많이 이루어졌다.

〈표〉 미얀마에 투자한 국가 순위 (단위: 백만 달러)

순위	국명	투자현황		
		투자허가건수	투자승인액	비율(%)
1	태국	61	9,568.093	29.94
2	중국	32	6,415.058	20.07
3	홍콩	35	5,904.918	18.48
4	한국	40	2,720.806	8.51
5	영국	51	2,659.954	8.32
6	싱가포르	73	1,592.443	4.98
7	말레이시아	36	898.347	2.81
8	프랑스	2	469.000	1.47
9	미국	15	243.565	0.76
10	인도네시아	12	241.497	0.76

자료: 미얀마 외국투자위원회(MIC).

Check Point 투자지로서 미얀마의 매력

미얀마가 투자지로서 매력적인 이유는 다음과 같다.

첫째, 미얀마는 천연가스, 석유 등 에너지 자원과 니켈 등 천연자원이 풍부하다.

둘째, 미얀마는 거대 소비시장인 중국, 인도와 국경을 접하고 있어 친디아의 거대 소비시장을 진출하기 위한 생산기지로 적합한 투자지역이다. 또한 미얀마는 지경학적으로 동남아시아와 서남아시아를 연결하는 중심지로 발전할 수 있는 가능성이 크다.

셋째, 미얀마는 동남아 경쟁국들에 비해 임금이 저렴하다. 전반적으로 미얀마의 임금은 베트남의 절반 수준으로 가격경쟁력 측면에서 매력적인 시장이다. 미얀마는 이처럼 매력적인 요인이 많음에도 불구하고, 도로, 전력 등 사회간접자본 시설이 열악하여 외국인 투자의 장애요인으로 작용하고 있다.

12. 미얀마 무역의 특징

미얀마의 2010년 주요 수출품목은 천연가스(28.4%), 콩류(Black Gram 5.1%), 봉제류(4.3%), 티크(Teak,3.5%), 하드우드(Hardwood, 3.3%) 등이다. 2010년 미얀마 수입품목은 석유(74.8%) 등이다.

2010년 미얀마의 주요 수출국은 태국(32.7%), 홍콩(21.5%), 중국(13.6%) 한국(1.7%)이다. 2010년 미얀마의 주요수입국은 중국(33.8%), 싱가포르(25.7%), 태국 (11.1%), 한국(4.7%) 순이다. 미얀마는 국경무역을 활발히 하고 있다. 미얀마의 무역은 육상루트로는 국경을 접하고 있는 태국, 중국, 인도 등과 거래하고 있고, 해상루트로는 싱가포르하고 거래하고 있다(IMF, 2012).

〈표〉 미얀마의 10대 수출입 대상국

순위	미얀마 10대 수출 대상국(단위: 백만 달러)			미얀마 10대 수입 대상국(단위: 백만 달러)		
	국가	2009-2010	2010-2011	국가	2009-2010	2010-2011
1	태국	3,215.68	2,905.18	중국	1,258.19	2,168.52
2	중국	617.16	1,203.56	싱가포르	1,202.19	1,645.32
3	인도	1,013.14	871.59	태국	378.68	709.09
4	싱가포르	670.41	456.99	일본	259.11	256.35
5	일본	177.35	237.43	한국	224.06	304.23
6	한국	75.58	148.39	인도네시아	140.07	275.49
7	말레이시아	152.61	437.80	인도	193.52	195.46
8	독일	40.89	38.34	말레이시아	159.52	145.32
9	홍콩	947.70	1,894.69	미국	18.51	59.47
10	인도네시아	37.43	41.11	독일	33.38	52.10
-	기타	638.95	625.92	기타	314.17	601.35

자료: 미얀마 중앙통계청(C.S.O).

〈표〉 미얀마의 수출 대상국 (단위: 백만 달러)

순위	국가	2009-2010	2010-2011	2011-2012
1	태국	3,215.68	2,905.18	3,823.83
2	중국	617.16	1,203.56	2,214.30
3	인도	1,013.14	871.59	1,045.99
4	싱가포르	670.41	456.99	542.75
5	일본	177.35	237.43	320.20
6	한국	75.58	148.39	214.82
7	말레이시아	152.61	437.80	152.04
8	독일	40.89	38.34	42.33
9	홍콩	947.70	1894.69	41.47
10	인도네시아	37.43	41.11	40.94
-	기타	638.95	625.92	696.93

주: 회계연도는 4.1일부터 3.31일
자료: 미얀마 중앙통계청.

〈표〉 미얀마의 수입 대상국 (단위: 백만 달러)

순위	국가	2009-2010	2010-2011	2011-2012
1	중국	1,258.19	2,168.52	2,786.84
2	싱가포르	1,202.19	1,645.32	2,516.13
3	태국	378.68	709.09	691.15
4	일본	259.11	256.35	502.17
5	한국	224.06	304.23	451.93
6	인도네시아	140.07	275.49	431.82
7	인도	193.52	195.46	325.38
8	말레이시아	159.52	145.32	303.41
9	미국	18.51	59.47	263.62
10	독일	33.38	52.10	95.12
-	기타	314.17	601.35	667.53

주: 회계연도는 4.1일부터 3.31일
자료: 미얀마 중앙통계청.

〈표〉 미얀마의 주요 10대 수출품목

(단위 : 백만달러)

순위	상품	2010~2011	2011~2012
1	가스	2,522.5	3,502.5
2	검은콩	450.6	471.7
3	의류	379.1	497.5
4	생선 및 관련품	210.2	349.4
5	티크	307.0	309.6
6	견목재	286.9	295.0
7	TKF	198.1	267.2
8	녹색콩	181.2	202.4
9	나무콩	121.8	190.5
10	생고무	153.5	130.4
–	기타	4,050.1	2,919.4

자료: CSO.

〈표〉 미얀마의 주요 10대 수입품목

(단위 : 백만달러)

순위	상품	2010~2011	2011~2012
1	정제된 광유	1390.7	1926.9
2	(전자기기가 아닌) 기계 및 운송수단	1201.2	1823.7
3	비철금속 및 제조품	552.9	946.9
4	전자 기기 및 기구	347.8	465.8
5	식용 식물성 기름 및 기타 경화유	202.4	394.6
6	플라스틱	247.3	312.0
7	인조 섬유 및 화학 섬유	207.5	254.0
8	의약품	180.9	217.9
9	시멘트	140.4	150.0
10	종이, 판자 및 제조품	70.3	98.4
–	기타	1,817.3	2,444.9

자료: CSO.

Check Point 미얀마의 무역수지가 흑자인 이유

미얀마는 경제난으로 외환이 부족하여 수입을 통제하여 모든 수입품목에 대해서 수입허가를 해주고 있다. 이러한 수입제한 정책으로 미얀마는 무역수지 흑자를 시현하고 있다.

〈표〉 미얀마의 수출입 동향 (단위 : 백만불, %)

년도	수출		수입		무역수지
	금액	증가율	금액	증가율	
1990	38	108	3	−6.6	35
1991	29	−23.5	5	57	24
1992	31	8.2	6	23	25
1993	42	33.4	15	147.6	27
1994	57	36.3	11	−23.3	45
1995	87	52.7	13	13.3	74
1996	130	50.3	18	41.4	112
1997	137	4.8	17	−7	120
1998	148	8.2	13	−22.5	135
1999	187	26.6	16	18.4	171
2000	289	54.8	23	46	267
2001	232	−19.8	51	123.4	181
2002	143	−38.2	56	10.9	87
2003	184	28.3	29	−47.9	155
2004	162	−12	30	2.7	132
2005	120	−25.9	56	86.9	64
2006	121	1.1	96	71.4	25
2007	292	140.7	81	−16.3	211
2008	244	−16.5	116	44.1	128
2009	406	66.6	78	−32.6	328
2010	479	17.9	160	104.1	319
2011	667	39.3	299	86.8	368

자료: KITA.

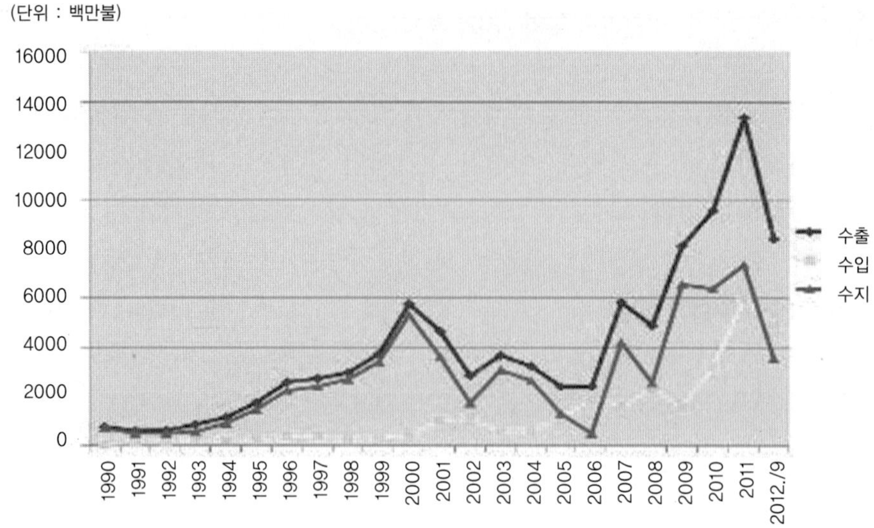

〈그림〉 미얀마의 수출입 동향

자료: KITA.

제6장 _ 라오스

1. 라오스하면 떠오르는 이미지

●루앙푸라방 ●불교 ●방비엥

2. 라오스의 이해

라오스의 정식 명칭은 라오인민민주공화국(Lao People's Democratic Republic)이다. 라오스는 인도차이나 반도 중앙에 있는 국가로 면적은 23만 6800㎢로 한반도의 약 1.1배이다.

라오스는 내륙국가로 동서남북 모두 다른 국가들과 국경을 맞대고 있다. 북서쪽에는 미얀마와 중국이 있고, 동쪽에는 베트남, 남쪽은 캄보디아, 서쪽에는 태국이 있다. 라오스는 국토의 80%가 산악지대이다. 라오스 화폐는 Kip이다.

〈표〉 라오스의 경제 개황

경제지표		단위	2008	2009	2010	2011
국내경제	GDP	백만달러	5,313	5,598	6,461	7,891
	1인당 GDP	달러	856	886	1,003	1,204
	경제성장률	%	7.8	7.6	7.9	8.3
	재정수지/GDP	%	−3.8	−6.5	−4.4	−2.3
	소비자물가상승률	%	7.6	0	6	8.7
국외경제	환율(달러당,연중)	K	8,744	8,516	8,259	8,030
	경상수지	백만달러	−982	−1,174	−1,173	−1,530
	외환보유액	백만달러	629	609	703	767
외채현황	총외채잔액	백만달러	5,138	5,727	5,957	6,810
	단기외채	백만달러	3	9	36	31
	총외채잔액/GDP	%	96.7	102.3	92.2	86.3
	외채상환액/총수출	%	10	11.2	10.4	9.2

자료: KEB(2012).

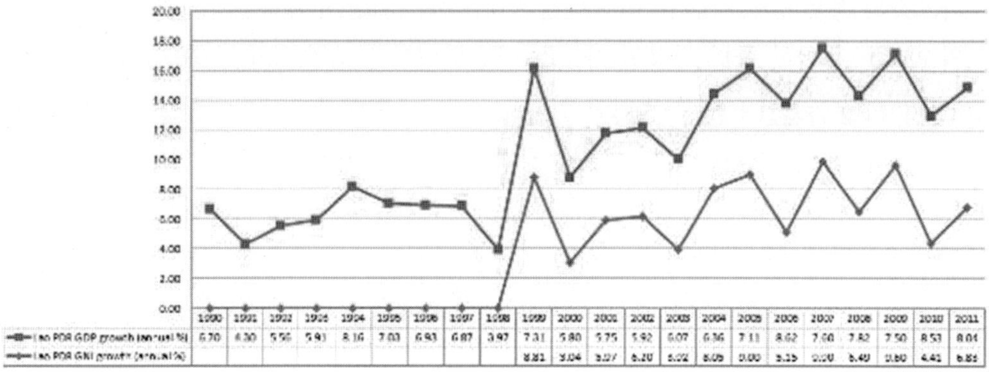

〈그림〉 라오스의 GDP, GNI 성장률

자료: World Bank.

3. 라오스의 인종과 인구 구성

라오스의 인종은 라오족이 총인구의 50%이다. 라오족이외에도 랴오퉁(22%), 랴오숭 (9%)의 인종이 있고, 베트남계도 1%정도 있다. 특히 산악지대인 북쪽에는 고산족들이 많다.

2010년 기준 라오스 인구는 640만 명이며 인구밀도는 1㎢당 26명으로 동남아에서 가장 낮은 수준이다. 라오스 총인구의 약 95%가 불교신자이고, 국민의 90%가 농민이다. 라오스의 총인구중에서 20세 이하 인구는 50% 이상이다(MPI, 2012).

4. 라오스가 걸어 온 길

라오스는 14세기 최초 통일국가가 되었으나 국력이 쇠퇴하여 태국의 속국이 되었다가 1893년부터 프랑스보호령으로 식민지배를 받았다. 제2차대전 시기에는 일본의 군사점령 등을 거쳐 1975년 공산혁명을 통해 왕정을 폐지하고, 라오인민민주공화국의 사회주의 국가가 수립되었다.

라오스의 정부형태는 사회주의공화제로 라오스는 일당제 사회주의 국가이다.

라오스는 유일한 합법 정당인 라오스 인민혁명당(Lao People's Revolutionary Party/LPRP)이 통치하고 있다.

LPRP의 통치시스템은 중앙집권적 정치체제이다. 대통령은 라오인민민주주의공화국의 대표이다. 라오스의 대통령은 국민들의 선거로 선출되지 않고 국회의원 2/3의 득표로 선출된다. 임기는 5년으로 한국과 같다(KEB, 2012).

5. 라오스는 언제부터 시장경제를 도입했나

프랑스로부터 독립과 공산화 이후 라오스 경제는 폐쇄적인 공산주의 체제로 경제가 악화되었다. 더욱이 태국과 미국의 경제봉쇄정책으로 라오스 경제는 더욱 곤란해 졌다.

이러한 가운데 1990년대에 구소련의 해체와 동구 공산주의 국가들의 몰락으로 라오스는 소련의 원조와 사회주의 국가들과의 경제협력구조가 와해되어 기존의 폐쇄정책을 중단하고 경제자유화와 대외 개방정책을 추진하였다.

1990년대 이전에도 라오스는 농업집단화의 폐해를 줄이려고, 1979년에는 시장에서의 유통과정과 경영에서 부분적으로 자유경제정책을 채택하였다. 라오스 정부는 1986년 이후 시장경제를 수용한 신경제체제를 도입하여 지난 10년간 평균 7%의 경제 성장을 시현하였다.

6. 라오스의 1970-1990년대 경제

라오스는 1975년 공산정권이 들어선 이후 전 국토가 국유화되었고, 농민조합이 결성되었다. 그러나 생산성이 저하되고 경제가 활성화되지 않자 라오스 정부는 1986년의 LPRP의 4차 회의를 통해 기존의 농업협동조합을 대체하여 가족농장을 허용하고 농민들은 자신이 생산한 쌀을 시장에 판매할 수 있게 되었다. 라오스는 이처럼 중앙집권적 계획경제를 시장기능에 맡기고, 외국인 투자도 허용하는 경제자유화를 시행하였다. 라오스 경제는 1996부터 2000년까지 연평균 경제 성장률이 6.2%였다(MPI, 2012).

Check Point NEM

라오스 정부는 1986년에 시장개방과 외국인 투자 기업에 다양한 인센티브를 부여하는 신경제제도(NEM: New Economic Mechanism)를 도입하였다. 라오스 정부는 NEM에 의해 라오스에 투자하는 외국인의 소유권을 인정하는 법적 기반을 마련하였고, 1994년 개정된 외국인 투자유치법에 의해 100%의 외국인 소유를 허가하였다.

Check Point 라오스 좌향좌에서 우향우

라오스는 베트남의 지원으로 1975년 공산화한 후 사회주의 국가들과 우호관계를 지속하였다. 그러나 구소련 해체 후 라오스는 경제발전을 위해 사회주의 국가인 베트남, 중국뿐만 아니라 친서방 국가인 태국 등 아세안국가들과 관계를 개선하였다. 특히 1997년에는 동남아시아국가연합(ASEAN)에 가입하였고, 미국과도 관계를 개선하였다.

라오스는 이처럼 서방국가들과의 대외관계 개선으로 외국인 투자유치와 공적개발원조(ODA, Official Development Assistance)를 통한 경제발전을 추진하고 있다.

7. 라오스의 2000년대 경제

라오스는 2005년 이후 연 7% 이상의 안정적인 경제성장을 시현하였다. 특히 2008년 글로벌 금융위기로 대부분의 동남아 국가들의 경제가 타격을 받았지만, 라오스는 경제성장을 지속하였다.

라오스가 글로벌 금융위기의 악영향을 받지 않은 이유는 라오스는 수출주도형의 다른 동남아국가들에 비해 무역의존도가 낮아 글로벌 금융위기로 경제가 위축되지 않았기 때문이다. 라오스 경제는 2008년 7.8%, 2009년 7.6%, 2010년 7.9%의 경제성장률을 시현하였다 2010년 GDP는 63억달러이고, 1인당 GDP는 3,190달러이다(IMF).

〈표〉 라오스의 경제성장률 (단위 : %)

년도	경제성장률
2000	5.8
2001	5.8
2002	5.9
2003	6.1
2004	6.4
2005	7.1
2006	8.6
2007	7.6
2008	7.8
2009	7.6
2010	7.9
2011	8.3

자료: KOSIS.

8. 라오스의 성장동력은 무엇인가

라오스의 성장 동력은 구리·금 등의 광물자원과 메콩강의 풍부한 수력자원이다. 라오스는 광물자원의 수출이 총수출의 60%를 차지하고 있고, GDP의 20%를 점유하고 있다(ADB, 2012).

수자원 개발을 통한 전력수출도 라오스의 핵심 성장동력 사업이다. 최근들어서는 수력발전소 건설에 외국인 기업의 투자가 증가하고 있다. 루앙프라방 등의 라오스의 관광지를 찾는 외국인 관광객이 증가하고 있어 관광업도 라오스의 성장동력으로 발전하고 있다.

Check Point **메콩강의 물싸움**

라오스는 중국, 태국, 베트남, 미얀마, 캄보디아와 국경을 맞대고 있는 지리적 강점을 살려 수력발전을 통해 전력생산을 하여 이웃국가에 수출하는 수자원 비즈니스를 강화하고 있다.

이처럼 라오스 경제에서 수자원은 중요한 부분이다. 최근들어 라오스는 메콩강 댐건설로 메콩강 주변 국가들과 마찰을 빚었다. 라오스 정부가 메콩강 하류에 사야부리댐 건설을 추진하면서 주변국들과 마찰이 발생하였다.

라오스는 지속적으로 수자원 개발을 통한 경제성장을 추진하고 있어 주변국들과 충돌이 지속될 것으로 전망된다. 수력 발전 입지에 적절한 라오스는 많은 수력발전 댐을 건설하여 전력 수출에 의해 외화를 획득하고 있다. 라오스는 제7차 경제사회개발 5개년 계획(2011~2015)기간 동인 10개 수력발진소를 추가 건설할 계획이다(MPI, 2012).

9. 라오스는 바다가 없다. 그러나

라오스는 다섯개 나라와 국경을 접하고 있는 동남아 국가중에 유일한 내륙국가이다. 특히 라오스는 태국과 베트남에 둘러쌓여 있어 바다를 통한 진입과 진출이 불가능하다. 특히 항만이 없어 상품을 수출할 때 물류비와 시간이 많이 소요된다. 라오스는 이러한 지정학적 한계를 극복하기 위해 라오스를 중국, 태국, 베트남, 말레이시아, 인노네시아의 물류를 이어주는 내륙물류 허브로 개발하고 있다.

라오스는 내륙 국가로서의 태생적 단점을 해결하기 위해 2008년에 광역 메콩강유역개발(GMS, Greater Mekong Subregion) 정상회의를 개최하여 동서회랑, 남북회랑 건설 사업을 통해 내륙국가로서의 단점을 극복하고 인도차이나 반도 물류의 중심국가로 부상할 계획을 추진하고 있다.

라오스는 수출지향형 경제성장을 주도하고 있는 중국, 태국, 베트남 등과 국경을 접하고 있어 이웃국가들을 연결하는 물류의 중심지(from land-locked to land-linked)로 성장하는 전략을 추진하고 있다. 실제로 1994년 라오스와 태국을 잇는 우정의 다리(Friendship Bridge)가 건설된 후 양국간에 경제교류가 증가하였다. 라오스는 이처럼 내륙국가로서의 지리적 이점을 최대한 경제성장의 동인으로 활용할 계획이다.

Check Point 라오스가 내륙물류허브를 구축하지 못하면

라오스가 태생적인 내륙국가로서의 한계를 기회로 만드는 인도차이나 반도의 물류허브를 구축하지 못한다면 라오스는 다국적 기업의 임가공 수출형 투자지로서의 매력을 상실할 수 있다.

다국적 기업이 원부자재를 라오스로 수입하여 라오스에서 저렴한 노동력을 활용하여 임가공한 뒤 유럽이나 미국 등의 제3국으로 수출하는 경우 라오스에 항구가 없기 때문에 베트남이나, 태국의 항만을 이용해야 하는데 라오스가 내륙물류허브 구축에 실패하여 항만까지의 내륙운송비와 시간이 많이 소요되는 경우 라오스는 다국적 기업들의 투자처로서 매력을 상실하게 된다.

Check Point 라오스는 철도가 없다

라오스는 철도가 없다. 내륙국가인 라오스가 철도가 없어서 광산자원의 수송이 효율적으로 이루어지지 않고 있다. 또한 메콩강유역권(The Greater Mekong Sub-region)의 개발에도 차질이 빚어지고 있다. 라오스와 중국 간 고속 철도 건설이 완료되면 라오스의 철도산업도 발전할 것으로 전망된다.

10. WTO 가입과 넥스트 차이나

세계 공장의 대명사였던 중국이 최근들어 임금이 가파르게 상승하면서 많은 다국적 기업들이 라오스를 넥스트 차이나 국가로 인식하고 투자를 증가하고 있다.

특히 라오스가 WTO에 가입함에 따라 라오스의 법과 제도 등이 글로벌 스탠다드에 부합되게 변경되어 다국적 기업들의 라오스 진출이 증가할 것으로 전망된다.

2001년과 2007년에 각각 WTO에 가입한 중국과 베트남도 WTO 가입 후 외국인 투자가 증가하였다. 40년 동안 라오인민혁명당(LPRP)의 일당 지배에 따른 공무원들의 비능률적인 행정시스템이 WTO 가입으로 개선되면 라오스의 외국인 투자유치는 더욱 확대될 것으로 전망된다.

Check Point 태국 플러스 원

라오스는 태국과 인접하고, 태국어도 통용되는 지역이면서 임금은 태국보다 지렴하다. 이러한 라오스의 장점으로 다국적 기업들 특히 일본기업들은 라오스를 태국 진출의 교두보 또는 대체지로 간주하는 경우가 많다.

실제로 라오스는 1997년 아시아 외환위기로 태국경제의 미래가 불투명했을 때 태국으로부터 노동집약적 산업의 투자가 증가했다. 그리고 이러한 태국으로부터의 투자는 낙후된 라오스 제조업의 발전의 토대가 되었다.

특히 2011년 태국의 홍수 피해가 장기화되어 태국에 진출한 일본기업들의 생산에 차질이 빚어지자 라오스는 태국 플러스 원의 사업 전개처로 부각되었다.

11. 재정적자, 경상수지 적자 그리고 외채

라오스는 전통적인 저소득 농업국로 농림수산업이 GDP의 약 30%를 점유하고 있다. 라오스는 제조업이 활성화 되어 있지 않아 생필품의 상당부분을 수입에 의존하고 있다. 라오스는 이처럼 취약한 산업구조로 인해 만성적인 재정적자와 경상수지 적자를 보이고 있다.

2010년 경상수지 적자는 전체 국내총생산의 8.6%로 높은 비율을 유지하고 있다. 특히 라오스는 경제규모에 비해 외채규모가 커 외채상환능력이 문제되고 있다. IMF에 의하면 2009년 라오스의 대외채무는 총 56억 9000만 달러이고, 총대외채무중 공적 채무가 31억이나 된다.

그러나 대외공적채무는 최근 수년간 지속된 라오스의 고도 경제성장과 라오스 통화인 킵(Kip)의 평가절상 등으로 인해 2009년말 국내총생산의 40%까지 감소하였다(IMF, 2012).

Check Point ODA와 증권거래소

라오스는 쌍둥이 적자의 상당부분을 ODA로 보전하고 있다. 라오스는 재정이 부족하여 사회간접자본 등의 SOC 건설의 상당부분을 외국 원조에 의존하고 있다. 이처럼 공적개발원조(ODA)는 라오스의 사회인프라 구축 및 경제성장에 지대한 공헌을 하고 있다

2008/2009회계연도 기준으로 라오스에 대한 무상원조 공여국 1위는 일본, 2위는 독일, 3위는 한국이다. 라오스의 ODA는 상위 10대 공여국가의 비중이 90% 정도를 점유하고 있다(OECD, 2012). 또한 라오스는 최근에 증권거래소가 개장되어 기업의 자본조달이 좀더 원활해질 것으로 전망된다.

12. 라오스 경제의 고난의 길

라오스 경제는 장기간의 내전으로 경제 활동이 멈추어 침체되었다. 라오스는 지정학적으로, 인구통계학적으로도 넘어야 할 산이 크다. 라오스는 지정학적으로 국토의 80%가 산악지대인데 교통망이 열악하여 생산, 유통, 소비가 유기적으로 연계되지 않고 있다. 특히 5개국으로 둘러싸인 내륙국으로서의 태생적인 한계를 갖고 있다.

인구통계학적으로도 라오스는 640만명의 작은 시장으로, 인구밀도가 낮아 노동력이 부족하다. 경제적인 관점에서도 라오스는 국내 총생산(GDP)이 70억 달러 정도로 동남아 국가중에서 경제 규모가 가장 작다. 경제구조도 구리, 금 등의 광물자원, 수력발전의 수자원 등의 1차산업에만 의존하고 있다.

Check Point 저소득 국가 탈피

라오스는 지속적인 경제성장으로 저소득국가를 탈피하여 중소소득국가의 반열에 올랐다. 세계은행은 라오스의 국민총소득(GNI)을 1,010달러로 평가하고 라오스를 기존의 저소득국가에서 중소소득국가로 재분류하였다(World Bank, 2010)

Check Point 라오스가 꿈꾸는 목표

라오스는 2020년까지 최빈국 탈피를 목표로 국가사회경제개발 5개년 계획(NSEDP, National Socio-Economic Development Plan)을 추진하고 있다.

라오스는 2020년까지 세계최빈국이라는 오명을 씻기 위해 다음과 같은 8대 중점육성사업을 추진하고 있다. 사업적 자본 육성, 농촌개발, 식량증산, 상품생산, 화전농업 금지, 대외경제관계 강화, 사회간접자본 정비, 서비스 부문의 확대를 추진하고 있다(Laos MPI, 2012).

13. 라오스 산업의 특징

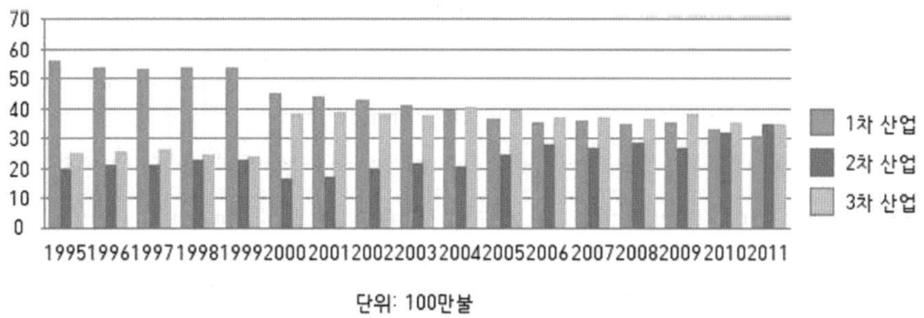

〈그림〉 1995-2011 라오스의 산업구조
자료: World Bank.

2011년 라오스의 산업구조는 농업이 국내총생산의 27.8%, 제조업이 34.8%, 서비스업이 37.4%를 차지하고 있다(IMF, 2012).

Check Point 낮은 농업생산성 그러나 많은 농민

라오스는 개방개혁 이후 외국인투자 증가, 도시화에 따라 이농현상이 발생하고 있어 GDP에서 농업은 비중이 2001년 42.9%, 2009년 30.6%, 2011년 27.8%로 감소했지만, 총인구에서 농민이 차지하는 비중은 아직도 60% 이상이다(Laos MPI, 2012).

Check Point 관광산업이 주도하는 서비스업

라오스는 UNESCO에서 지정한 세계문화유적 등의 관광자원이 풍부해 개방화 이후 외국인 관광객들이 증가하여 2000년대 들어 라오스의 관광산업은 급속히 성장하고 있다. 매년 200만 이상의 외국인 관광객들이 라오스를 방문하고 있다. 라오스는 외국인 관광객 3백만명 유치를 목표로 관광산업의 발전을 추진하고 있다.

Check Point 라오스의 수력산업과 태국

라오스 정부는 1990년대 초부터 수자원의 개발을 통한 전력생산을 위해 외국인 투자를 유치하여 1990년 후반에 3개의 수력발전소를 건설하였다. 라오스에서 수력발전으로 생산된 전력의 90% 이상이 태국으로 수출되고 있다(Laos MPI, 2012). 따라서 태국경제가 침체에 빠져 전력수요가 감소되면 라오스의 전력수출이 차질을 빚게 되어 라오스 경제도 침체에 빠질 수 있다.

Check Point 라오스의 섬유산업과 유럽

라오스는 한국, 중국 등의 동북아 국가들과 베트남, 태국 등의 동남아 국가로부터 원단을 수입하여 의류를 생산하여 주로 인근국가인 태국과 유럽에 수출하고 있다. 라오스에서 생산된 섬유제품은 유럽에 수출할 때 일반특혜관세(GSP)를 적용받아 무관세로 수출물량의 제한 없이 수출할 수 있다(Asean, 2012).

14. 라오스에 투자를 가장 많이 한 국가

라오스는 2004년 외국인투자법 개정 이후 외국인 투자가 급증하였다. 라오스 정부는 외국인 투자환경개선을 위해 외국인 투자법의 3차 개정을 통해 외국인의 투자절차와 세제를 대폭 수정하였다.

2000년부터 2010까지 라오스에 대한 외국인 직접투자를 가장 많이 한 국가는 베트남이고, 2위는 중국, 3위는 태국이다. 4위는 한국이다. 라오스에 대한 외국인 투자의 50% 이상은 수력발전소 건설, 광산 개발 등의 자원개발이다(Laos MPI, 2012).

15. 라오스 무역의 특징

2010년 라오스의 주요 무역 대상국은 인근 국가인 메콩강 경제권의 태국, 베트남, 중국 등이다.

라오스의 수출품목은 섬유, 광물, 목재, 농산물, 전력 등이다. 라오스는 제조업의 기반이 취약하여 생활용품의 상당부분을 수입에 의존하고 있다. 라오스의 주요 수입대상국은 태국, 베트남, 중국이다. 이들 3개국으로부터 라오스의 수입은 총 수입의 80%이다. 특히 라오스의 태국으로부터 수입은 총수입물량의 50% 이상이고, 라오스는 태국과의 무역에서 만성적인 무역적자를 면치 못하고 있다(IMF, 2012).

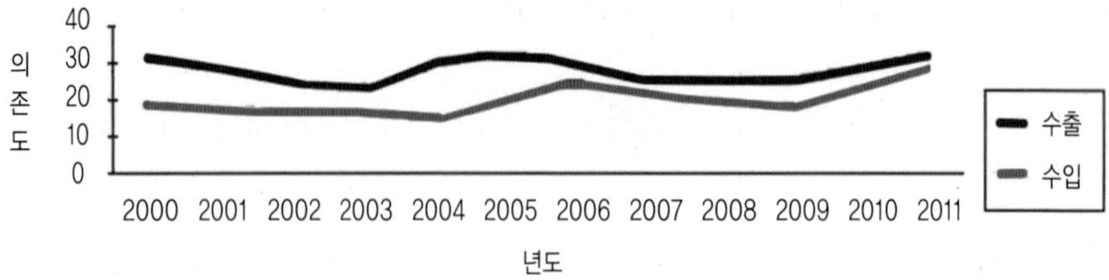

〈그림〉 라오스의 무역의존도 (단위 : %)
자료: KOSIS.

〈표〉 라오스의 주요 수출품 및 수입품(2009~2010) (단위: 백만 달러)

주요 수출품	금액	주요 수입품	금액
광물	532.6	원유 및 가스	159
전력	274.6	자동차 및 부품	146.7
의류 수공예품	167.6	건축자재	92.6
농축산물	87.1	의류원단	43.4
목재	46.0	전력	30.5

자료: 라오스 산업통상부.

〈표〉 라오스의 주요 교역 상대국 (단위: 백만 달러)

2009년					2010년				
순위	국가명	수출액	수입액	총교역액	순위	국가명	수출액	수입액	총교역액
1	타이	424	1801	2225	1	타이	690	2348	3038
2	중국	306	414	720	2	중국	511	524	1035
3	베트남	226	186	412	3	베트남	287	237	524
4	일본	24	83	107	4	한국	18	123	141
5	한국	16	61	77	5	일본	34	68	102
6	프랑스	13	63	76	6	영국	70	6	76
7	독일	48	18	66	7	독일	53	21	74
8	미국	42	23	65	8	미국	56	13	69
9	영국	62	2	64	9	벨기에	17	20	37
10	벨기에	15	31	46	10	홍콩	3	30	33

자료: KITA.

〈표〉 라오스의 주요수출 품목 (단위: 천 달러)

품목	2009년~2010년	2010년~2011년
구리	851.627	615.846
기타광물	N/A	403.475
전력	288.997	178.430

자료: Loas Ministy of industy & Commerce.

〈표〉 라오스의 주요수입 품목 (단위: 천 달러)

품목	2009년~2010년	2010년~2011년
전력기자재	38,427	352,649
차량 및 부품	107,352	300,253
건설기자재	31,554	237,886

자료: Loas Ministy of industy & Commerce.

〈표〉 라오스의 수출입 동향

(단위: 달러, %)

년도	수출	수입	무역수지
	금액	금액	
1996	8	2	6
1997	7	2	5
1998	5	0	5
1999	10	2	8
2000	4	1	3
2001	6	0	6
2002	4	0	4
2003	8	0	8
2004	9	1	8
2005	14	2	12
2006	23	18	5
2007	56	70	−14
2008	53	53	0
2009	56	18	38
2010	112	20	92
2011	154	4	150

자료: KITA.

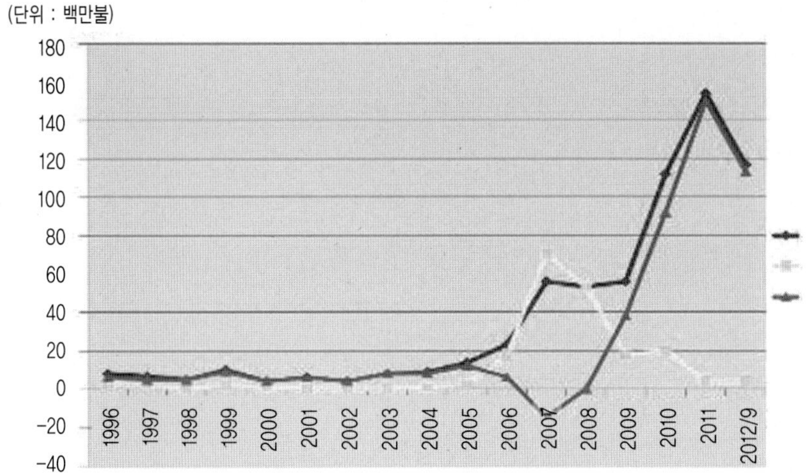

〈그림〉 라오스의 수출입 동향

자료: KITA

Check Point 태국, 베트남에 편중된 무역

라오스의 무역은 태국과 베트남 양국에 지나치게 의존되어 있다. 2008~2009 회계연도[2] 기간 중 라오스 수출의 51.7%, 수입의 84.2%를 태국과 베트남에 의존하고 있다(IMF, 2012). 따라서 태국과 베트남의 경제상황과 자연 재해 등에 의해 라오스 경제가 심각한 영향을 받고 있다.

2) 라오스의 회계연도는 10월 1일에서 익년 9월 30일.

참고문헌

강영문(2010), 「강영문 교수의 동남아 지역연구」, 두남출판사 .

강태호(2011), 「필리핀 완전정복 Q A 그리고 그에 관한 독설 진실」, 고려원북스.

국가정보원(2008), 「동남아 사회 · 문화 바로알기」.

권순우·신창목(2011),「SERI 전망 2011」, 삼성경제연구소.

권 율·김윤경(2002), 「ASEAN 주요국의 산업, 교역 구조 분석」, 대외경제정책연구원.

권율(2001), 「싱가포르 개방경제체제의 평가와 전망」,대외경제정책연구원.

김용환(2011), 「2011 개도국 경제 분석과 전망」, 한국수출입은행.

김태윤(2011), 「동남아 산업구조 변화와 시사점-전략산업을 중심으로」, 대외경제 정책연구원

김남휘, 김하철(2008), 「대한민국 3040 필리핀에서 부자로 살아라」, 미래와 경영

박번순(2011),「아시아 경제, 공존의 모색」, 삼성경제연구소.

박번순(2004), 「동남아 경제발전 모델의 변화 가능성 평가」, 삼성경제연구소.

양승윤(2003), 「필리핀」, 한국외국어대학교.

윤진표(2004),「동남아의 경제성장과 발전전략」, 도서출판 오름.

전제국(2003), 「도시국가에서 글로벌 국가로 싱가포르」, 봉명.

외교통상부(2011), 「싱가포르 개황」.

한정화(2007), 「한국 중소기업의 베트남 진출현황 및 투자성과 증대방안에 관한 연구」, 기업은행경제연구소.

KOTRA(2011), 「2011년 베트남 경제 종합 및 2012년 경제 전망」.

KOTRA(2011), 「2011 베트남 유통시장 현황과 진출 전략」.

KOTRA(2011), 「ASEAN의 거점이 될 수 있는 베트남 유통시장」.

KOTRA(2011), 「두터워진 베트남 중산층, 2012년 소비성향은?」.

KOTRA(2011), 「베트남 주요 쇼핑센터의 불황 극복 전략」.

今川瑛一 ·井革邦雄·平嫁大祐(1994), 「東南亞經濟」, 亞緒房.

ADB(1960-2012), Asian Development outlook.

AKRASANEE, Narongchai(1984), "Industrialization of ASEAN and Structural Adjustments in the Pacific", in Benjamin Roger and Robert T. Kudrle (eds.), The Industrial Future of the Pacific basin, London: Westview Press, Chapter 4.

Akerlof, G.A(1970), "The Market for ; Lemons': Qualitative Uncertainty and the Market Mechanism', Quarterly Journal of Economics August.

Aldrich, H.E. and R. Waldinger(1990), 'Etnicity and Entrepreneurship', annual Review of Sociology 16.

ASEAN Secretariat(2003), ASEAN Annual Report, 2002-2003, Jakarta: ASEAN Secretariat.

ASHER, Mukul G. David G. Newman and Thomas P. Snyder (eds.)(2002), Public Policy in Asia: Implications for Business and Government, Quorum Books, Westport, Connecticut.

Asian Development Bank(2002), Key Indicators 2002: Population and Human Resource Trends and Challenges, Manila: Asian Development Bank.

Backman, M (1999), Asian Eclipse: Exposing the Dark Side of Business in Asia, Singapore: John Wiley & Sons.

BRADFORD, Colin I(1982), "Newly Industrialising Countries in an Interdependent World", The World Economy, 5(2).

Biggart, N.W(1997), 'Explaining Asian Economic organization: Towards Weberian Institutional Perspective', in Orru, Biggart and Hamilton The Economic organization of East Asian Capitalism.

Brown, R.A(1994), Capital and Entrepreneurship in South-East Asia, New York: St. Martin's Press.

Chan, A.B(1996), Li Ka-shing: Hong Kong's Elusive Billionaire, Hong Kong: Oxford University Press.

Chen, R.H(1996), Made in Taiwan: The story of Acer Computers, Taipei: McGraw-Hill.

Chia, F(1994), The Babas Revisited, Singapore: Heinemann Asia.

Clark, C. and S. Chan (eds)(1992), The Evolving Pacific Basin in the Global Political Economy, Boulder: Lynne Rienner.

Clegg, S.R., S.G. Redding and M. Cartner (eds) (1990), Capitalism in Contrasting Cultures, Berlin: Walter de Gruyter.

Dobbin, C(1996), Asian Entrepreneurial Minorities: Conjoint Communities in the Making of the World Economy, 1570-1940, London: Curzon.

Golay, F.H., R. Anspach, M.R. Pfanner and E.B. Ayal(1969), underdevelopment and Economic Nationalism in Southeast Asia, Ithaca: Cornell University Press.

Gold, T(1986), State and Society in the Taiwan Miracle, New York: M.E. Sharpe.

Goody, J(1996), The East in the West, Cambridge: Cambridge University Press.

Granovetter, M(1995), 'Economic Action and Social Structure: The Problem of Embeddedness', American Journal of Sociology 91.

Hamilton, G.G(ed.) (1996), Asian Business Networks, Berlin: Walter de Gruyter

Hiscock, G(1997), Asia's Wealth Club, London: Nicholas Breasley.

Hseuh Chi 'Southward(1994), Policy and Asian-Pacific Regional Operation Center' (in Chinese), paper presented at the conference on 'Southward policy and the Future of Taiwan Economy', New Society Foundation, Taipei.

IMF(1960-2012), Direction of Trade Statistics Year book.

KOH,Ai Tee (eds.)(2001), Economic Essays by Lim Chong Yah, Singapore: World Scientific.

KRUGMAN, Paul(1997), "Asia's Miracle is Alive and Well? Wrong. It Never Existed", Time Magazine, Vol. 150(13).

IIJIMA, Ken(1997), "Background and Impact of the Asian Currency Crisis", Pacific Business and Industries, Vol. 4(38).

LEWIS, Arthur W.(1980), "The Slowing Down of the Engine of Growth", American Economic Review.

LIM, Chong Yah(1996), "Trinity Growth Theory: The Ascendency of Asia and the Decline of the West", Accounting and Business Review.

McVey, R(1992), 'The Materialization of the Southeast Asian Entrepreneur', in McVey (ed.) Southeast Asian Capitalists.

MEIER, Gerald M(1985), Leading Issues in Economic Development, 4th Edition, New York: Oxford University Press.

NG, Beoy Kui(1995), Financial Reforms in the ASEAN Countries: Approach, Focus and Assessment, Nanyang Technology University, School of Accountancy and Business Working paper.

Ohmae, K(1995), The End of the Nation State: The Rise of Regional Economics, New York: The Free Press.

PORTER, Michael E(1990), The Competitive Advantages of Nations, The Macmillan Press Ltd.

RAO, Bhanoji(1996), ASEAN Economic Co-operation and the ASEAN Free Trade Area: A Primer, Institute for Policy Research.

TANZI, Vito(1986), "Economic Development and Tax Structure", in SHOME, Parathasarati, (ed.), Fiscal Issues in Southeast Asia: Comparative Studies of Selected Economies, Singapore: Oxford University Press.

YAP, Mui Teng, (1995), "Singapore's Three or More' Policy: The First Five Years", Asia-Pacific Population Journal, Vo.l2.

YEUNG, May T., Nicholas PERDIKIS and William A. KERR(1999), Regional Trading Blocs in the Global Economy: The EU and ASEAN, Edward Elgar Publishing.

World Bank(1997), World Development Report 1997: The State in a Changing-World, New York: Oxford University Press.

http://vnm-hanoi.mofat.go.kr/korean/

http://www.koica.go.kr/

http://www.kaseas.org/

http://www.koreaexim.go.kr/

http://www.kotra.or.kr/

http://www.kiep.go.kr/

http://www.korcham.net/

http://www.mk.co.kr/

http://www.seri.org/

http://www.indonesiaseoul.org/indexkorea.php/

http://www.bkpm.go.id/

http://www.kita.net/

http://www.hri.co.kr/

http://www.eiu.com/

부록

1. LAW ON COMMERCIAL ENTERPRISES OF THE KINGDOM OF CAMBODIA

2. LAW ON INVESTMENT OF THE KINGDOM OF CAMBODIA

1. LAW ON COMMERCIAL ENTERPRISES OF THE KINGDOM OF CAMBODIA

LAW ON COMMERCIAL ENTERPRISES

Chapter 1 – General Provisions

Article 1: **Scope**

This law applies to a partnership and company carrying on business in the Kingdom of Cambodia. A partnership composes of a general partnership and a limited partnership. A company composes of a private limited company and public limited.

Article 2: **Definitions**

(1). **"person"** includes a natural person and a legal person.

(2). **"Registrar"** means the Registrar appointed pursuant to the Law on Commercial Rules and Register.

(3). **"Registrar's Office"** means the office created pursuant to the Law on Commercial Rules and Register.

(4). **"subsidiary"** means a partnership or company controlled by another partnership or company, called a **"parent"**

(a) In the case of a subsidiary partnership, the parent partnership owns at least a majority of the interest of the subsidiary.

(b) In the case of a subsidiary company, the parent company owns at least a majority of the company's voting shares.

Article 3: **Registered agent and registered office**

A partnership or company shall continuously maintain in the Kingdom of Cambodia, a registered office and a registered agent.

A partnership or company shall file with the Registrar the specific location of the registered office, including street address, and mailing address in the Kingdom of Cambodia, if different from the street address.

A partnership or company shall file with the Registrar the name of the registered agent. The registered agent shall be a legally competent natural person. The registered agent shall have authority to receive official papers and documents, including summonses and subpoenas from the courts, on behalf of the partnership or company.

A partnership or company shall file with the Registrar any changes to the registered office or registered agent within fifteen (15) official business days after the change takes effect.

Any company that incorporated under this Law shall govern by the laws of the Kingdom of Cambodia.

Article 4: **Delivery of documents**

Documents of any description required by law to be delivered to a partnership or company shall be delivered to the registered agent at the registered office during the normal business hours of the partnership or company, unless another method is specified by law.

Alternatively, the documents may be delivered to a partner in the case of a general partnership, a general partner in the case of a limited partnership, or a director in the case of a company.

If delivery cannot be made by the methods above, the documents may be delivered to the Registrar who shall mail them to the last known address of the partnership or company as shown on the Registrar's records. Delivery to the Registrar shall be considered delivery to the partnership or company

Article 5: Use of Khmer name

A partnership or company shall display its name in the Khmer language. The Khmer name shall be placed above and shall be larger than the name in another language. The translation of company's name from one language to another language shall be prohibited. The Khmer name shall sound phonetically the same as the name in the other language.

A partnership or company shall display the Khmer name on all seals, signs letterhead, and forms and documents used for public purpose, and on all public advertisements displayed on land, on water or in the air within the Kingdom of Cambodia.

A partnership or company may use and be designated by a name in another language outside of the Kingdom of Cambodia.

Article 6: Non-payment of fees, fines, interest and penalties

A partnership or company that has failed to pay any fee, fine, interest or penalty which is owed to the Ministry of Commerce shall be barred from filing any lawsuit or asserting any defense in any civil lawsuit against it until all such fees, fines, interest and penalties have been paid in full.

This section does not bar a partnership or company from filing or defending a lawsuit to determine whether the fee, fine, interest or penalty is owed.

If a party alleges that a partnership or company owes a fee, fine, interest or penalty to the Ministry of Commerce, the partnership or company may submit a receipt to the court. The court shall accept the receipt as proof of payment until proven otherwise.

Article 7: Annual declaration

Each partnership or company shall file an annual declaration with the Ministry of Commerce concerning the status of the partnership or company.

LAW ON COMMERCIAL ENTERPRISES

Chapter 1 – General Provisions

Article 1: Scope

This law applies to a partnership and company carrying on business in the Kingdom of Cambodia. A partnership composes of a general partnership and a limited partnership. A company composes of a private limited company and public limited.

Article 2: Definitions

(1). **"person"** includes a natural person and a legal person.

(2). **"Registrar"** means the Registrar appointed pursuant to the Law on Commercial Rules and Register.

(3). **"Registrar's Office"** means the office created pursuant to the Law on Commercial Rules and Register.

(4). **"subsidiary"** means a partnership or company controlled by another partnership or company, called a **"parent"**

(a) In the case of a subsidiary partnership, the parent partnership owns at least a majority of the interest of the subsidiary.

(b) In the case of a subsidiary company, the parent company owns at least a majority of the company's voting shares.

Article 3: Registered agent and registered office

A partnership or company shall continuously maintain in the Kingdom of Cambodia, a registered office and a registered agent.

A partnership or company shall file with the Registrar the specific location of the registered office, including street address, and mailing address in the Kingdom of Cambodia, if different from the street address.

A partnership or company shall file with the Registrar the name of the registered agent. The registered agent shall be a legally competent natural person. The registered agent shall have authority to receive official papers and documents, including summonses and subpoenas from the courts, on behalf of the partnership or company.

A partnership or company shall file with the Registrar any changes to the registered office or registered agent within fifteen (15) official business days after the change takes effect.

Any company that incorporated under this Law shall govern by the laws of the Kingdom of Cambodia.

Article 4: Delivery of documents

Documents of any description required by law to be delivered to a partnership or company shall be delivered to the registered agent at the registered office during the normal business hours of the partnership or company, unless another method is specified by law.

Alternatively, the documents may be delivered to a partner in the case of a general partnership, a general partner in the case of a limited partnership, or a director in the case of a company.

If delivery cannot be made by the methods above, the documents may be delivered to the Registrar who shall mail them to the last known address of the partnership or company as shown on the Registrar's records. Delivery to the Registrar shall be considered delivery to the partnership or company

Article 5: Use of Khmer name

A partnership or company shall display its name in the Khmer language. The Khmer name shall be placed above and shall be larger than the name in another language. The translation of company's name from one language to another language shall be prohibited. The Khmer name shall sound phonetically the same as the name in the other language.

A partnership or company shall display the Khmer name on all seals, signs letterhead, and forms and documents used for public purpose, and on all public advertisements displayed on land, on water or in the air within the Kingdom of Cambodia.

A partnership or company may use and be designated by a name in another language outside of the Kingdom of Cambodia.

Article 6: Non-payment of fees, fines, interest and penalties

A partnership or company that has failed to pay any fee, fine, interest or penalty which is owed to the Ministry of Commerce shall be barred from filing any lawsuit or asserting any defense in any civil lawsuit against it until all such fees, fines, interest and penalties have been paid in full.

This section does not bar a partnership or company from filing or defending a lawsuit to determine whether the fee, fine, interest or penalty is owed.

If a party alleges that a partnership or company owes a fee, fine, interest or penalty to the Ministry of Commerce, the partnership or company may submit a receipt to the court. The court shall accept the receipt as proof of payment until proven otherwise.

Article 7: Annual declaration

Each partnership or company shall file an annual declaration with the Ministry of Commerce concerning the status of the partnership or company.

Chapter 2 – General Partnerships

Part 1. General Provisions

A. The Establishment of a General Partnership

Article 8: Nature of partnership

A general partnership is a contract between two or more persons to combine their property, knowledge or activities to carry on business in common with a view to profit.

Article 9: Form of contract

The contract of general partnership may be verbal or in writing. If the general partnership contract is in writing, all partners shall sign it.

Article 10: Rules of determining existence of partnership

When the contract is ambiguous the court shall consider the following rules to determine whether the parties had a common intention to form a general partnership:

(a) The fact that two or more persons jointly own property, whether the persons share in the profits made by the property or not, whether a general partnership does by itself create a partnership by the property or not.

(b) The fact that two or more persons share the gross receipts from commercial activity, whether or not the persons have joint or common rights in any property that generates the receipts, whether a general partnership does by itself create a partnership by joint or common rights in any property.

Article 11: Date of creation

When a general partnership is formed, the parties are bound to the contract at the time the contract is made, unless the contract states otherwise.

Article 12: Legal personality

A general partnership has a legal personality separate from that of each of its partners. A general partnership shall acquire legal personality when it registers in accordance with the Law on Commercial Rules and Register, and shall have the following rights.

(a) to own movable and immovable property in its own name;

(b) to carry on business in its own name;

(c) to contract in its own name; and

(d) to sue and be sued in its own name.

Article 13: Nationality

A general partnership that has acquired legal personality shall be deemed to be of Khmer nationality only if:

(a) The general partnership has a place of business and a registered office located in the Kingdom of Cambodia; and

(b) More than 51% of the record ownership interest in such general partnership is held by natural or legal persons of Khmer nationality.

Article 14: Name of partnership

The name of a general partnership shall include the name of one or more of the partners, and the words "General Partnership" shall be placed at the end or below the name. A general partnership shall use its name when carrying on business.

Article 15: Liability for registration, filing and publication

Each partner is individually responsible for complying with the registration, filing and publication requirements for the general partnership.

B. Relations of Partners to One Another

Article 16: Nature of partner's contribution

Each partner may:

(a) Contributions to the general partnership in cash, in kind, in past services actually rendered or future services.

(b) Contribution in services consists of the general partner's knowledge or activities, but shall not consist of the exercise of influence obtained from public officials.

Article 17: Partner's debt for contribution

Each partner is a debtor to the general partnership for everything he promises to contribute to it.

Article 18: Contribution of property

When a partner undertakes to contribute property, the partner shall transfer the rights of ownership or enjoyment and shall place the property at the disposal of the general partnership.

Article 19: Monetary contribution

When a general partner undertakes to contribute a sum of money and fails to do so, the general partner is liable for interest from the day his contribution should have been made, subject to any additional damages which may be claimed from him.

Article 20: **Contribution of knowledge or activities**

When a general partner undertakes to contribute knowledge or activities, the general partner owes the obligation continuously as long as he remains a general partner.

The written general partnership contract, the books and records of the general partnership shall indicate whether a general partner's contribution consists of knowledge, services or activities.

Article 21: **Capital of the partnership**

The capital of the general partnership shall include the contributions in cash and in kind. The contributions in kind shall be valued and all general partners shall agree to this valuation.

The computation of the general partnership's capital shall not include contributions of knowledge, services or activities.

Article 22: **Currency of capital**

The capital of a general partnership shall be calculated in the national currency.

Article 23: **Participation in profits and losses**

Each general partner shares in the profits and losses of the general partnership.

A contract provision that excludes a general partner from sharing in the profits is not effective.

A contract provision that exempts a general partner from the obligation to share in the losses is not effective against third parties.

Article 24: **Allocation of partner's interest**

The proportion of the interest of each general partner in the assets, profits and losses is equal unless otherwise provided in the contract.

If the contract establishes a general partner's interest by referring only to the assets, profits or losses, the proportion established in that case is presumed to apply to all three cases.

Article 25: **Partner accountable to partnership**

Each general partner shall account to the general partnership for all benefits and profits the general partner derives without the unanimous consent of the other general partners from any transaction connected with the business of the general partnership or from the use of partnership property. The general partners may not waive this obligation.

Article 26: **Partner's entitlement to wages**

No general partner is entitled to wages for employment in the general partnership business.

Article 27: **Liability for damage**

A general partner is liable to the general partnership for damages caused the general partner's fault.

Article 28: **Disbursement on behalf of the partnership**

A general partner, acting in good faith, has the right to recover the amount of the disbursements he makes on behalf of the general partnership and to indemnification for contractual obligations he makes and losses he suffers in acting for the general partnership.

Article 29: **Receipt of amount by a partner**

This article applies where

(a) a general partner, on his own behalf, and the general partnership are both creditors of the same debtor;

(b) both debts are payable; and

(c) the debtor pays the general partner, but not the general partnership. In this case, the amount the general partner receives shall be allocated proportionately to the personal claim and the general partnership's claim.

Article 30: **Partner and partnership's property**

Each general partner may use the property of the general partnership, provided he uses it in the interest of the general partnership.

Each general partner may use the property of the general partnership for his personal use provided that he obtains the unanimous consent of the other general partners.

Each general partner shall use the property of the general partnership in such a way as not to prevent the other general partners from using it, as they are entitled.

Article 31: **New partner**

No natural or legal person may become a general partner without the unanimous consent of all general partners.

A general partner may assign his right to receive moneys to which he is entitled without the consent of other general partners. This assignment does not make the recipient a general partner in the general partnership.

Article 32: **Transferability of partner's interest**

A general partner may transfer his interest in the general partnership with the unanimous consent of all general partners.

Article 33: Partner's interest as guarantee

The share of a general partner in the assets or profits of the general partnership may be used as a guarantee of personal obligations of that general partner. Such a guarantee shall be given with the unanimous consent of the general partners.

Any agreement to the contrary is not effective.

Article 34: Management of partnership – general

The general partners may decide their respective powers in the management of the affairs of the general partnership.

Article 35: Appointment of manager

The general partners may appoint one or more fellow general partners or a person who is not a general partner to manage the affairs of the general partnership.

The manager may perform any act within his powers, provided he does not act fraudulently. The act of the manager binds the general partnership.

A manager shall be removed by a vote of a majority of the general partners unless otherwise provided in the general partnership contract.

Article 36: More than one manager

When several persons are appointed as managers, each manager may act separately unless otherwise provided in the general partnership contract.

Article 37: Partner's power to manage

The general partners are deemed to have conferred the power to manage the affairs of the general partnership.

Any act performed by a partner in respect of the common activities of the general partnership binds the other general partners.

Article 38: Decision making process of the partners

Every general partner has the right to participate in general partnership decisions, and may not be prevented from exercising that right by the general partnership contract.

Unless otherwise provided in the general partnership contract, decisions are taken by the vote of a majority of the general partners, regardless of the value of their interest in the general partnership. However, decisions to amend the general partnership contract are taken by a unanimous vote.

Article 39: Right to information

Each partner has the right to obtain information about the affairs of the general partnership and to consult its books and records even if he is excluded from management.

In exercising this right, the partner shall not unreasonably impede the operations of the general partnership or prevent the other general partners from exercising the same right.

C. Relation of General Partnership with Third Parties

Article 40: Partner as agent

Each general partner is an agent of the general partnership in respect of third parties acting in good faith and each general partner binds the general partnership for every act performed in its name in the ordinary course of its business. Any agreement to the contrary is not effective.

Article 41: Partnership bound by contracts of partner

An obligation contracted by a general partner in his own name binds the general partnership when the obligation is within the scope of the business of the general partnership or when its subject matter is property used by the general partnership.

Article 42: Partner's liability

All general partners are jointly and severally liable for the obligations of the general partnership.

A third party shall seek enforcement of obligations against the general partnership and general partnership assets prior to seeking enforcement against the general partners.

Article 43: New partner's liability

A person admitted as a general partner into an existing general partnership shall be liable for all liabilities the general partnership incurred before his admission as if he had been a partner when such liabilities were incurred. However, all liabilities incurred prior to his admission as a general partner can be satisfied only out of the general partnership property and not out of his personal property unless he agrees otherwise in writing.

Article 44: Knowledge of partnership

Notice given to any general partner concerning general partnership affairs or the knowledge of any general partner shall be considered notice to or knowledge of the general partnership except in the case of a fraud committed on the general partnership with the participation of that general partner.

Article 45: Misrepresentation

A person who directly or indirectly causes another person to believe that he is a partner, although he is not, may be held liable as a general partner to third parties acting in good faith.

In case of fraud as mentioned above, the general partnership is not liable to third parties unless the general partnership gives reasons to believe that the person is a general partner and the general partnership fails to take measures to prevent third parties from being mistaken.

Article 46: Silent partner

A general partner who has not been declared is called a silent partner and is liable to third parties for the same obligations as declared general partners.

Article 47: Distribution of security

A general partnership may not make a distribution of securities to the public or issue negotiable instruments.

Any contract entered into and any issuance of securities or instruments made in contravention of this article are void.

The general partnership shall compensate a third party acting in good faith for damages resulting from the void contract, securities or instruments.

D. When a Person Ceases to be a General Partner

Article 48: When a person ceases to be a partner

A person ceases to be a general partner of a general partnership when the person:

- transfers his interest,
- dies,
- is placed under protective supervision bankrupt
- exercises his right to withdraw,
- is expelled from the general partnership,
- a judgment authorizes his withdrawal or orders the seizure of his interest.

Article 49: Effect on partnership

Unless the general partnership contract provides otherwise, the fact that a person ceases to be a general partner does automatically cause the dissolution of the general partnership.

The general partnership may continue by unanimous consent of all of general partners and by complying with filing and registration requirements to reflect the changes in the general partnership.

Where there is a written contract of general partnership, the contract shall be amended in accordance with the changes.

Article 50: Right of a person who ceases to be a partner

A person who ceases to be a general partner of the general partnership, otherwise than by the transfer or seizure of his interest, may obtain the value of his interest upon ceasing to be a general partner. The other general partners are bound to pay the person the amount of the value as soon as it is established, with interest from the day on which he ceases to be a general partner.

The value of the interest is determined as provided in the general partnership contract or an agreement among the general partners. Otherwise, the value is determined by an expert designated by the general partners or by the court.

Article 51: Right of withdrawal

A general partner of a general partnership constituted for a term that is not fixed or whose contract of general partnership reserves the right of withdrawal may withdraw from the general partnership by giving the general partnership notice of his withdrawal, in good faith.

Unless the general partnership contract provides otherwise, a general partner of a general partnership constituted for a term that is fixed may withdraw only with the agreement of a majority of the other general partners.

Article 52: Expulsion of a partner

The general partners may, by a majority vote, agree on the expulsion of a general partner who fails to perform his obligations or hinders the carrying on of the activities of the general partnership.

In the case of any objection, a general partner may, in these circumstances, apply to the court for authorization to withdraw from the general partnership. The court shall grant the demand unless the court considers it more appropriate to order the expulsion of the general partner at fault.

E. Dissolution and Liquidation of the General Partnership

Article 53: Cause of dissolution

A general partnership is dissolved by the:

(a) causes of dissolution provided in the contract of general partnership

- the termination of the general partnership's object,
- the impossibility of accomplishing it,
- the unanimous consent of all the general partners.

(b) The court may dissolve a general partnership for a legitimate cause. Once the general partnership is dissolved, it shall be proceed with the liquidation of the general partnership.

Article 54: Continuation of partnership with a fixed term

Any general partnership constituted for an agreed term may be continued by unanimous consent of all the general partners.

Article 55: One partner

The uniting of all the interests in the hands of a single general partner does not cause dissolution of the general partnership, provided that at least one other person becomes a general partner within one hundred and twenty (120) days after the interests are united.

Article 56: Rights of partners upon dissolution

The powers of the general partners to act on behalf of the general partnership cease upon the dissolution of the general partnership, except for acts that are a necessary consequence of business already begun but not complete. However, anything done in the ordinary course of business by a general partner who is not aware of the dissolution of the general partnership and acting in good faith binds the general partnership and the other general partners as if the general partnership were still in existence.

Article 57: Rights of third parties upon dissolution

Dissolution of the general partnership does not affect the rights of third parties acting in good faith and who entered into a contract with a general partner or an agent acting on behalf of the general partnership.

Article 58: Legal personality of partnership

The legal personality of the general partnership continues to exist for the purpose of liquidating its business.

Article 59: Notice of dissolution

The general partners shall file a notice of the dissolution in the prescribed form with the Registrar and appoint a liquidator.

The general partners shall immediately publish the notice of dissolution for four (4) consecutive weeks in a Khmer language newspaper in the Kingdom of Cambodia published or distributed in the place where the general partnership has its registered office or in other publications as provided by regulations of the Ministry of Commerce. The notice published in newspaper shall be set in regulations adopted by the Minister of Commerce.

Article 60: Powers of the liquidator

Upon dissolution of the general partnership, the possession and the use of general partnership property is delivered to the liquidator.

The liquidator acts as an administrator of the property. The liquidator is entrusted with full administration powers.

The liquidator is entitled to require from the general partners any documents and any explanation concerning the rights and obligations of the general partnership.

Article 61: Order of payment in liquidation

The liquidator first shall pay the salary of employee, tax, and other priority debts , then reimburses the capital contributions.

The liquidator partitions the remaining assets among the general partners in proportion to their rights or, if not provided in the general partnership contract, in equal portions.

If the assets include property owned by third parties, the liquidator may return the property to the third party.

Article 62: **Books and records**

The liquidator shall keep the books and records of the general partnership for ten (10) years from the closing of the liquidation. The liquidator shall keep books and records for a longer period if they are required as evidence in a proceeding.

Article 63: **Closing of liquidation and legal personality**

The liquidation of a general partnership is closed by the filing of a notice of closure in a prescribed form with the Ministry of Commerce. The filing of this notice is ceased to exist the legal personality of the general partnership.

Part 2. Limited Partnerships

Article 64: **Nature of Limited Partnership**

A limited partnership is a contract between one or more general partners who are the sole persons authorized to administer and bind the partnership, and one or more limited partners, who are bound to contribute to the capital of the partnership.

Article 65: **One person as both limited and general partner**

A person may at the same time be both a general partner and a limited partner in the same limited partnership.

A person who is at the same time both a general partner and a limited partner in a limited partnership has the rights and obligations of a general partner

Article 66: **Form of contract**

The contract of limited partnership may be verbal or in writing. If the contract is in writing, all general partners and at least one limited partner shall sign it.

The term of the limited partnership contract may not be in excess of 99 years but may extend.

Article 67: **Date of creation**

The limited partnership is formed on the date on which it is registered in accordance with the Law on Commercial Rules and Register.

If the limited partnership is not registered, it is deemed to be a general partnership. In this case, such general partnership does not have a legal personality.

Article 68: **Name**

The name of a limited partnership shall include the name of one or more of the general partners, and the words "Limited Partnership" shall be placed at the end or below the name. A limited partnership shall use its name when carrying on business.

Article 69: Record of limited partners

The general partners shall keep a record containing the name and domicile of each of the limited partners and any information concerning their contributions to the capital of the limited partnership.

The general partners shall keep the record at the principal place of business of the limited partnership.

The general partners shall responsible for complying with the registration, filing and publication requirements for the limited partnership.

Article 70: Nature of partners' contribution

A limited partner's contribution to capital may consist of a sum of money or property only. The limited partner may make additional contributions at any time.

A general partner's contribution to capital may be in cash, in kind, in past services actually rendered or future services.

Article 71: Participation of limited partner in profits and losses

A limited partner is entitled to receive his share of the profits. If the payment of the profits reduces the capital of the limited partnership resulting in a deficit, the limited partner who received the payment shall return the sum necessary to cover his share of the deficit.

Article 72: Liability of limited partner

The limited partner is liable only to the extent of the sum of money or value of the property he agreed to contribute.

Article 73: Name of limited partner used in limited partnership's name

A limited partner whose name appears in the name of the limited partnership is liable for the obligations of the limited partnership in the same manner as a general partner, unless his status as a limited partner is clearly indicated.

Article 74: Powers, rights, obligations of general partner

General partners have the rights and obligations of the partners of a general partnership. General partners shall account for their administration to the limited partners.

The general partners have the obligations to the limited partners' property of the limited partnership.

The limited partnership contract may not waive this obligation.

Article 75: Liability of general partner

The general partners are jointly and severally liable for the debts of the partnership to third parties.

Article 76: Limited partner's entitlement to wages

A limited partner may receive wages from the limited partnership.

Article 77: Limited partner's right to withdraw

While the limited partnership exists, in any manner whatsoever, a limited partner may not withdraw any part of his contribution, unless the majority of all other partners consent and the property remaining in the limited partnership after the withdrawal is sufficient to discharge the debts of the limited partnership.

Article 78: Transferability of limited partner's interest

A limited partner may transfer his interest in the limited partnership without the unanimous consent of other partners.

With respect to third parties, the limited partner who transferred his interest remains liable for the obligations that may result from his contribution at the time he was still a limited partner of the partnership.

Article 79: Management – limited partner

A limited partner shall not participate in the management of the limited partnership's business.

A limited partner may, from time to time, examine the reports and progress of the limited partnership, and may give advisory opinions with regard to the management of the limited partnership.

A limited partner may not negotiate any business on behalf of the limited partnership, act as agent for the limited partnership, or allow his name to be used in any act of the limited partnership.

A limited partner who performs any of these acts is liable for the obligations of the limited partnership resulting from these acts.

A limited partner may be held responsible in the same manner as a general partner for all the obligations of the limited partnership if the number of these acts, or the importance of them with respect to the partnership business, indicate that the limited partner in fact acted as a general partner.

Article 80: When general partners not able to act

When the general partners can no longer act, the limited partners may perform any act of simple administration required for the management of the limited partnership.

If the general partners are not replaced within one hundred and twenty (120) days, the limited partnership is dissolved.

Article 81: Law suit against the partnership

A third party who is a creditor may claim the debts against the limited partnership and the general partners in the same manner as the general partnership.

Article 82: Insufficiency of partnership's assets – third parties

Where the property of the limited partnership is insufficient, the general partners are jointly and severally liable for the debts of the limited partnership to third persons. A limited partner is liable for the debts up to the agreed amount of his contribution, notwithstanding any transfer of his interest.

Article 83: Insufficiency of partnership's assets – limited partners

In the case of insolvency or bankruptcy of the limited partnership, a limited partner may not, in his status as a limited partner, claim as a creditor until the other creditors of the limited partnership are satisfied.

Article 84: Application of provisions dealing with general partnership

The rules governing general partnerships shall also apply to limited partnerships.

Chapter 3 – Limited Company and Public Limited Company

Part 1. General provisions

Article 85: Application

This Law authorizes the formation of private limited companies and public limited companies to carry on business in the Kingdom of Cambodia.

A company shall not be formed under this Law to carry on the business of a bank, an insurance company or a finance company.

Article 86: Nature of Private Limited Company

A "Private Limited Company" is a form of a limited company that meets the following requirements.

(a) The company may have 2 to 30 shareholders. However, one person may form a company called single member private limited company. The requirements of a single member private limited company are the same manner as a private limited company except the relationship of shareholder to one another.

(b) The company may not offer its shares or other securities to the public generally, but may offer them to shareholders, family members and managers.

(c) The company may have one or more restrictions on the transfer of each class of its shares.

(d) A company treated as a private limited company from the date of registration with the Commercial Registrar pursuant to the prescribed form provided by the Ministry of Commerce..

Article 87: Nature of Public Limited Company

A "Public Limited Company" is a form of a limited company that is authorized by this Law to issue securities to the public.

Article 88: Interpretation

In this Chapter, the technical words shall have the following meaning.

(1) "articles" means the original or restated articles of incorporation or articles of amendment,.

(2) **"auditor"** means a chartered accountant who practices individually or within a chartered accountants firm.

(3) **"debt obligation"** means a bond, debenture, note or other evidence of debt, or guarantee of a company, whether secured or unsecured.

(4) **"Director of Companies"** means the officers appointed by the Minister of Commerce to administer this Law.

(5) **"director"** means a member of the board of directors of a company.

(6) **"incorporator"** means a natural person who signs articles of incorporation.

(7) **"ordinary resolution"** means a resolution passed by a majority of the votes cast by the shareholders who voted on the resolution.

(8) **"redeemable share"** means a share issued by a company

- that the company may purchase or redeem on the demand of the company,
- that the company is required by its articles to purchase or redeem at a specified time or on the demand of a shareholder.

(9) **"series"** in relation to shares, means a division of a class of shares.

(10) **"special resolution"** means a resolution passed by a majority of not less than two-thirds of the votes cast by the shareholders who voted on that resolution or signed by all the shareholders entitled to vote on that resolution.

(11) "security" means

(a) a share of any class or series of shares of a company,

(b) a bond,

(c) includes a certificate evidencing a security.

Article 89: Affiliate - interpretation

A company is affiliated with another company if one of them is the subsidiary of the other or both are subsidiaries of the same company or each of them is controlled by the same person.

If two companies are affiliated with the same company at the same time, they are deemed to be affiliated with each other.

Article 90: Liability for registration, filing and publication

Each incorporator or director, as the case may be, is responsible for complying with the registration, filing and publication requirements.

Part 2.

A. Formation of a Limited Company

Article 91: Creation of Limited Company

One or more competent natural persons or legal persons may create a limited company by filing articles of incorporation with the Director of Companies.

Article 92: Name of company

The name of a Private Limited Company shall include, at the end, the words, "Private Limited Company", or an appropriate abbreviation.

The name of a Public Limited Company shall include, at its end, the words "Public Limited Company" or an appropriate abbreviation.

The Director of Companies shall examine the name proposed by the company and may reject any name that is confusingly similar to another previously registered name or contrary to public order, vulgar, scandalous or otherwise inappropriate. A decision of the Director of Companies concerning the company's name is the binding and final decision.

Article 93: Articles of Incorporation, required contents

The articles of incorporation shall state the following information:

(a) The name of the company.

(b) The company's Registered Office in the Kingdom of Cambodia.

(c) The objectives of the company and any restrictions on the business that the company may carry on. Company objectives may include one or more types of businesses not contrary to any provision of law.

(d) The authorized capital to be stated in national currency.

(e) The classes and any maximum number of shares and the par value per shares that the company is authorized to issue.

(f) If the company is authorized to issue more than one class of shares, the articles of incorporation shall state the maximum number of shares, and the par value per share and shall describe the rights, privileges, restrictions and conditions attached to each class.

(g) If a class of shares may be issued in series, the articles shall authorize the directors to fix the number of shares in each series, to determine the designation of each series, and to determine the rights, privileges, restrictions and conditions attached to each series.

(h) If the issue, transfer or ownership of shares of the company is to be restricted, a statement to that effect and a statement as to the nature of such restrictions.

(i) The name and complete address of each shareholder.

(j) The number of directors, or the maximum and minimum number of directors of the company.

Article 94: Additional provisions in articles

The articles may also include any provision that is necessary.

Article 95: Signature of articles

The articles may be executed either through a private agreement or through a notary. The articles shall be signed or initialed by all the shareholders.

Article 96: **Delivery of articles**

An incorporator shall submit the articles to the Director of Companies for filing attached with other documents for registration.

Article 97: **Certificate of incorporation**

After accepting the articles of incorporation for filing, and after receiving the filing fee, the Director of Companies shall issue a certificate of incorporation.

Article 98: **Effect of certificate**

A company comes into existence and acquires legal personality on the date shown in the certificate of incorporation.

B. Capacity and Rights of the Company

Article 99: **Capacity of a company**

Subject to this law, a company has the capacity, rights and privileges of a natural person.

A company may carry on business throughout the Kingdom of Cambodia.

Article 100: **Extra-territorial capacity**

A company has the capacity to carry on its business, conduct its affairs and exercise its rights in any jurisdiction outside of the Kingdom of Cambodia to the extent that the laws of such jurisdiction permit.

Article 101: **Nationality**

A company shall be deemed to be of Khmer nationality only if:

(a) The company has a place of business and a registered office located in the Kingdom of Cambodia;

(b) More than 51% of the voting shares of the company are held by natural or legal persons of Khmer nationality.

Article 102: **Bylaws**

A company may adopt bylaws that regulate the business or affairs of the company.

It is not necessary for a bylaw to be adopted in order to confer any particular rights on the company or its directors.

Article 103: **Restricted business or powers**

A company shall not carry on any business or exercise any rights that is restricted by its articles, nor shall the company exercise any of its rights in a manner contrary to its articles.

Alternatively, the documents may be delivered to a partner in the case of a general partnership, a general partner in the case of a limited partnership, or a director in the case of a company.

If delivery cannot be made by the methods above, the documents may be delivered to the Registrar who shall mail them to the last known address of the partnership or company as shown on the Registrar's records. Delivery to the Registrar shall be considered delivery to the partnership or company

Article 5: Use of Khmer name

A partnership or company shall display its name in the Khmer language. The Khmer name shall be placed above and shall be larger than the name in another language. The translation of company's name from one language to another language shall be prohibited. The Khmer name shall sound phonetically the same as the name in the other language.

A partnership or company shall display the Khmer name on all seals, signs letterhead, and forms and documents used for public purpose, and on all public advertisements displayed on land, on water or in the air within the Kingdom of Cambodia.

A partnership or company may use and be designated by a name in another language outside of the Kingdom of Cambodia.

Article 6: Non-payment of fees, fines, interest and penalties

A partnership or company that has failed to pay any fee, fine, interest or penalty which is owed to the Ministry of Commerce shall be barred from filing any lawsuit or asserting any defense in any civil lawsuit against it until all such fees, fines, interest and penalties have been paid in full.

This section does not bar a partnership or company from filing or defending a lawsuit to determine whether the fee, fine, interest or penalty is owed.

If a party alleges that a partnership or company owes a fee, fine, interest or penalty to the Ministry of Commerce, the partnership or company may submit a receipt to the court. The court shall accept the receipt as proof of payment until proven otherwise.

Article 7: Annual declaration

Each partnership or company shall file an annual declaration with the Ministry of Commerce concerning the status of the partnership or company.

Article 131: Committees

The board of directors may, as it deemed necessary, establish committees to facilitate its affairs. Committees of the board of directors may be established by a majority of the board of directors in a written resolution. Each committee shall consist of one or more directors to be appointed by a majority of the board of directors. Committees shall conduct their meetings in the same manner as the board of directors. Each committee shall have the rights granted to it by the written document that creates it. A committee, however, may not be delegated any authority to take those actions as the following:

(a) To propose to shareholders amendments to the articles or bylaws;

(b) To propose to the shareholders an agreement of merger or consolidation between the company and any other person;

(c) To propose to the shareholders the sale of all or major part of the company's assets;

(d) To propose to the shareholders a dissolution or liquidation of the company;

(e) To declare dividends; and

(f) To issue shares in the company.

Article 132: Conduct of meetings

A majority of the total number of directors presented in the meeting shall constitute a quorum of the board of directors, or of the board committee but the articles may require a greater number.

A director shall have one vote. A director may be a proxy for another director in the meeting of the board of directors, provided that he shall have a written authorization signed by the director for whom he is acting.

The secretary shall prepare and keep minutes of all meetings of the board and shall send copies of them to all directors.

Article 133: indemnification

A company may indemnify a present or former director, officer or other employee of a company in the performance of his duties where he has acted both reasonably and in good faith.

Indemnity shall be extended where the director, officer or other employee relied in good faith on the accuracy of the books or records of the company, or on other information, opinions, reports or statements presented to him by any officer of the company or any other person.

Indemnity shall cover the reasonable expenses or damages of any proceeding against the director, officer or employee arising out of his services to the company.

Article 134: Disclosure by director or officer

A director or officer of a company shall disclose the nature and extent of his interest in writing to the company or request to have a statement entered in the minutes of meetings of directors if he

(a) is a party to a contract or proposed contract with the company, or

(b) has a material interest in any person who is a party to a contract or proposed contract with the company,

Article 135: Time of disclosure for director

In the case of a director, disclosure shall be made

(a) at the meeting at which a proposed contract is first considered;

(b) if the director was not then interested in a proposed contract, at the first meeting after he becomes so interested;

(c) if the director becomes interested after a contract is made, at the first meeting after he becomes so interested;

(d) if a person who is interested in a contract later becomes a director, at the first meeting after he becomes a director.

Article 136: Time of disclosure for officer

In the case of an officer, the disclosure shall be made

(a) as soon as he becomes aware that the contract or proposed contract is to be considered or has been considered at a meeting of the board of directors;

(b) if the officer becomes interested before a contract is made, immediately after he becomes so interested; or

(c) if a person who is interested in a contract later becomes an officer, forthwith after he becomes an officer.

Article 137: Voting after disclosure

A director who has a conflict of interest shall not vote on any resolution to approve the contract unless the contract is

(a) an arrangement by way of security for money lent to or obligations undertaken by him for the benefit of the company or an affiliate;

(b) one relating primarily to his remuneration as a director, officer, employee or agent of the company or an affiliate;

(c) one for indemnity or insurance;

(d) one with an affiliate.

Article 138: Officers

Subject to the articles or the by-laws,

(a) the board of directors may designate the offices of the company, appoint officers, specify their duties and delegate to them the powers to manage the business and affairs of the company;

(b) a director may be appointed to any office of the company;

(c) one or more offices of the company may be held by the same person.

Article 139: Pre incorporation contracts

A person who enters into a written contract in the name of or on behalf of a company before it comes into existence is personally bound by the contract and is entitled to the benefits thereof.

A company may, within a reasonable time after a contract has been made, adopt a written contract made before it came into existence and before it has adopt by the company. Such adoption shall base on any action or conduct signifying its intention to be bound thereby.

The company is bound by the contract and is entitled to the benefits thereof as if the company had been in existence at the date of the contract and had been a party thereto.

A person who claimed to act in the name of or on behalf of the company ceases to be bound by or entitled to the benefits of the contract, unless otherwise ordered by court.

Article 140: Directors' liability – consideration for share

The Directors who vote for or consent to a resolution authorizing the issuance of a share for a consideration other than money are jointly and severally liable to the company for the amount by which the consideration received is less than the fair equivalent of the money that the company would have received if the share had been issued for money on the date of the resolution.

A director is not liable if he proves that he did not know and could not reasonably have known that the share was issued for a consideration less than the fair equivalent of the money that the company would have received if the share had been issued for money.

An action to enforce a liability imposed by this Law may not be commenced after two years from the date of the resolution authorizing the action complained of.

Article 141: Others liability of directors

The Directors who vote for or consent to a resolution authorizing a purchase, redemption or other acquisition of shares, a reduction of stated capital, or a payment of a dividend contrary to the requirements of this chapter are jointly and severally liable to restore to the company any amounts so distributed or paid.

An action to enforce a liability imposed by this article may not be commenced after two (2) years from the date of the resolution authorizing the action complained of.

Article 142: Director's dissent

A director who is present at a general meeting of the board of directors is deemed to have consented to any resolution passed or action taken at that meeting unless

(1). he requests that his dissent be entered in the minutes of the meeting;

(2). he sends his written dissent to the secretary of the meeting before the meeting is adjourned.

A director who was not present at a meeting at which a resolution was passed or action taken is deemed to have given consent unless within fifteen (15) days, after he becomes aware of the resolution he

(1). causes his dissent to be placed with the minutes of the meeting;

(2). sends his dissent by registered mail or delivers it to the registered office of the company.

E. Shares and Dividends

Article 143: Shares

Each share shall be in registered form. Each share has a par value and the company shall not issue any share at a price, which is less than the par value. The rights, privileges, restrictions and conditions attaching to the shares of each class shall be set out in the articles.

Article 144: Number, value and rights attached to shares

If the articles fail to provide the number and price attached to the shares, the company shall issue a minimum of one thousand (1,000) shares with a par value of not less than four thousand (4,000) Riels per share.

If the articles fail to specify the class of share, the company has only one class of shares and the rights of the holders of these shares are equal in all respects and include the rights

(1). to vote at any meeting of the shareholders of the company;

(2). to receive any dividend declared by the company;

(3). to receive the remaining property of the company on dissolution.

Article 145: Rights to classes of shares

The articles may provide for more than one class of shares and, if they so provide, the rights of each class of shares may be absolute or relative.. The rights, privileges, restrictions and conditions attaching to the shares of each class shall be set out in the articles. The rights set out in Article 144 of this law, shall be attached, individually or in their entirety, to at least one class of shares. The rights may include:

(a) Convertibility or exchangeability into other classes of shares or other securities of the limited company or another company, whether at the option of the limited company, at the option of the shareholders, or upon the occurrence of a specified event;

(b) Priority of entitlement to net assets upon liquidation or dissolution of the limited company;

(c) Redemption or repurchase at the option of the limited company or at the option of the holders of the share;

(d) Restrictions on transferability.

Article 146: Issue of shares – consideration for shares

Subject to the articles, the by-laws and any pre-emptive right of shareholders, shares and securities may be issued at the times and to the persons as the directors may determine.

The directors shall determine the price of the shares and securities to be issued.

A share shall not be issued until the payment for the share is fully paid in money, in kind, or past services.

Payment in kind, may include trademarks, copyrights, patents, and the right to use any intangible property or trademark license.

The directors determine the value of the payment in kind or past services and their decision shall be final and conclusive, if there is no actual fraud involved.

The shares in service shall not authorize for the public limited company.

Article 147: Liability of shareholder

The shareholder's liability to the company is limited to the price of the shareholder's subscription.

Article 148: Shares in series

The articles may authorize the issue of any class of shares in one or more series and may authorize the directors to fix the number of shares in and to determine the designation, rights, privileges, restrictions and conditions attaching to the shares of each series, subject to the limitations set out in the articles. Except as otherwise provided, the rights, privileges, restrictions or conditions attached to the same class and series shall be identical.

Article 149: Stated capital account

A company shall maintain a separate stated capital account for each class and series of shares it issues.

A company shall add to the appropriate stated capital account the full amount of any payment in money, in kind or past services it receives for any shares it issues.

Article 150: Constraints on addition or reduction to a stated capital account

Where a company proposes to add any amount to a stated capital account it maintains in respect of a class or series of shares, if the amount to be added was not received by the company; the addition to the stated capital account must be approved by special resolution of the board of directors.

A company shall not reduce its stated capital account or any capital account. A company may reduce its capital account for any purpose by special resolution. The special resolution shall specify the capital account that will be reduced.

A company shall not reduce its capital account if there are reasonable grounds for believing that

(1). the company is, or after the payment would be, unable to pay its liabilities as they become due;

(2). the realizable value of the company's assets would be less than the aggregate of its liabilities.

Chapter 2 – General Partnerships

Part 1. General Provisions

A. The Establishment of a General Partnership

Article 8: Nature of partnership

A general partnership is a contract between two or more persons to combine their property, knowledge or activities to carry on business in common with a view to profit.

Article 9: Form of contract

The contract of general partnership may be verbal or in writing. If the general partnership contract is in writing, all partners shall sign it.

Article 10: Rules of determining existence of partnership

When the contract is ambiguous the court shall consider the following rules to determine whether the parties had a common intention to form a general partnership:

(a) The fact that two or more persons jointly own property, whether the persons share in the profits made by the property or not, whether a general partnership does by itself create a partnership by the property or not.

(b) The fact that two or more persons share the gross receipts from commercial activity, whether or not the persons have joint or common rights in any property that generates the receipts, whether a general partnership does by itself create a partnership by joint or common rights in any property.

Article 11: Date of creation

When a general partnership is formed, the parties are bound to the contract at the time the contract is made, unless the contract states otherwise.

Article 12: Legal personality

A general partnership has a legal personality separate from that of each of its partners. A general partnership shall acquire legal personality when it registers in accordance with the Law on Commercial Rules and Register, and shall have the following rights.

(a) to own movable and immovable property in its own name;

(b) to carry on business in its own name;

(c) to contract in its own name; and

(d) to sue and be sued in its own name.

aside. However, a company shall not make any payment to purchase or redeem shares issued by it if there are reasonable grounds for believing that

(1). the company is, after the purchase would be, unable to pay its liabilities as they become due;

(2). the realizable value of the company's assets after purchasing would be less than the aggregate of its liabilities.

Shares purchased, redeemed or otherwise acquired by the company shall be cancelled or, if the articles limit the number of authorized shares, may be restored to the status of authorized but unissued shares of the class.

Article 156: Reduction of stated capital on redemption or purchase

When a company purchases, redeems or acquires its shares, the company shall make corresponding adjustments to the capital account maintained for the class or series of shares purchased, redeemed or acquired.

Article 157: Dividend declaration

Subject to any restrictions contained in its articles, the directors may declare dividends out of the company's surplus or out of its net profits.

The directors may set apart special reserves for the company to use in carrying on its business, by using any funds of the company available for distribution of dividends.

Article 158: Restriction to declaration of dividends

A company shall not declare or pay a dividend if there are reasonable grounds for believing that

(a) the company is, or after the payment would be, unable to pay its liabilities as they become due; or

(b) the realizable value of the company's assets would be less than the aggregate of its liabilities and stated capital of all classes.

Article 159: Form of dividend

A company may pay a dividend by issuing shares of the company. Subject to the restrictions in this Part, a company may pay a dividend in money or property.

Article 160: Adjustment of stated capital account

If shares of a company are issued in payment of a dividend, the declared amount of the dividend stated as an amount of money shall be added to the capital account or maintained or to be maintained for the shares of the class or series issued in payment of the dividend.

F. Security Certificates, Registers and Transfers

Article 161: Definitions

In this Part, the technical words shall have the meanings as follows:

(1). "bearer" means the person in possession of a security payable to bearer or endorsed in blank;

(2). "bona fide purchaser" means a purchaser for value in good faith and without notice of any adverse claim who takes delivery of a security in bearer form or order form or of a security in registered form issued to him or endorsed to him or endorsed in blank;

(3). **"broker"** means a person who is engaged for all or part of his time in the business of buying and selling securities and who, in the transaction concerned, acts for, or buys a security from, or sells a security to a customer;

(4). **"delivery"** means voluntary transfer of possession;

(5). **"genuine"** means free of forgery or counterfeiting;

(6). **"holder"** means a person in possession of a security issued or endorsed to him or to bearer or in blank;

(7). **"over-issue"** means the issue of securities in excess of any maximum number of securities that the issuer is authorized to issue by its articles or by a specific contract;

(8). **"purchaser"** means a person who takes an interest in a security by sale, mortgage, hypothec, pledge, issue, reissue, gift or any other voluntary transaction;

(9). **"security" or "security certificate"** means an instrument issued by a company that is

(a) in bearer form, registered form or order form;

(b) of a type commonly dealt in on securities exchanges or markets or commonly recognized in any area in which it is issued or dealt in as a medium for investment;

(c) one of a class or series or by its terms divisible into a class or series of instruments, and

(d) evidence of a share, participation or other interest in or obligation of a company;

(10). **"transfer"** includes transmission by operation of law;

(11) **"unauthorized"** in relation to a signature or an endorsement, means one made without actual, implied or apparent authority and includes a forgery.

Article 162: Securities are negotiable instruments

Securities are negotiable instruments.

Article 163: Distribution document

A company that files or distributes in any business plan, statement of material facts, registration statement, securities exchange take-over bid circular or similar document relating to the distribution to the public of the securities of the company shall immediately send to the Director of Companies a copy of any such document.

Article 164: Securities in registered form

A security is in registered form if

(a) it specifies a person entitled to the security and specifies that the transfer is capable of being recorded in a securities register; or

(b) it bears a statement that it is in registered form.

Article 165: Debt obligation in order form

A debt obligation is in order form when it states that the debt obligation is payable to the order of, or that the debt obligation is assigned to a person who is reasonably identifiable.

Article 166: Securities in bearer form

A security is in bearer form if it is payable to any person who may present the security for payment. The securities in bearer form do not indicate the name of the holder.

Article 167: Rights of holder

Every security holder is entitled at his option to a security certificate that complies with this law or a non-transferable written acknowledgment of his right to obtain such a security certificate from a company.

A company is not required to issue more than one security certificate in respect of securities held jointly by several persons. Delivery of one security certificate to one person is sufficient.

Article 168: Signatures on the securities certificate

A security certificate shall be signed manually by at least one director and any additional signatures required on a security certificate may be printed.

Article 169: Contents of share certificate

There shall be stated on the face of each share certificate issued by a company

(1). the name of the company;

(2). the words "Incorporated under the Law of Commercial Enterprises of the Kingdom of Cambodia";

(3). the name of the person to whom it was issued;

(4). the number and class of shares and series of that share certificate;

(5). any restriction on the transfer of the security.

On a share certificate issued by a company that is authorized to issue more than one class or series of shares, there shall be stated legibly

(a) the rights, privileges, restrictions and conditions attached to the shares of each class and series that exists when the share certificate is issued;

(b) that the class or series of shares that it represents has rights, privileges, restrictions or conditions attached thereto. The company will provide a shareholder, on demand and without charge, with a full copy of the text of the rights, privileges, restrictions and conditions attached to each class and series.

Article 170: Securities Register

A company shall maintain a securities register in which it records the securities it issues stating with respect to each class or series of securities, namely:

(a) the names, alphabetically arranged, and the latest known address of each person who is or has been a security holder;

(b) the number of securities held by each security holder; and

(c) the date and particulars of the issue and transfer of each security.

Article 171: Dealings with registered holder

A company may treat the registered owner of a security as the person exclusively entitled to vote, to receive notices, to receive any interest, dividend or other payments in respect of the security, and to exercise all the rights of an owner of the security.

In the case where there are restrictions on the transfer of a security, and the security is transferred or transmitted to a person who is not the registered owner, the person shall provide proof of his authority to exercise rights or privileges in respect of the security. The company shall treat the person as entitled to exercise those rights or privileges.

Article 172: Minors

If an unemancipated minor exercises any rights of ownership in the securities of a company, neither the minor nor his representative may subsequently repudiate the actions.

Article 173: Transmission of securities

When a security is transferred or transmitted to a person who is not the registered holder, the person is entitled to become or to designate the registered holder if he files with the company the security certificate that was owned by the security holder.

The filing documents shall contain:

(a) the authentical notary document, or the original or certified copy of the court order or letters of administration; or

(b) an affidavit evidencing the transfer of the security on behalf of the registered holder:

- by a legal representative of a minor, incompetent person, or missing person;
- a liquidator; or
- trustee in bankruptcy.

Article 174: Burden of proof

In an action on a security,

(a) unless specifically denied in the pleadings, each signature on the security or in a necessary endorsement is admitted;

(b) a signature on the security is presumed to be genuine and authorized, but if the effectiveness of the signature is put in issue, the burden of establishing that it is genuine and authorized is on the party claiming that the signature is not genuine;

(c) if a signature is admitted or established, production of the instrument entitles a holder to recover on it unless the defendant establishes a defense or a defect going to the validity of the security; and

(d) if the defendant establishes that a defense or defect exists, the plaintiff has the burden of establishing that the defense or defect is ineffective against him or some person under whom he claims.

Article 175: Securities fungible

Unless otherwise agreed, and subject to any applicable law or related regulation a person required to deliver securities may deliver any security of the specified issue in bearer form or registered in the name of the transferee or endorsed to him or in blank.

Article 176: Notice of defect

The terms of a security stated on the security and terms incorporated by reference to another instrument to the extent that the incorporated terms do not conflict with the stated terms. If there is any inconsistency between such two terms then the first shall prevail.

A company shall, whether the fact that a security is not genuine, admit the ownership of the security in the hands of a bona fide purchaser.

A security is valid in the hands of a bona fide purchaser who does not have notice of any defect going to the validity of the security.

Article 177: Unauthorized signature

An unauthorized signature on a security before or in the course of its issue is ineffective. Except that the signature is effective in favor of a purchaser and without notice of the lack of authority, if the signing has been done by any person entrusted by the issuer to sign the security, or similar securities.

Article 178: **Completion or alteration**

Where a security contains the signatures necessary for its issue or transfer but is incomplete in any other respect,

(a) any person may complete it by filling in the blanks in accordance with his authority;

(b) notwithstanding that the blanks are incorrectly filled in, the security as completed is enforceable by a purchaser who took it for value and without notice of the incorrectness;

(c) a completed security that has been improperly altered, even if fraudulently altered, remains enforceable but only according to its original terms.

Article 179: **Warranties of agents**

A registrar, or transfer agent shall not liable for the forgery of security if:

(a) his acts in connection with the issue of the security are within his authority;

(b) he has reasonable grounds for believing that the security is in the form and within the amount the issuer is authorized to issue.

Article 180: **Title of purchaser**

On delivery of a security the purchaser acquires the rights in the security that his transferor had or had authority to convey, except that a purchaser who has been a party to any fraud or illegality affecting the security does not improve his position by taking title to the security from a later bona fide purchaser.

Article 181: **Warranties to purchaser**

A person by transferring a security to a bona fide purchaser warrants only that

(1). the transfer is effective and rightful;

(2). the security is genuine and has not been materially altered; and

(3). he knows of nothing that might impair the validity of the security.

A broker gives to his customer, to the issuer and to a purchaser, as the case may be, the warranties provided in this article and has the rights and privileges of a purchaser under this article. Those warranties of and in favor of the broker acting as an agent are in addition to warranties given by his customer and warranties given in favor of his customer.

Article 182: **Right to compel endorsement**

When a security in registered form is delivered to a purchaser without an endorsement, the purchaser may become a bona fide purchaser only at the time the endorsement is supplied.

However, the transfer is complete on delivery the purchaser has an enforceable right against the transferor to have any necessary endorsement supplied.

Article183: Endorsement

An endorsement of a security in registered form is made when an appropriate person signs, either on the security or on a separate document, an assignment or transfer of the security or signs a power to assign or transfer the security. The endorsements of security shall have the following characteristics:

- An endorsement may be special or in blank.
- An endorsement in blank includes an endorsement to bearer.
- A special endorsement specifies the person to whom the security is to be transferred, or who has power to transfer it.

A holder may convert an endorsement in blank into a special endorsement.

In this Part, appropriate person to endorse is:

(1). the person specified by the security or by special endorsement to be entitled to the security;

(2). the legal representative, if the person described in paragraph (1) is an individual and is without capacity to act by any reason;

(3). a person having power to sign under an applicable law or a power of attorney; or

(4.) an authorized agent, to the extent that a person described in paragraphs (1) to (3) may act through an agent.

Article 184: Immunity of endorser

Unless otherwise agreed, the endorser by his endorsement assumes no obligation that the security will be honored by the issuer.

An endorsement purporting to be only of part of a security representing units intended by the issuer to be separately transferable is effective to the extent of the endorsement.

Article 185: Effect of endorsement without delivery

An endorsement of a security whether special or in blank does not constitute a transfer until delivery of the security on which the endorsement appears or, if the endorsement is on a separate document, until delivery of both the security and the separate document.

Article 186: Endorsement in bearer form

An endorsement of a security in bearer form does not otherwise affect any right to registration that the holder has.

Article 187: Effect of unauthorized endorsement

The owner of a security may assert the ineffectiveness of an endorsement against the issuer or any purchaser who has in good faith received a new, reissued or re-registered security on registration of transfer.

Article 188: **Liability of issuer**

An issuer who registers the transfer of a security on an unauthorized endorsement is liable for improper registration.

Article 189: **Warranties of guarantor of signature**

A person who guarantees a signature of an endorser of a security warrants that at the time of signing

(1). the signature was genuine;

(2). the signer was an appropriate person to endorse; and

(3). the signer had legal capacity to sign.

However, a person who guarantees a signature of an endorser does not otherwise warrant the rightfulness of the particular transfer.

An issuer may not require a guarantee of endorsement as a condition to registration of transfer.

Article 190: **When delivery occurs**

Delivery to a purchaser occurs when

(a) the purchaser or a person designated by him acquires possession of a security;

(b) the broker of the purchaser acquires possession of a security specially endorsed to or issued in the name of the purchaser;

(c) the broker of the purchaser sends him confirmation of the purchase and the broker in his records identifies a specific security as belonging to the purchaser; or

(d) with respect to an identified security to be delivered while still in the possession of a third person, that person acknowledges that he holds it for the purchaser.

Article 191: **Delivery to broker**

Unless otherwise agreed, if a sale of a security is made on an exchange or otherwise through brokers

(1) the selling customer fulfils his duty to deliver when he delivers the security to the selling broker or to a person designated by the selling broker, or causes an acknowledgment to be made to the selling broker that it is held for him; and

(2) the selling broker, including a correspondent broker, acting for a selling customer fulfils his duty to deliver by delivering the security or a like security to the buying broker or to a person designated by the buying broker or by effecting clearance of the sale in accordance with the rules of the exchange on which the transaction took place.

Unless otherwise agreed, a transferor's duty to deliver a security to a purchaser under a contract of purchase is not fulfilled until he delivers the security in negotiable form to the purchaser or to a person designated by the purchaser, or causes an acknowledgment to be made to the purchaser that the security is held for him.

Chapter 2 – General Partnerships

Part 1. General Provisions

A. The Establishment of a General Partnership

Article 8: Nature of partnership

A general partnership is a contract between two or more persons to combine their property, knowledge or activities to carry on business in common with a view to profit.

Article 9: Form of contract

The contract of general partnership may be verbal or in writing. If the general partnership contract is in writing, all partners shall sign it.

Article 10: Rules of determining existence of partnership

When the contract is ambiguous the court shall consider the following rules to determine whether the parties had a common intention to form a general partnership:

(a) The fact that two or more persons jointly own property, whether the persons share in the profits made by the property or not, whether a general partnership does by itself create a partnership by the property or not.

(b) The fact that two or more persons share the gross receipts from commercial activity, whether or not the persons have joint or common rights in any property that generates the receipts, whether a general partnership does by itself create a partnership by joint or common rights in any property.

Article 11: Date of creation

When a general partnership is formed, the parties are bound to the contract at the time the contract is made, unless the contract states otherwise.

Article 12: Legal personality

A general partnership has a legal personality separate from that of each of its partners. A general partnership shall acquire legal personality when it registers in accordance with the Law on Commercial Rules and Register, and shall have the following rights.

(a) to own movable and immovable property in its own name;

(b) to carry on business in its own name;

(c) to contract in its own name; and

(d) to sue and be sued in its own name.

Article 13: **Nationality**

A general partnership that has acquired legal personality shall be deemed to be of Khmer nationality only if:

(a) The general partnership has a place of business and a registered office located in the Kingdom of Cambodia; and

(b) More than 51% of the record ownership interest in such general partnership is held by natural or legal persons of Khmer nationality.

Article 14: **Name of partnership**

The name of a general partnership shall include the name of one or more of the partners, and the words "General Partnership" shall be placed at the end or below the name. A general partnership shall use its name when carrying on business.

Article 15: **Liability for registration, filing and publication**

Each partner is individually responsible for complying with the registration, filing and publication requirements for the general partnership.

B. Relations of Partners to One Another

Article 16: **Nature of partner's contribution**

Each partner may:

(a) Contributions to the general partnership in cash, in kind, in past services actually rendered or future services.

(b) Contribution in services consists of the general partner's knowledge or activities, but shall not consist of the exercise of influence obtained from public officials.

Article 17: **Partner's debt for contribution**

Each partner is a debtor to the general partnership for everything he promises to contribute to it.

Article 18: **Contribution of property**

When a partner undertakes to contribute property, the partner shall transfer the rights of ownership or enjoyment and shall place the property at the disposal of the general partnership.

Article 19: **Monetary contribution**

When a general partner undertakes to contribute a sum of money and fails to do so, the general partner is liable for interest from the day his contribution should have been made, subject to any additional damages which may be claimed from him.

A receiver or receiver-manager appointed by a court shall act in accordance with the directions of the court.

A receiver or receiver-manager appointed under an instrument shall act in accordance with that instrument and any direction of a court.

Article 203: Duties of receiver and receiver-manager

A receiver or receiver-manager shall

(1). act honestly and in good faith, and deal with any property in his possession or control in a commercially reasonable manner;

(2). immediately notify the Director of Companies of his appointment and discharge;

(3). take into his custody and control the property of the company in accordance with the court order or instrument under which he is appointed;

(4). open and maintain a bank account in his name as receiver or receiver-manager of the company for the moneys of the company coming under his control;

(5). keep detailed accounts of all transactions carried out by him as receiver or receiver-manager;

(6). keep accounts of his administration and make them available for inspection by the Directors of Companies during usual business hours;

(7). prepare at least once in every six (6) month period after the date of his appointment, the financial statements of his administration;

(8). on completion of his duties, render a final account of his administration.

Article 204: Directions given by court

On an application by a receiver or receiver-manager, or on an application by any interested person, a court may make any order it thinks fit including, without limiting the generality of the foregoing,

(a) an order appointing, replacing or discharging a receiver or receiver-manager and approving his accounts;

(b) an order determining the notice to be given to any person or dispensing with notice to any person;

(c) an order fixing the remuneration of the receiver or receiver-manager;

(d) an order giving directions on any matter relating to the duties of the receiver or receiver-manager.

H. Shareholders

Article 205: Place of meetings

Shareholder general meetings shall be held at the place within the Kingdom of Cambodia provided in the articles or by-laws or that the directors determine.

A general meeting of shareholders may be held outside the Kingdom of Cambodia if all the shareholders entitled to vote at that meeting agree.

Article 206: Directors calling meetings

The directors of a company shall call an annual general meeting of shareholders not later than twelve (12) months after the company comes into existence.

The directors of a company may call a extraordinary meeting of shareholders at any time.

Article 207: Shareholders calling meetings

The shareholders may request the directors to call a general meeting of shareholders for the purposes stated in the request.

The request shall be made by the holders of not less than fifty-one (51) per cent of the issued shares of a company that carry the right to vote at the meeting.

The request may consist of several form requests signed by one or more shareholders.

The request shall state the business to be transacted at the meeting and shall be sent to each director and to the registered office of the company.

On receiving the request, the directors shall call a general meeting of shareholders to transact the business stated in the request.

If the directors do not call a meeting, within twenty-one (21) days after receiving the request, any shareholder who signed the request may call the meeting.

Unless the shareholders otherwise make a resolution at the meeting they called, the company shall reimburse the shareholders the expenses reasonably incurred by them in requesting, calling and holding the meeting.

Article 208: Meeting called by court

If it is not practical to call or conduct a shareholders general meeting in the manner prescribed by the articles, or this law, or for any other reason, a director, shareholder entitled to vote at the meeting, or the Director of Companies may apply to the court for an order directing that a meeting be held and conducted in any manner the court deems appropriate.

The court may order that the quorum required by the articles or this law be varied or dispensed with at a meeting called, held and conducted pursuant to this article.

Article 209: Establishing the record date

The shareholders entitled to receive notice of a general meeting of shareholders shall be every holder of a share of the class or series affected whose name is set out in the securities register at the close of business on the record date established.

The directors may establish a record date, which shall not be more than fifty (50) days, or less than twenty (20) days before the date of the meeting.

If the directors do not establish a record date, the record date shall be

(1). at the close of business on the day before notice of the meeting is given, or

(2). if no notice is given, the day on which the meeting is held.

The record date to determine shareholders for any matter, other than the right to receive notice of a meeting and the right to vote, shall be at the close of business on the day that the directors pass the resolution relating to that matter.

Article 210: Notice of record date

If the directors establish a record date, the directors shall publish notice of the record date in a general circulation newspaper in the place where the company has its registered office.

The directors also shall provide written notice to every stock exchange in the Kingdom of Cambodia where the company's shares are listed for trading.

These notices shall be provided within seven (7) days after the directors establish the record date.

Notice of the record date is not required if the notice is waived in writing by every holder of a share of the class or series affected whose name is set out in the securities register at the close of business on the day the directors fix the record date.

Article 211: Shareholder list

A company shall prepare a list of shareholders entitled to receive notice of a meeting, arranged in alphabetical order and showing the number of shares held by each shareholder.

If the directors establish a record date, the directors shall prepare the list not later than ten (10) days after that date.

If the directors do not establish a record date, the list shall be prepared

(1). at the close of business on the day immediately preceding the day on which the notice is given, or

(2). where no notice is given, on the day on which the meeting is held.

Article 212: Effect of list

A person named in the list of shareholders is entitled to vote the shares shown opposite his name at the meeting to which the list relates.

If a person named on the list of shareholders transferred the ownership of any of his shares after record date, the transferee is entitled to vote his shares at the meeting after the two requirements had fulfilled:

(1). produces properly endorsed share certificates, or otherwise establishes that he owns the shares, and

(2). demands, not later than ten (10) days before the meeting as the articles or bylaws of the company provide, that his name be included in the list before the meeting.

Article 213: **Examination of list**

A shareholder may examine the list of shareholders

(a) during usual business hours at the registered office of the company or at the place where its central securities register is maintained; and

(b) at the general meeting of shareholders for which the list was prepared.

Article 214: **Notice of meeting**

A written notice of every general meeting of shareholders shall be given to all shareholders, directors, and the auditor at least twenty (20) days to fifty (50) days before the date of the meeting.

The notice of shareholders general meetings shall state the date, agenda, and location of the meeting.

When special business is to be discussed at the meeting:

- documents stating the nature of that business in sufficient detail to permit the shareholder to form a reasoned judgment; and

- the text of any special resolution to be submitted at the meeting.

Failure to receive a notice does not deprive a shareholder of the right to vote at the meeting.

If a general meeting of shareholders is adjourned for less than thirty (30) days it is not necessary, unless the articles or bylaws otherwise provide, to give notice of the adjourned meeting, other than by announcement at the earliest meeting that is adjourned.

Article 215: **Waiver of notice**

A shareholder and any other person entitled to attend a general meeting of shareholders may waive notice of a meeting of shareholders.

However, a shareholder or person attendance at a general meeting of shareholders, may express purpose of objecting to the transaction of any business on the grounds that the meeting is not lawfully called.

Article 216: **Shareholder proposal**

A shareholder entitled to vote at an annual general meeting of shareholders may

(a) submit to the company notice of any matter that he proposes to raise at the meeting, and

(b) discuss at the meeting any other matter appropriate for a shareholder proposal.

Article 217: **Quorum**

Unless the articles provide otherwise, a quorum of shareholders general meeting are the holders of a majority of the shares entitled to vote at the meeting are present in person or represented by proxy.

If a quorum is present at the opening of a meeting of shareholders, the shareholders present may proceed with the business of the meeting.

If a quorum is not present at the opening of a meeting of shareholders, the shareholders present may adjourn the meeting to a fixed time and place but may not transact any other business.

Article 218: **Right to vote**

Every shareholder who owns voting shares or his proxy is entitled to attend and vote at the meeting in accordance with his share's voting rights.

If two or more persons hold shares jointly, one of those holders present at a meeting of shareholders may in the absence of the others vote the shares.

If two or more joint owners are present, in person or by proxy, they shall vote as one on the shares jointly held by them.

Article 219: Proxy and pooling agreements

Any shareholder may authorize any other natural person to represent and vote for him as a proxy at any meeting. All proxies shall be in writing and shall be signed by the shareholder and shall be dated.

A proxy shall not be valid for more than one (1) year after the date of its signature or for such shorter time as the proxy itself may provide.

Any number of shareholders may agree among themselves in writing to vote their shares in a certain manner.

Article 220: Voting

Unless the articles provide otherwise, election of the directors and decisions on other matters voted on by the shareholders shall be by secret ballot.

Article 221: Written resolution in lieu of meeting

A resolution in writing signed by all the shareholders entitled to vote on that resolution at a meeting of shareholders is as valid as if it had been passed at a meeting of the shareholders.

A resolution in writing dealing with all matters to be dealt with at a meeting of shareholders, and signed by all the shareholders entitled to vote at that meeting, satisfies all the requirements of this law relating to meetings of shareholders.

A copy of every resolution in lieu of a meeting shall be kept with the minutes of the meetings of shareholders.

Article 222: Court review

Any shareholder who does not receive written notice of a meeting and has reasonable proof thereof, has the right to petition to the court to reject any decision taken at such meeting.

Article 13: Nationality

A general partnership that has acquired legal personality shall be deemed to be of Khmer nationality only if:

(a) The general partnership has a place of business and a registered office located in the Kingdom of Cambodia; and

(b) More than 51% of the record ownership interest in such general partnership is held by natural or legal persons of Khmer nationality.

Article 14: Name of partnership

The name of a general partnership shall include the name of one or more of the partners, and the words "General Partnership" shall be placed at the end or below the name. A general partnership shall use its name when carrying on business.

Article 15: Liability for registration, filing and publication

Each partner is individually responsible for complying with the registration, filing and publication requirements for the general partnership.

B. Relations of Partners to One Another

Article 16: Nature of partner's contribution

Each partner may:

(a) Contributions to the general partnership in cash, in kind, in past services actually rendered or future services.

(b) Contribution in services consists of the general partner's knowledge or activities, but shall not consist of the exercise of influence obtained from public officials.

Article 17: Partner's debt for contribution

Each partner is a debtor to the general partnership for everything he promises to contribute to it.

Article 18: Contribution of property

When a partner undertakes to contribute property, the partner shall transfer the rights of ownership or enjoyment and shall place the property at the disposal of the general partnership.

Article 19: Monetary contribution

When a general partner undertakes to contribute a sum of money and fails to do so, the general partner is liable for interest from the day his contribution should have been made, subject to any additional damages which may be claimed from him.

A company shall not issue, publish or circulate copies of the annual financial statements unless the financial statements are approved by the directors and accompanied by the auditor's report.

Article 227: Copies to shareholders

Not less than twenty-one (21) days before each annual general meeting of shareholders or before the signing of a resolution in lieu of the annual general meeting, a company shall send a copy of the financial statements and supporting documents to each shareholder, except to a shareholder who has informed the company in writing that he does not want a copy of those documents.

Article 228: Copies to Director

A public limited company that has issued any securities to the public that remain outstanding and are held by more than one person shall send a copy of the financial statement and accompanying documents to the Director of Companies.

The statement and documents shall be sent not less than twenty-one (21) days before each annual general meeting of shareholders or immediately after the signing of a resolution in lieu of the annual general meeting.

Article 229: Appointment of auditor

The shareholders of a company shall appoint an auditor by ordinary resolution at the first annual general meeting of shareholders and at each succeeding annual general meeting.

The auditor shall hold office until the close of the next annual general meeting.

If an auditor is not appointed at a general meeting of shareholders, the incumbent auditor continues in office until a successor is appointed.

Article 230: Exemption

The shareholders of a company that has not issued any securities to the public, or that does not have any outstanding securities held by more than one person, may adopt a resolution not to appoint an auditor.

Article 231: Remuneration

The remuneration of an auditor may be set by ordinary resolution of the shareholders or, if not, may be set by the board of directors.

Article 232: Removal, vacancies

The shareholders may remove the auditor from office, other than an auditor appointed by a court or by ordinary resolution at a special general meeting. At the same meeting, the shareholders may appoint a replacement auditor.

Whenever there is a vacancy in the office of auditor, the board of directors shall call a special general meeting of shareholders to fill the vacancy within twenty-one (21) days after the vacancy is created.

An auditor appointed to fill a vacancy holds office for the unexpired term of his predecessor.

Article 233: **Court appointed auditor**

If a company does not have an auditor, the court, on the application of a shareholder or the Director of Companies, may appoint and set the remuneration of an auditor who holds office until a new auditor is appointed by the shareholders.

Article 234: **Powers and duties**

An auditor of a company shall make the examination that is in his opinion necessary to enable him to report to the shareholders on the financial statements required by this law.

On the demand of an auditor of a company, the present or former directors, officers, employees or agents of the company shall furnish such information, explanations, and access to books and records as the auditor deems necessary to fulfill his functions.

The auditor of a company is entitled to receive notice of every meeting of shareholders and, at the expense of the company, to attend and be heard on matters relating to his duties as auditor.

If a director or shareholder of a company, whether or not the shareholder is entitled to vote at the meeting, gives written notice not less than ten (10) days before a general meeting of shareholders to the auditor or a former auditor of the company, the auditor or former auditor shall attend the meeting at the expense of the company and answer questions relating to his duties as auditor.

J. Amendment of Articles of Incorporation

Article 235: **Right to amend**

A limited company may amend its articles of incorporation several times and at any time.

Article 236: **Vote**

The articles of a company shall be amended by special resolution. The holders of each class of shares, or series of shares, are entitled to vote separately as a class or series, when the proposal to amend the articles is for the purpose of

(1). adding, changing or removing rights, privileges, restrictions attaching to their class or series of shares;

(2). increasing or decreasing the maximum number of shares of their class or series of shares;

(3). increasing the maximum number of authorized shares of a class or series that have rights or privileges equal or superior to their shares;

(4). creating a new class of shares equal or superior to the shares of their class or series;

(5). making any class of shares having rights or privileges less than or equal or superior to their shares;

(6). reduce the stated capital account of their class or series of shares.

Even if the articles state that a certain class or series of shares are not entitled to vote, the class or series of shares is always entitled to vote separately as a class or series, on any amendment to the articles that would change directly or indirectly, or adversely affect any rights, privileges, restrictions and conditions attaching to their class or series of shares.

The voting power authorized under this Article may not be abolished, decreased or limited by the articles of incorporation or in any other fashion.

Article 237: Notice of meeting

The company shall give written notice of any general meeting to amend the articles at least twenty days before the meeting to the shareholders entitled to vote on the amendment. A copy of the text of the proposed amendment shall be enclosed with the notice of the meeting.

Article 238: Nature of amendments

Amendments to the articles may:

(a) Change the company's name;

(b) Increase, decrease or change the purposes, objectives, or undertakings of the company;

(c) Redistribute the number of shares in class with the changing of absolute and relative characteristics of any class of shares;

(d) Change the dividend payable on any class of shares;

(e) Increase its capital by creation new class of shares with its absolute and relative characteristics is superior or inferior the existing class of shares;

(f) Decrease its stated capital by reduce the par value of any class or series of shares or the authorized shares. The stated capital may not be reduced to less than one half (1/2) of its capital provided for in the articles. No reduction of capital shall occur until ninety days after the amendment has been filed with the Ministry of Commerce. If during that time there has been any objection by any creditor, whose debt is not disputed by the company, the creditor shall be paid in full before the reduction can take effect;

(g) Change the duration of the existence of the company;

(h) Change the Registered Office;

(i) Change the quorum;

(j) Add any provision, which is authorized by this law to be included in the articles.

Article 239: Filing amendments

Every document concerning any amendment of the articles shall clearly state the date on which the amendments were approved by the shareholders and shall be at least signed by the chairman of the board of directors or any director authorized by the chairman.

All amendments approving the amendments shall be filed with the Ministry of Commerce no later than fifteen (15) days after the meeting at which they were approved.

Article 240: Certificate of amendment

Article 20: **Contribution of knowledge or activities**

When a general partner undertakes to contribute knowledge or activities, the general partner owes the obligation continuously as long as he remains a general partner.

The written general partnership contract, the books and records of the general partnership shall indicate whether a general partner's contribution consists of knowledge, services or activities.

Article 21: **Capital of the partnership**

The capital of the general partnership shall include the contributions in cash and in kind. The contributions in kind shall be valued and all general partners shall agree to this valuation.

The computation of the general partnership's capital shall not include contributions of knowledge, services or activities.

Article 22: **Currency of capital**

The capital of a general partnership shall be calculated in the national currency.

Article 23: **Participation in profits and losses**

Each general partner shares in the profits and losses of the general partnership.

A contract provision that excludes a general partner from sharing in the profits is not effective.

A contract provision that exempts a general partner from the obligation to share in the losses is not effective against third parties.

Article 24: **Allocation of partner's interest**

The proportion of the interest of each general partner in the assets, profits and losses is equal unless otherwise provided in the contract.

If the contract establishes a general partner's interest by referring only to the assets, profits or losses, the proportion established in that case is presumed to apply to all three cases.

Article 25: **Partner accountable to partnership**

Each general partner shall account to the general partnership for all benefits and profits the general partner derives without the unanimous consent of the other general partners from any transaction connected with the business of the general partnership or from the use of partnership property. The general partners may not waive this obligation.

Article 26: **Partner's entitlement to wages**

No general partner is entitled to wages for employment in the general partnership business.

(c) Each constituent company shall give at least twenty days notice of the meeting of shareholders.

Article 245: Vote by shareholders

Merger shall be approved by a special resolution of the shareholders at least two third (2/3) of each constituent company.

Article 246: Votes by Class

Even if the articles of incorporation state that a certain class of shares shall not be entitled to vote, such class of shares is always entitled to vote separately as a class on any proposed merger which would change, either directly or indirectly, any rights, privileges, restrictions and conditions of that class or series of shares.

The voting power authorized under this article may not be rejected or amended by the articles of incorporation or in any other fashion.

Article 247: Filing Articles of Merger

The directors of the surviving company shall file the following documents with the Ministry of Commerce:

(a) The agreement of merger;

(b) Resolutions of the board of directors and shareholders of each constituent company on the agreement of merger;

(c) Articles of incorporation of the surviving company;

(d) Statements by a director or officer of each constituent company that establishes, to the satisfaction of the Director of Companies, that there are reasonable grounds for believing that

(i) each constituent company and the surviving company is able to pay its liabilities as they become due;

(ii) the realizable value of the surviving company's assets will not be less than the aggregate of its liabilities and stated capital of all classes;

(iii) no creditor will be prejudiced by the merger;

(iv) adequate written notice has been given to all known creditors of the constituent companies and no creditor has made valid and credible objections to the merger.

Article 248: Effect of merger

On receipt of articles of merger, the Ministry of Commerce shall issue a certificate of merger. On the date shown in a certificate of merger

(a) the merger of the constituent companies and their continuance as one company become effective;

(b) the property of each constituent company continues to be the property of the surviving company;

(c) the surviving company continues to be liable for the obligations of each constituent company;

(d) any civil, criminal or administrative matters involving any constituent company remain effective in relation to the surviving company; and

(e) the articles of merger are deemed to be the articles of incorporation of the surviving company and the certificate of merger is deemed to be the certificate of incorporation of the surviving company.

Article 249: Right to demand appraisal

Any shareholder of any constituent company in a merger may request an appraisal of the value of his shares in the constituent company. However, in order to be entitled to have an appraisal, the shareholder shall meet all of the following conditions:

(a) The shareholder owned shares in one of the constituent companies before the shareholders voted to approve the merger;

(b) The shareholder did not vote in favor of the merger;

(c) The shareholder makes a written demand to the surviving company after the articles of merger are filed with the Ministry of Commerce; and

(d) The shareholder surrenders his shares certificate to the surviving company at the same time he makes his demand for appraisal.

Article 250: Appraisal Procedure

When an appraisal is demanded, the surviving company and each complaining shareholder shall, for up to ninety (90) days, negotiate in order to attempt to agree on a fair price for the shares.

The fair price shall be determined by examining all relevant factors, but excluding any value created by the merger itself.

The articles of incorporation of any constituent company or the agreement of merger may provide that all appraisal disputes be decided by arbitration. Any shareholder may, at any time before the last arbitration's decision, abandon his claim for appraisal. In this case, he shall be entitled to receive from the surviving company the same payment as he would otherwise have received in the merger.

If they are unable to agree on a fair price, the competent court shall decide such price and the complaining shareholder shall be entitled to receive that amount.

L. Dissolution and Liquidation

Article 251: Dissolution

A company that has not issued any shares may be dissolved at any time by resolution of all the directors.

A company that has no property and no liabilities may be dissolved by special resolution of the shareholders or, where it has issued more than one class of shares, by special resolutions of the holders of each class whether or not they are otherwise entitled to vote.

The company shall send articles of dissolution in the prescribed form to the Director of Companies.

On receipt of articles of dissolution, the Director of Companies shall issue a certificate of dissolution.

The company ceases to exist on the date shown in the certificate of dissolution.

Article 252: Proposing liquidation and dissolution

The directors may propose, or a shareholder who is entitled to vote at a general meeting of shareholders may make a proposal for, the voluntary liquidation and dissolution of a company.

Notice of any meeting of shareholders at which voluntary liquidation and dissolution is to be proposed shall set out the terms for liquidation and dissolution.

A company that has property and/or liabilities may be dissolved by special resolution of the shareholders of ach class. In case the company has issued more than one class of shares, by special resolutions of the holders of each class whether or not they are otherwise entitled to vote, if

(1) by the special resolution or resolutions the shareholders authorize the directors to distribute any property and discharge any liabilities of the company.

(2) the company has distributed any property and discharged any liabilities before it sends articles of dissolution to the Director of Companies.

Article 253: Statement of intent to dissolve

After approval of a resolution to liquidate and dissolve, the company shall send a statement of intent to dissolve in prescribed form to the Director of Companies.

On receipt of a statement of intent to dissolve, the Director of Companies shall issue a certificate of intent to dissolve.

On issue of a certificate of intent to dissolve, the company shall cease to carry on business except to the extent necessary for the liquidation, but its legal personality continues until the Ministry of Commerce issues a certificate of dissolution.

Article 254: Notice of Intent to Dissolve

After issue of a certificate of intent to dissolve, the Director of Companies, the company shall

(a) immediately send notice of intent to resolve to each known creditor of the company;

(b) immediately publish notice of intent to dissolve for two (2) consecutive weeks in a newspaper published or distributed in the place where the company has its registered office, or in other publications as provided by regulations of the Ministry of Commerce.

Article 255: Liquidation

After issuance of a certificate of intent to dissolve, the company shall

- collect its property,
- dispose of properties that are not to be distributed in kind to its shareholders,
- discharge all its obligations, and
- do all other acts required to liquidate its business.

After giving the notice of intent to resolve, and adequately providing for the payment or discharge of all its obligations, the company shall distribute its remaining property, either in money or in kind, among its shareholders according to their respective rights.

Article 256: Supervision by court

The Director of Companies or any interested person may, at any time during the liquidation of a company, apply to a court for an order that the liquidation be continued under the supervision of the court.

An applicant shall give the Ministry of Commerce notice of the application, and the Director of Companies is entitled to appear and be heard in person or by counsel.

Article 257: Dissolution

After the liquidation is terminated, the company shall prepare articles of dissolution.

Articles of dissolution in prescribed form shall be sent to the Director of Companies.

On receipt of articles of dissolution, the Director of Companies shall issue a certificate of dissolution.

The company ceases to exist on the date shown in the certificate of dissolution.

Article 258:

The dissolution and liquidation provisions shall not apply to any company that has applied for bankruptcy to the court.

M. Director of Companies

Article 259: Appointment of Director of Companies

The Ministry of Commerce shall appoint one or more Director of Companies to carry out the duties and exercise the powers of the Director of Companies under this law.

Article 260: Certificate of Director of Companies

Where this law requires or authorizes the Ministry of Commerce to issue a certificate or to certify any fact, the certificate shall be signed by the Director of Companies.

Article 261: Copies

Where a notice or document is required to be sent to the Director of Companies , the Director of Companies may accept a photocopy.

Article 262: Proof required by Director of Companies

The Director of Companies may require that a document or a fact stated in a document to be sent to him shall be verified by affidavit.

Article 263: Regulations

The Ministry of Commerce may make regulations

(a) prescribing any matter required or authorized by this law to be prescribed;

(b) requiring the payment of a fee in respect of the filing, examination or copying of any document, or in respect of any action;

(c) prescribing the contents and electronic or other forms of notices and documents required to be sent to or issued by the Ministry of Commerce;

(d) respecting the sending or issuance of notices and documents; and

(e) prescribing rules with respect to exemptions permitted by this law.

Article 264: Filing of articles and dissolution plans

Articles or a dissolution plan to be sent to the Ministry of Commerce shall be signed by a director or an officer of the company or, in the case of articles of incorporation, by an incorporator.

After receiving the articles or plan in the prescribed form the Director of Companies shall

(1) record the date of the filing,

(2) issue the appropriate certificate,

(3) file the certificate and the articles or statement, photographic, electronic or other reproduction of the certificate and of the articles or statement,

(4) send the certificate and the articles or statement, photographic, electronic or other reproduction of the certificate and of the articles or statement, to the company or its representative, and

(5) publish a notice of the issuance of the certificate in the Gazette of the Ministry of Commerce.

Article 265: Date of certificate

A certificate issued by the Ministry of Commerce may be dated as of the day he receives the articles, plan or court order pursuant to which the certificate is issued or as of any later day specified by the court or person who signed the articles or plan.

Article 266: Certificate of compliance

The Director of Companies may furnish any person with a certificate and necessary documents that a company has sent to the Ministry of Commerce required under this law.

Article 267: Corrections

If a certificate containing an error is issued to a company by the Director of Companies, the directors or shareholders of the company shall, on the request of the Director of Companies, pass the resolutions and send to him the documents required to comply with this law. The Ministry of Commerce may, if there is a reasonable reason, demand the surrender of the certificate and issue a corrected certificate.

A corrected certificate shall have the same date as the certificate it replaces.

If a corrected certificate materially amends the terms of the original certificate, the Director of Companies shall immediately give notice of the correction in the Gazette of the Ministry of Commerce.

Article 268: Inspection and copies of records

A person who has paid the prescribed fee is entitled to examine, during usual business hours, a document sent to the Ministry of Commerce, and to make copies or extracts of reports. This article does not apply to reports of court-ordered investigations.

The Director of Companies shall furnish any person with a copy or a certified copy of documents covered by this article.

Where records are maintained by the Ministry of Commerce otherwise than in written form,

(a) the Ministry of Commerce shall furnish any copy required to be furnished under this article in readable form; and

(b) a report reproduced from those records, if it is certified by the Director of Companies, is admissible in evidence to the same extent as the original records.

Article 269: Retention of records

The Ministry of Commerce is not required to produce any document, other than a certificate and attached articles or dissolution plan, after ten years from the date he receives it.

Chapter 4 – Foreign Business

General Provisions

Article 270: Foreign business defined

A foreign business is a legal person formed under the laws of a foreign country having a place of business in, and doing business in the Kingdom of Cambodia.

Article 271: Forms

A foreign business may conduct business in the Kingdom of Cambodia in the following forms:

(a) commercial representative office or commercial relations office, or

(b) branch,

(c) subsidiary.

The commercial representative office and branch are agents of their principals and do not have legal personality separate from their principals.

Article 272: Doing business

A foreign business shall be considered to be "**doing business**" if the foreign business performs any of the following acts in the Kingdom of Cambodia:

(a) Rents office or any other space for manufacturing, or processing, or performing services for more than one month;

(b) Employs any person to work for it for more than one month;

(c) Performs any other act that laws of the Kingdom of Cambodia authorized for foreign natural and legal persons.

Article 273: Subject to local law

A foreign business doing business in any forms within the Kingdom of Cambodia shall be subject to the laws and the jurisdiction of courts of the Kingdom of Cambodia.

A foreign business shall comply with the registration requirements of the Law on Commercial Rules and Register.

A. Representative Office

Article 274: Authorized activities

A commercial representative office or commercial relations office may perform the following acts in the Kingdom of Cambodia:

(a) Contact customers for the purpose of introducing customers to its principal.

(b) Research commercial information and provide the information to its principal.

(c) Conduct market research.

(d) Market goods at trade fairs, and exhibit samples and goods in its office or at trade fairs.

(e) Purchase and keep a quantity of goods for the purpose of trade fairs.

(f) Rent an office and employ local staff.

(g) Enter into contracts with local customers on behalf of its principal.

However, a commercial representative office or commercial relations office may not regularly buy or sell goods, perform services, or engage in manufacturing, processing or construction.

Article 275: Management

A commercial representative office or commercial relations office shall be managed by one or more managers appointed and removed by its principal.

Article 276: Name

The name of the commercial representative office or commercial relations office shall be the name of its principal. The words "Commercial Representative Office" or "Commercial Relations Office" shall be placed above or in front of the name.

Article 277: Closing representative office

A commercial representative office or commercial relations office may be closed by a decision of its principal.

B. Branch

Article 278: Authorized activities

A branch may perform the same acts as a commercial representative office.

In addition, a branch may regularly buy and sell goods and services and engage in manufacturing, processing and construction same as the local company except any acts that prohibited for natural or legal person who is foreigner.

Article 279: Liability

The assets of the branch shall be the assets of the principal. The principal shall be liable for any obligations of the branch.

Article 280: Management

A branch shall be managed by one or more managers appointed and removed by the decision of the principal.

Article 281: Name

The name of a branch shall be the name of its principal. The words "Branch " shall be placed above or in front of the name.

Article 282: Closing branch

A branch may be closed by the decision of its principal.

C. Subsidiary

Article 283:

A subsidiary is a company that incorporated by the foreign company in the Kingdom of Cambodia with at least fifty-one (51) percent of its capital that held by the foreign company.

Article 284:

A subsidiary has legal personality separate from their principals from the date of its registration pursuant to the Law on Commercial Rules and Register.

Article 285:

A subsidiary may be incorporated in the form of partnership or limited company.

Article 286:

A subsidiary may regularly carry on business same as the local company except for any acts that prohibited for natural or legal person who is foreigner.

Article 27: Liability for damage

A general partner is liable to the general partnership for damages caused the general partner's fault.

Article 28: Disbursement on behalf of the partnership

A general partner, acting in good faith, has the right to recover the amount of the disbursements he makes on behalf of the general partnership and to indemnification for contractual obligations he makes and losses he suffers in acting for the general partnership.

Article 29: Receipt of amount by a partner

This article applies where

(a) a general partner, on his own behalf, and the general partnership are both creditors of the same debtor;

(b) both debts are payable; and

(c) the debtor pays the general partner, but not the general partnership. In this case, the amount the general partner receives shall be allocated proportionately to the personal claim and the general partnership's claim.

Article 30: Partner and partnership's property

Each general partner may use the property of the general partnership, provided he uses it in the interest of the general partnership.

Each general partner may use the property of the general partnership for his personal use provided that he obtains the unanimous consent of the other general partners.

Each general partner shall use the property of the general partnership in such a way as not to prevent the other general partners from using it, as they are entitled.

Article 31: New partner

No natural or legal person may become a general partner without the unanimous consent of all general partners.

A general partner may assign his right to receive moneys to which he is entitled without the consent of other general partners. This assignment does not make the recipient a general partner in the general partnership.

Article 32: Transferability of partner's interest

A general partner may transfer his interest in the general partnership with the unanimous consent of all general partners.

Chapter 6 – Offences, Penalties and Remedies

Article 290: **False and misleading reports**

A person who makes or assists in making a false or misleading report, return, notice or other document to be sent to the Ministry of Commerce, or to any other person, is guilty of an offence and liable to a fine from one (1) million to 10 million riels, or to imprisonment for a term not exceeding six (6) months or to both excluding civil remedy or criminal action mentioned in relevant laws.

Article 291: **Order to comply**

Where a company commits an offence, any director or officer of the company who knowingly authorized, permitted or acquiesced in the commission of the offence is a party to and guilty of the offence and is liable to fine as provide for in Article 290.

Article 292: **Limitation period**

A prosecution for an offence under this law may be instituted at any time within but not later than three (3) years after the time when the subject matter of the complaint arose.

Article 293: **Civil remedy not affected**

No civil remedy for an act or omission is suspended or affected by reason that the act or omission is an offence under this law.

Article 294: **Registration, filing and publication**

A company and a natural person who, without reasonable cause, does not comply with the registration, filing and publication requirements of this law may be prosecuted pursuant to articles 43 and 44 of the Law on Commercial Rules and Register as amended.

Article 295: **Company books and records**

A company or a natural person who violates any provision of Part 2(C) of Chapter 3, relating to company books and records may be prosecuted pursuant to articles 43 and 44 of the Law on Commercial Rules and Register as amended.

Article 296: **Financial statements to shareholders**

A company that, without reasonable cause, fails to send copies of financial statements to shareholders as required by Article 227 guilty of an offence and upon conviction is liable to a fine from one million to 10 million riels.

Article 297: **Financial statements to Director of Companies**

A company that, without reasonable cause, fails to send copies of financial statements to the Director of Companies as required by Article 228 is guilty of an offence and liable on summary conviction to a fine from one million to 10 million riels.

Article 298: Auditor

An auditor or former auditor of a company who fails without reasonable cause to comply with the requirement to attend shareholder general meetings as required by Article 234 is guilty of an offence and liable on summary conviction to a fine from one million to 10 million riels or to imprisonment for a term not exceeding six (6) months or to both.

Article 299:

The Director of Companies who has committed gross negligence, careless, or failed to comply with the regulation of the Ministry of Commerce or conspire to commit such offense shall be liable for an administrative penalty and/or prosecution before the court of law.

Chapter 7 – Transitional Provisions

Article 300:

This Law shall not affect the validity and operations of all companies that have properly registered in the Commercial Register of the Kingdom of Cambodia.

Article 301:

This Law shall apply to the operations of all companies in relation to the submission of document and information to the Ministry of Commerce.

Article 302:

The Ministry of Commerce shall according to this Law prepare a model of Memorandum and Articles of Association and guideline for the Amendment of Memorandum and Articles of Association in order to publicize to the registered companies that have intent to amend its Memorandum and Articles of Association.

Chapter 8 – Final Provisions

Article 303: **Contradiction**

Any provisions that contradict this Law shall consider null and void.

Article 304: **Promulgation**

This law shall be promulgated as urgent.

This law is adopted by the National Assembly of the Kingdom of Cambodia in Phnom Penh on May 17th, **2005 during the 2nd Plenary session of the Third** Legislature.

KINGDOM OF CAMBODIA
Nation Religion King

LAW ON INVESTMENT OF THE KINGDOM OF CAMBODIA (August 05, 1994)

AND

LAW ON THE AMENDMENT TO THE LAW ON INVESTMENT OF THE KINGDOM OF CAMBODIA (March 24, 2003)

Dated 29/03/2002KINGDOM OF CAMBODIA
Nation Religion King

LAW ON INVESTMENT
OF THE KINGDOM OF CAMBODIA
(August 05, 1994)THE NATIONAL ASSEMBLY

PREAH REACH KRAM (ROYAL DECREE)
N° [...]

I, PREAHBATH SAMDECH PREAH NORODOM SIHANOUK VARMAN REACH HARIVONG UPHATO SUCHEAT VISOTHIPONG AKAMOHABORASRAT NIKARASOM THAMMIK MOHAREACHE ATHIREACH BOROMANEAT BOROMABOPIT PREAH CHAU KRONG KAMPUCHEA THIPDEY

- ***Seen the Constitution of the Kingdom of Cambodia promulgated on September24, 1993;***

- ***Seen the Royal Decree dated November 1, 1993 on the Appointment of the Royal Government;***

- ***Seen The Law on Investment of the Kingdom of Cambodia and its promulgation by Royal Decree (Kram) dated August 5, 1994; and***

- ***With the request of the Council of Ministers***

AND

LAW ON THE AMENDMENT TO THE LAW ON INVESTMENT OF THE KINGDOM OF CAMBODIA

(March 24, 2003)THE NATIONAL ASSEMBLY

CHAPTER 1
GENERAL PROVISIONS

Article 21: New

This law applies togoverns all Qualified Investment Projects and regulates the processdefines procedures by which any person establishes a Qualified Investment Project.

Only Qualified Investment Projects are entitled to the benefits and subject to the obligationsscope of this Law.

Article 32: New

In this Law, unless the context otherwise requires :Within the meaning of this Law, the following terms shall be defined as follows:

"Applicant" means any person or group of persons submitting an Investment Proposal to the Council

"Cambodian Entity " means a company which has a place of business and a registered office located in the Kingdom of Cambodia and 51% or more of the voting shares of the company are held by a person with Cambodian nationality.

"Conditional Registration Certificate" means the document issued by the Council under Article 8.3 of this Law.

"Council " means the Council for the Development of Cambodia.

"Export QIP " means a Qualified Investment Project whose production is exported in accordance with the provisions of the Sub-Decree;

"Final Registration Certificate" means the document issued by the Council under Article 8.7 of this Law."

"Investment Proposal" means the proposal submitted by any person to the Council with the purpose to establish a QIP.

"Investor" means any person who carries on a Qualified Investment Project;

"Person" means any natural or juridical person.

"**Qualified Investment Project**" or "**QIP**" means an investment project which has received a Final Registration Certificate.

"Export QIP" means a Qualified Investment Project whose production is exported to be determined by Sub-Decree.

"**Supporting Industry QIP"** means a Qualified Investment Project which has its entire production (100%) supplying exportersexport industry as substitution for the latter's regular import ofregularly imported raw materials or accessories.

"Working day" means any calendar day which is an official working day of the Royal Government of Cambodia by law..

"Cambodian Entity" means a company which has a place of business and registered in the Kingdom of Cambodia and 51% or more of the shares of the company are held by a person with Cambodian nationality.
"Person" means any natural or juristic person.

"Conditional Registration Certificate" means the document issued by the Council under the paragraph 3 of the new Article 7 of this Law.

"Final Registration Certificate" means the document issued by the Council for the Development of Cambodia under the paragraph 7 of the new Article 7 of this Law.

"Investment Proposal" means the proposal submitted by any person to the Council for the Development of Cambodia with the purpose to establish a QIP.

"Applicant" means any person or group of persons submitting an Investment Proposal to the Council for the Development of Cambodia.

"Investor" means any person who carries on a Qualified Investment Project.

CHAPTER 2
THE COUNCIL FOR THE DEVELOPMENT OF CAMBODIA

Article 73:

The Council for the Development of Cambodia is the sole and One-Stop Service organization responsible for the rehabilitation, development and the oversight of investment activities. The council for the Development of Cambodia is the Royal Government's "Etat-Major" responsible for the evaluation and the decision-making on all rehabilitation, development and investment project activities.

Article 4:

The Council for the Development of Cambodia comprises the following two operational boards:

1- The Cambodian Rehabilitation and Development Board; and
2- The Council for the Development of Cambodia

Article 5:

The organization and functioning of the council for the Development of Cambodia shall be specified by Sub-Decree.

CHAPTER 3
INVESTMENT PROCEDURES

CHAPTER II
THE COUNCIL FOR THE DEVELOPMENT OF CAMBODIA

Article 4:

The Council for the Development of Cambodia is the sole and One-Stop Service organization responsible for the Rehabilitation, Development and the oversight of investment activities. The Council for the Development of Cambodia is the Royal Government's "Etat-Major" responsible of the evaluation and the decision-making on all Rehabilitation, Development and Investment project activities.

Article 5:

The Council for the Development of Cambodia comprises the following boards:

1. The Cambodian Rehabilitation and Development Board;
2. The Cambodian Investment Board;

Article 6:

The organization and functioning of the Council for the Development of Cambodia shall be specified by Sub-Decree.

CHAPTER III

INVESTMENT PROCEDURES

Article 76: New

All persons wishing to establish a QIP shall apply submit an Investment Proposal to the Council by submitting an Investment Proposal for the Development of Cambodia in the form and according to the procedures provided in this Law and the Sub-Decree.

Article 87: New

1.Within three (03) working days of the Council's receipt of the Investment Proposal, the Council shall issue to the Applicant a Conditional Registration Certificate or a Letter of Non-Compliance.

2.The Council shall issue the Conditional Registration Certificate if the Investment Proposal contains all the information required under the Sub-Decree, and if the proposed activity is not in the Negative List set out in the Sub-Decree. IfHowever, if the Investment Proposal does not satisfy such criteriathe above condition, the Council shall issue a Letter of Non-Compliance to the Applicant.

3.The Conditional Registration Certificate shall specify the approvals, authorizations, clearances, licenses, permits or registrations required for the QIP to operate, as well as the government entities responsible to issue such approvals, clearances, licenses, permits or registrations. The Conditional Registration Certificate shall also confirm the incentives that the QIP is entitled to under new Article 14 of this Law and confirmrecognize the statutes of the legal entity, which will undertake the QIP.

If the Council for the Development of Cambodia fails to issue a Conditional Registration Certificate or Letter of Non-Compliance within three working days, the Conditional Registration Certificate shall be considered to be automatically issuedapproved in the form set out in the Sub-Decree.

5.The Council for the Development of Cambodia shall obtain all of the licenses from relevant ministries-entities listed in the Conditional Registration Certificate on behalf of the Applicant.

6.All government entities responsible for issuing an authorization, clearance, license, permit or registration listed on the Conditional Registration Certificate shall issue such document no later than thethe 28th working day from the date of the Conditional Registration Certificate. Any government official who, without proper legal justificationreason, fails to process and respond to an Applicant's request by this 28 working day deadline shall be punished by law.

7.The Council shall confirm the Conditional Registration Certificate within 28 working days of the its issuance by issuing a Final Registration Certificate.The Council for the Development of Cambodia shall issue a Final Registration Certificate within 28 working days of its issuance of the Conditional Registration Certificate. Issuance of the Final Registration Certificate does not release the QIP from obtaining any other approvals required by law. A QIP is formedspecified by competent ministries-entities. Even upon issuancethe lapse of the 28 working days deadline as stipulated in the paragraph 6 above, all competent entities shall issue approvals as prescribed by laws and regulations. The date of issuing the Final Registration Certificate. shall be the date of QIP commencement.

8.All Letters of Non-Compliance shall clearly state, in detail, the clear reasons why the Investment Proposal was not satisfactory,acceptable as well as the additional information required to enable the Council to issue a Conditional Registration Certificate. The Council has 10 working days to issue a Conditional Registration Certificate or Letter of Non-Compliance after receipt from the Applicant of the information requested in any Letter of Non-Compliance.

CHAPTER IV
INVESTMENT GUARANTEES

CHAPTER 4
INVESTMENT GUARANTEES

Article 98: New

A foreign investor shall not be treated in any discriminatory way by reason only of the investor being a foreign investor, except in respect of ownership of land as set forth in the Constitution of the Kingdom of Cambodia.Land Law.

Article 9:

The Royal Government shall not undertake nationalization policy, which shall adversely affect private properties of investors in the Kingdom of Cambodia.

Article 10:

The Royal Government shall not undertake nationalization policy, which shall adversely affect private properties of investors in the Kingdom of Cambodia.

Article 1110: New

The Royal Government shall not impose fix the price control onor fee of the products or services of a QIP.

Article 11:

In accordance with the relevant laws and regulations issued and published to the public by the National Bank of Cambodia, the Royal Government shall permit investors with investments in Cambodia to purchase foreign currencies through the banking system and to remit abroad these currencies for the discharge of financial obligations incurred in connection with their investments. This concerns the following payments.

1- Payment for imports and repayment of principle and interest on international loans;
2- Payment of royalties and management fees;
3- Remittance of profits; and
4- Repatriation of invested capital in compliance with Chapter 8.

CHAPTER 5
INVESTMENT INCENTIVES

Article 12:

In accordance with the relevant laws and regulations issued and published to the public by the National Bank of Cambodia, the Royal Government shall permit investors with investments in Cambodia to purchase foreign currencies through the banking system and to remit abroad these currencies for the discharge of financial obligations incurred in connection with their investments. This concerns the following payments:

1.Payment for imports and repayment of principal and interest on international loans;
2.Payment of royalties and management fees;
3.Remittance of profits; and
4.Repatriation of invested capital in compliance with Chapter VIII

CHAPTER V
INVESTMENT INCENTIVES

Article 1312: New

The Royal Government shall make available incentives under this Chapter to Qualified Investment Projects.

Article 13:

Incentives and privileges shall include the exemption, in whole or in part, of custom duties and taxes.

Article 14: New

Incentives provided for in Article 13 shall include the exemption, in whole or in part, of custom duties and taxes as follow :

1. A QIP shall be entitled to exemption from the tax on profit imposed under the Law on Taxation for by obtaining a profit tax exemption period.

   The tax exemption period is composed of a Trigger Period + 3 years + n years (nPriority Period. Priority Period shall be determined in the Financial Management Law)..

   The maximum allowable Trigger Period is to be first year of profit or three years after the QIP earns it first revenue, whichever is sooner.

2. The entitlement of a QIP under Sub-article 14.1the paragraph 1 above shall be subject to the QIP obtaining from the Council an annual certificate of compliance in accordance withobligation satisfaction before the provisions ofState which shall be specified by the Sub-Decree.

3. A QIP shall be subject to a profit tax rate after its tax exemption period as determined in the Law on Taxation

4. A QIP which uses the entitlement under Sub-Article 14.1the paragraph 1 above shall not be entitled to claim any special depreciation under the Law on Taxation.

5. A domestically oriented QIP shall be entitled to import production equipment construction materials, exempt of duty in accordance with the provisions ofand production input construction materials, exempt of duty which shall be specified by the Sub-Decree.

6. AExport QIPs other than an Export QIP which elects or which has elected to use the Customs Manufacturing Bonded Warehouse mechanism, shall be entitled to import production equipment, construction materials, and production input materials exempt of duty in accordance with the provisions of raw materials, intermediate

goods, and production input accessories, exempt of duty which shall be specified by the Sub-Decree.

7. A "Supporting Industry" QIP shall be entitled to import production equipment, construction materials, and production input materials exempt of duty in accordance with the provisions ofraw materials, intermediate goods and production input accessories, exempt of duty which shall be specified by the Sub-Decree.

8. A person which has acquired, or merged with, an investor, may on application to the Council for the Development of Cambodia inherit all, and any, guarantees, rights, privileges and obligations from the investor's QIP, subject to the merger or acquisition per procedures stipulated inwhich shall be specified by the Sub-Decree.

9. A QIP which is located in a designated SPZ or EPZ listed in a development priority list issued by the Council shall be entitled to the same incentives and privileges as other QIPs stipulated in this law.

10. A QIP shall be entitled to 100% exemption of export tax, except for activities specifically mentionas stipulated in the Law on Customs.laws in effective.

11. A QIP is entitled to obtain visas and work permits for the employment in the Kingdom of foreign citizens as managers, technicians and skilled workers, and residency visas for the spouses and dependants of those foreign nationals as authorized by the Council for the Development of Cambodia and in compliance with the Immigration and Labor Laws.

Article 15: New

The rights, privileges and entitlements of a QIP may not be transferred or assigned to any third party except by acquisition or merger as stipulated in Article 14.8.the paragraph 8 of the new Article 14.

CHAPTER VI
LAND OWNERSHIP AND USE

CHAPTER 6
LAND OWNERSHIP AND USE

Article 16: New

In accordance with the Constitution and relevant laws and regulations pertaining to the ownership and use of land

1.Ownership of land by investors for the purpose of carrying on a QIP shall be vested in natural persons holding Cambodian citizenship or in Cambodian Entities.

2.Use of land shall be permitted to investor, including concessions, unlimited long-term leases and, limited short-term leases which are renewable, upon request... The concession of the public owned land is permitted for a period up to 99 years.in compliance with the provisions of the Land Law.

3.Investors shall have the right to own and pledge as security and transfer the real and personal property situated upon the land and land which the QIP uses, for a period no longer than the period determined in a land concession contract or land lease agreement as permitted by Law.

Investors cannot transfer or pledge any longer the land concession, which has not been in operation.

CHAPTER VII
EMPLOYMENT PRACTICES

CHAPTER 7
EMPLOYMENT PRACTICES

Article 17:
Article 17:

Investors in the Kingdom of Cambodia shall be free to hire Cambodian nationals and foreign nationals of their choosing in compliance with the labor and immigration laws.

Investors in the Kingdom of Cambodia shall be free to hire Cambodian nationals and foreign nationals of their choosing in compliance with the labor and immigration laws.

Article 18: New

Investors shall be allowed to hire foreign employees provided that ::

1.- The qualification and expertise are not available in the Kingdom of Cambodia among the Cambodian populace. In the event of such hiring, appropriate documentation including photocopies of the employee's passport, certificate and/or degree and a curriculum vitae shall be submitted to the Council for the Development of Cambodia,

- A letter asserting needs for hiring the foreign employees shall be required. Investors shall obtain an approval and a permit from the Ministry of Social Affairs, Labor, Vocational Training and Youth Rehabilitation,

- Before working for investors, the foreign employee shall hold a permit for work in the Kingdom of Cambodia, issued by the Ministry of Social Affairs, Labor, Vocational Training and Youth Rehabilitation.

Investors shall perform the following obligations:

-2. Investors shall have the obligation to pProvide adequate and consistent training to Cambodian staff,

-3. Promotion of Cambodian staff to senior positions will be made over time.

Article 19:

Foreign employees shall be allowed to remit abroad their wages and salaries earned in the Kingdom of Cambodia, after payment of appropriate tax, in foreign currencies obtained through the banking system.

CHAPTER 8
DISPUTES AND DISSOLUTION

Article 19:

Foreign employees shall be allowed to remit abroad their wages and salaries earned in the Kingdom, after payment of appropriate tax, in foreign currencies obtained through the banking system.

CHAPTER VIII
DISPUTES AND DISSOLUTION

Article 20: New

Any Except for land-related disputes, any dispute relating to a QIP concerning its right and obligations set forth in the law shall be settled amicably as far as possible through consultation between the Council for the Development of Cambodia, the investors and any other party involved in the dispute.

If the parties failed to reach an amicable settlement within two months from the date of the first written request to enter such consultations, the dispute shall be brought by either party for :

- Conciliation before the Council which shall provide its opinion, or

-Adjudication by the courts of the Kingdom of Cambodia, or

- Resolution by arbitrationArbitration in or outside of Cambodia under international rules as agreed by both parties., or
- Trial by the tribunals of the Kingdom of Cambodia.

Article 21: New

If an investor intends to end its activities in the Kingdom of the Cambodia, it shall inform the Council for the Development of Cambodia through either a registered letter or a hand delivered letter stating the reason of such a decision, and signed by the investor or his attorney-in fact.

Article 22: New

If an investor intends to stop the activity of its QIP without judicial procedures, the investor shall provide proof to the Council that the QIP has properly settled its debts, including any complainants and claims from the Ministry of Economy and Finance, before the investor is allowed to officially stop the activities of the QIP or dissolve according to the applicable commercial law.

Article 23: New

Once the QIP is allowed to stop its activity either within the judicial procedures or not, the investor can transfer the remaining proceeds of their assets overseas or use them in the Kingdom of Cambodia. However, in the event that the QIP had used machineries and equipment that were imported duty free for less than five years, the QIP shall have the obligations to pay the duties applicable to those machineries and equipment, peraccording to the termsdetermination of the Sub-Decree.

NEW CHAPTER 9
TRANSITIONAL PROVISIONS

Article 24: New

1.All investments authorized under the Law on Investment promulgated in by Royal Kram No. 03/NS/94 dated August 05, 1994 and its implementing sub-decreeSub-Decrees shall be considered to be Qualified Investment Projects subject to as stipulated in this Law and therelevant Sub-Decree.s.

An QIP entitled to a tax on profit rate of 9% before the promulgation of this Law and which has commenced the investment activity in respect of which the approval was granted, shall be entitled to that 9% tax rate for five tax years commencing from the taxfiscal year after the promulgation of this Law, subject to the QIPInvestors submitting in each taxfiscal year after the promulgation of this law a certificate of obligation compliance in accordance with the Sub-Decree.

A QIP entitled to an exemption of tax on profit satisfaction before the State, which shall be specified by the Sub-Decree as stipulated in the paragraph 2 of the new Article 14.

3.A QIP entitled to an exemption of tax on profit before promulgation of this Law, and whose entitlement has been confirmedapproved in writing by the Council, shall continue to be entitled to that profit tax exemption, subject to the QIPInvestors submitting in each taxfiscal year after the promulgation of this Law a certificate of compliance in accordance withobligation satisfaction before the State, which shall be specified by the Sub-Decree as stipulated in the paragraph 2 of the new Article 14.

NEW CHAPTER 10
FINAL PROVISIONS

Article 25: New

Where the QIP violates or fails to comply with the conditions stipulated by the Council for the Development of Cambodia, the Council shall have the power to withdraw the privileges and incentives granted to him, in whole or in part.

CHAPTER X
FINAL PROVISIONS

Article 26: New

Any provisions contrary to this Law shall be considered null and void.abrogated.

Article 27: New

This Law shall be promulgated immediately.

Kingdom of Cambodia
NATION RELIGION KING

SUB-DECREE

ON THE IMPLEMENTATION OF THE LAW ON THE AMENDEMENT TO THE LAW ON INVESTMENT OF THE KINGDOM OF CAMBODIA No 111 ANK/BK DATED SEPTEMBER 27, 2005

The Royal Government of Cambodia

- Having seen the Constitution of the Kingdom of Cambodia
- Having seen the Royal Decree NS/RKT/0704/124 dated July 15, 2004 on the formation of the Royal Government of Cambodia
- Having seen the Royal Kram No. 02/NS/94 dated July 20, 1994 promulgating the Law on the Organization and Functioning of the Council of Ministers;
- Having seen the Royal Kram No. 03/NS/94 dated August 5, 1994 regarding the Law on Investment of the Kingdom of Cambodia and Royal Kram No. NS/RKM/0303/009 dated March 24, 2003 promulgating the Amendment to the Law on Investment of the Kingdom of Cambodia
- Having seen the Royal Kram No. NS/RKM/0297/03 dated February 24, 1997 promulgating the Law on Taxation and the Royal Kram No. NS/RKM/0303/010 dated March 31, 2003 promulgating the Amendment to the Law on Taxation
- Having seen the Sub-Decree No. 88/ANK/BK dated December 29, 1997 on the implementation of the Law on Investment of the Kingdom of Cambodia and the amended Sub-Decree No. 53/ANK/BK dated June 11, 1999 regarding the amendment to the Sub-Decree on the implementation of the Law on Investment of the Kingdom of Cambodia and No. 130/ANK/BK dated December 26, 2001 regarding the amendment to the Sub-Decree No 53/ANK/BK dated June 11, 1999
- Having seen the Sub-Decree No. 70/ANK/BK dated July 27, 2001 on the Organizations and Functioning of the Council for the Development of Cambodia and the amending Sub-Decree No. 112/ANK/BK dated November 12, 2002 and No. 35/ANK/BK dated August 04, 2004 on the amendment on the Sub-Decree No 70/ANK/BK dated July 27, 2001
- With the approval of the Council of Ministers during the Cabinet Meeting of September 02, 2005

IT IS HEREBY DECIDED

CHAPTER 1
GENERAL PROVISIONS

Article 1: Coverage of the Sub-Decree

1.1 Objective: This Sub-Decree supplements and governs the application and implementation of the Law on Investment and is intended to encourage and regulate investments in the Kingdom of Cambodia by Cambodian entities and foreign entities.

2.1 Application: This Sub-Decree applies to every QIP registered at the Council and provincial/municipal investment sub-committee.

Article 2: Scope of Investment

Investment Activity: This Sub-Decree applies to all investment activities other than those activities set out in the Negative List in Schedule 1, Part 1 of this Sub-decree as provided in Article 7 of the Law on Investment]

Article 3: Foreign and Cambodian Investment

4.1 Foreign and Cambodian Investment: The Royal Government welcomes investments in all economic activities from Cambodian Entities and Foreign Entities, subject only to the restrictions set out in Article 2 of this Sub-Decree.

4.2 Use of Nominees: An individual or legal entity controlled by Cambodian citizens must not act for, or represent, either directly or indirectly, a Foreign Entity for the purpose of avoiding the effects of the provisions of this Sub-Decree, which restrict or prohibit the activities of Foreign Entities or Foreign nationals.

Article 4: Definitions
As used in this Sub-Decree, the following terms shall have the meaning as defined hereunder:

"Applicant" means a person or a group of persons who submit an Investment Proposal to the Council or to the Provincial/ Municipal Investment Sub-committee.

"Cambodian Investor" means an Investor who is a Cambodian citizen or who is a Cambodian Entity.

"Cambodian Legal Entity" means a company which is registered in, and whose place of business is in, the Kingdom of Cambodia and 51 percent or more of its shares are held by Persons of Cambodian nationality.

"Certificate of Compliance" means the certificate of obligation satisfaction required to be lodged under Article 14.2 New or Article 24 New of the Law on Investment, and issued under Article 18.2 of this Sub-Decree.

"Conditional Registration Certificate" means the document issued by the Council or the provincial/municipal Investment Sub-committee as set out in paragraph 3 of Article 7 New of Law on Investment and Article 6.3 of this Sub-Decree.

"Construction Materials" means construction items including fixtures in or on a facility that is fully transformed and utilized in the construction of facilities to be used by a QIP to carry out its Investment Activity during the initial construction phase or expansion.

"Council" means the Council for the Development of Cambodia established by Article 3 of the Law on Investment.

"Council Sub-Decree" means the Sub-Decree No. 70/ANK/BK dated July 27, 2001 on the Organization and Functioning of the Council for the Development of Cambodia and its subsequent amendments No. 112/ANK/BK dated November 12, 2002 and No. 35/ANK/BK dated August 4, 2004.

"Customs Duties" means taxes on foreign trade as listed in the customs tariffs imposed on goods when importing into or exporting out of the customs territory.

"Domestic QIP" means a QIP that does not aim at export.

"Export QIP" means a QIP that sells or transfers a proportion of its product to a purchaser or transferee outside the Kingdom of Cambodia.

"Financial Management Law" means the annual Financial Management Law.

"Final Registration Certificate" means the document issued by the Council or the provincial/municipal Investment Sub-committee as set out in paragraph 7 of Article 7 New of the Law on Investment and Article 7.3 of this Sub-Decree.

"Foreign Legal Entity" means an entity which is not a Cambodian Entity or which is not created in compliance with Cambodian laws.

"Investment Activity" means the business activity to be carried out in Cambodia under a QIP.

"Investment Capital" means the value of the investment indicated in USD currency excluding the value of land and working capital.

"Investment Guarantees" means the guarantees set out in Chapter 4 of the Law on Investment as provided for in this Sub-Decree, which are available to an Investor who complies with all the requirements of this Sub-Decree.

"Investment Incentives" means the incentives set out in Chapter 5 of the Law on Investment and as provided for in this Sub-Decree, which are available to an Investor who complies with all the requirements of this Sub-Decree.

"Investment Proposal" means a proposal submitted to the Council or provincial/municipal Investment Sub-committee by any person for the purpose of establishing a QIP.

"Investor" means the person who carries out QIP.

"Law on Investment" means the Law on Investment promulgated by Royal Kram No. 03/NS/94 dated August 5, 1994 and which is amended by the Law on the Amendment to Law on Investment of the Kingdom of Cambodia promulgated by Royal Kram No. NS/RKM/0303/009 dated March 24, 2003.

"Law on Taxation" means the Law promulgated by the Royal Kram No.NS/RKM/0297/03 dated February 24, 1997 and which is amended by Law on the Amendment to Law on Taxation promulgated by Royal Kram No. NS/RKM/0303/010 dated March 31, 2003.

"Machine Parts" means parts of Production Equipments with a working life of less than 2 years including spares of such parts and equipments.

"Negative List" means the list of Investment Projects as set out in Schedule 1 of this Sub-Decree .

"Person" means natural or legal person.

"Production Equipment" means any machinery and tool used in the substantial transformation of Production Inputs which is not itself transformed or consumed within 2 (two) years of its importation, including information technology equipment or any motor vehicle .

"Production Inputs" means goods, including raw materials, semi finished products, and accessories serving production that is fully transformed or utilized in the production process of the QIP no later than 2 (two) years after importation.
It does not include office equipments and furnitures, petroleum products, vehicles, and spare parts for vehicles.

"Production Outputs" means goods which are produced from Production Inputs that have been transformed.
"Professional Service" includes, but is not limited to, legal, financial, accounting, auditing, tax consulting, architecture, engineering, information technology services, advertising, and management services.

"Provincial/municipal Investment Sub-committee" means the sub-committee of the provinces or municipalities established by Sub-decree to review and approve investment projects with an investment capital of less than USD2,000,000 (two million US dollars) at the provincial and municipal level.

"Qualified Investment Project" or **"QIP"** means an investment project for which a Final Registration Certificate has been issued.

" Supporting Industry QIP" means a QIP in which one hundred percent of the product is used to supply the export industry instead of usually imported raw materials and accessories .

"Working Day" means a calendar day which is officially a working day of the Royal Government of Cambodia.

CHAPTER 2

INVESTMENT PROPOSALS AND REGISTRATION CERTIFICATES Article 5: Application for Conditional Registration Certificate

5.1 Application and Fee: Any person who wishes to obtain the Investment Incentives and Guarantees or only the Investment Guarantees shall submit to the Council or the Provincial/Municipal Investment Sub-committee an Investment Proposal on a completed Application Form duly signed by or on behalf of the Applicant with appropriate Power of Attorney along with the payment of the Application Fee in the amount of 7,000,000 (seven million) Riels, representing the administration fees for securing the approvals, authorizations, licenses, or registrations from all relevant ministries and entities including stamp duty.

5.2 Application Form: The Application Form for an Investment Proposal is set out in Schedule 2 of this Sub-Decree.

5.3 Evidence of authority to act: If an Investment Proposal is signed by a person on behalf of the Applicant, documentary evidence of that person's authority to so act must be submitted to the Council or the Provincial/Municipal Investment Sub-committee with the Investment Proposal.

5.4 Multi-activity Projects: If a person proposes to invest and carry out more than one Investment Activity, which, if registered, would be carried out as a QIP, the person must submit a separate Investment Proposal for each Investment Activity.

5.5 Election for Exemption from Tax on Profit: An Applicant who wishes to become entitled to the exemption from the Tax on Profit under Article 14.1 of the Law on Investment in accordance with Article 15 of this Sub-Decree on receiving a Final Registration Certificate, must make an election in writing to that effect in the Investment Proposal.

5.6 Election precluding other Fiscal Allowances: In making the election under Sub-Article 5.5, the Applicant acknowledges that the election to utilize the tax holiday provided under Article 14.1 of the Law on Investment disqualifies the Investor from claiming any investment allowance otherwise available to the Investor under the Law on Taxation in respect of the QIP.

5.7 Election for Investment Guarantees only: An Applicant, who wishes to receive only the benefit of the Investment Guarantees, may make a written election in the Application Form as long as the Applicant is a non-QIP but falls under the Investment Guarantees of the Law on Investment. In this case, the Council and the Provincial/Municipal Investment Sub-committee shall issue a specific license to the Applicant.

Article 6: Registration of Investment Proposal or its refusal

6.1 Registration Process: The Council or Provincial/Municipal Investment Sub-Committee must, within 3 Working Days of the submission of an Investment Proposal under Article 5.1:

(a) if neither paragraph (b) nor (c) applies, register the Investment Proposal and notify the Applicant in accordance with Sub-Article 6.3; or

(b) refuse the Investment Proposal and notify the Applicant in accordance with Sub-Article 6.6 if the Investment Proposal is made in respect of an Investment Activity which:

(i) is included in the Negative List; or

(ii) previously has been, or is currently, carried on by the Investor or any other person and which has already received Investment Incentives under the Law on Investment

(c) refuse the investment proposal and notify the Applicant in accordance with Sub-Article 6.6 if the Investment Proposal does not contain all the information required under Sub-Article 5.1.

(d) the Council or the Provincial/Municipal Investment Sub-committee has the right to postpone the registration of specific Investment Projects related to the national interest or are environmentally sensitive which required to be processed through the one-stop mechanism of the Council and the Provincial/Municipal Investment Sub-committee who shall notify the specific grounds to the applicant within 3 (three) Working Days of the submission of the Investment Proposal.

6.2 Amendment of Investment Proposal: If the Investment Proposal made to the Council does not conform to Article 5 of this Sub-Decree, the Council or the Provincial/Municipal Investment Sub-committee may, by written notice within 3 Working Days of the Investment Proposal's submission to the Council or the Provincial/Municipal Investment Sub-Committee, require the Applicant to amend the Investment Proposal made to it and to resubmit the Investment Proposal to the Council and the Provincial/Municipal Investment Sub-committee.

6.3 Issuance of Conditional Registration Certificate: If the Council or the Provincial/Municipal Investment Sub-committee registers an Investment Proposal under Sub-Article 6.1(a), it must issue to the Applicant, within 3 Working Days of the submission of the Investment Proposal, a Conditional Registration Certificate, in the form set out in Schedule 3, containing the following:

(a) a list of all the necessary approvals, authorizations, licenses, permits or registrations which are required for the QIP to be lawfully undertaken and The ministries, departments, authorities, entities of the provinces/municipalities or agencies of the Royal Government responsible for issuing those documents upon the Applicant meeting the criteria required for the issuing of those documents..

(b) the election made by the Applicant pursuant to Sub-Article 5.5, 5.6 or 5.7.

(c) the Investment Incentives and Guarantees to which the investment project will be entitled if the Final Registration Certificate is issued, including the Tax on Profit exemption period under Article 14.1 of the Law on Investment.

(d) the election made by the Applicant pursuant to Article 5.7, and the subsequent non-entitlement to the Investment Incentives.

(e) recognition of the statutes of the legal entity which will undertake the QIP.

0.4 Default on the issuance of Conditional Registration Certificate: If the Council or the Provincial/Municipal Investment Sub-committee fails to issue a Conditional Registration Certificate under Sub-Article 6.3 or fails to issue Letter of Non-Compliance under Sub-Article 6.6 within 3 Working Days, the Investment Proposal is deemed to be registered and the Council or the Provincial/Municipal Investment Sub-committee must issue a Conditional Registration Certificate to the Applicant immediately.

6.5 Information to accompany Conditional Registration Certificate: The Council or the Provincial/Municipal Investment Sub-committee must issue with the Conditional Registration Certificate the investment guidelines and assessment criteria for each of the approvals, authorizations, licenses, permits or registrations referred to in Sub-Article 6.3(a).

6.6 Letter of Non-Compliance: If the Council or the Provincial/Municipal Investment Sub-committee refuses an Investment Proposal under Sub-Article 6.1(b), it must issue to the Applicant a Letter of Non-Compliance containing:

(a) the reason why the Investment Proposal was not acceptable; and

Dated 29/03/2002KINGDOM OF CAMBODIA
Nation Religion King

LAW ON INVESTMENT OF THE KINGDOM OF CAMBODIA (August 05, 1994)THE NATIONAL ASSEMBLY

PREAH REACH KRAM (ROYAL DECREE) N° [...]

I, PREAHBATH SAMDECH PREAH NORODOM SIHANOUK VARMAN REACH HARIVONG UPHATO SUCHEAT VISOTHIPONG AKAMOHABORASRAT NIKARASOM THAMMIK MOHAREACHE ATHIREACH BOROMANEAT BOROMABOPIT PREAH CHAU KRONG KAMPUCHEA THIPDEY

- ***Seen the Constitution of the Kingdom of Cambodia promulgated on September24, 1993;***
- ***Seen the Royal Decree dated November 1, 1993 on the Appointment of the Royal Government;***
- ***Seen The Law on Investment of the Kingdom of Cambodia and its promulgation by Royal Decree (Kram) dated August 5, 1994; and***
- ***With the request of the Council of Ministers***

AND

LAW ON THE AMENDMENT TO THE LAW ON INVESTMENT OF THE KINGDOM OF CAMBODIA

8.3 Notification of revocation of Final Registration Certificate: If the Council or the Provincial/Municipal Investment Sub-committee revokes a Final Registration Certificate in accordance with this Article, the Council or the Provincial/Municipal Investment Sub-committee must notify the Investor in writing of the revocation.

8.4 Appeals: An Investor whose Final Registration Certificate is revoked by the Council or the Provincial/Municipal Investment Sub-committee under this Article may appeal in writing to Co-Chairmen of the Council within 20 Working Days of the date or receipt of the written notification of revocation from the Council or the Provincial/Municipal Investment Sub-committee under Sub-Article 8.3.

8.5 Loss of Investment Incentives: A QIP whose Final Registration Certificate is revoked or cancelled is not entitled to claim, on and from the date of the revocation or cancellation, any of the Investment Incentives set out in the Final Registration Certificate.

CHAPTER 3
ACQUISITIONS AND MERGERS OF QIPs

Article 9: Merger of QIPs

9.1 If two or more Investors, or an Investor and any other Person, agree to merge to form a new entity, and the new entity wishes to carry out the Investor's QIP and be entitled to the Investment Incentives and Guarantees specified in the QIP's Final Registration Certificate, the new entity must apply in writing to the Council or the Provincial/Municipal Investment Sub-committee to be registered as an Investor and for the QIP's Final Registration Certificate to be transferred to the new entity within 10 Working Days prior to the merging and transfer of the Final Registration Certificate.

9.2 The Council or the Provincial/Municipal Investment Sub-committee must consider the application made under Sub-Article 9.1 and must provide the new entity with a written approval or refusal of the registration and the transfer of the Final Registration Certificate within 10 (ten) Working Days of the receipt of the application.

Article 10: Acquisition of a QIP by unregistered Person

10.1 If an unregistered Person purchases the ownership of a QIP and it wishes to carry out the Investor's QIP and be entitled to the Investment Incentives and Guarantees specified in the QIP's Final Registration Certificate, the purchaser must apply in writing to the Council or the Provincial/Municipal Investment Sub-committee to be registered as an Investor and for the QIP's Final Registration Certificate to be transferred to the new entity within 10 (ten) Working Days prior to the transfer of the Final Registration Certificate.

10.2 The Council or the Provincial/Municipal Investment Sub-committee must examine the application made under Sub-Article 10.1 and must provide the purchasing entity with a written approval or refusal of the registration and the transfer of the Final Registration Certificate within 10 (ten) Working Days of the receipt of the application.

10.3 If a transfer of shares in an Investor results in control of the Investor being acquired by the transferee, the Investor must apply to the Council or the Provincial/Municipal Investment Sub-committee for the transfer and provide the name and address of the transferee within 10 (ten) Working Days prior to the transfer in order that the Council or the Provincial/Municipal Investment Sub-committee can decide on the issue no later than 10 (ten) days.

10.4 For the purpose of Sub-Article 10.3, "control" means holding at least 20% of the shares in the Investor.

Article 11: Acquisition of a QIP by another Investor

11.1 If a registered Investor purchases the ownership of a QIP and it wishes to be entitled to the Investment Incentives and Guarantees of a QIP carried on by that Investor, the purchasing Investor must apply in writing to the Council or the Provincial/Municipal Investment Sub-committee for the acquisition within 10 (ten) Working Days prior to the acquisition in order to receive that entitlement.

11.2 The Council or the Provincial/Municipal Investment Sub-committee must consider the application made under Sub-Article 11.1 and must provide the purchasing Investor with written approval or refusal of the registration and the transfer of the Final Registration Certificate within 10 (ten) Working Days of the receipt of the application.

Article 12: Failure to register or to apply for approval

If a new Person or a purchasing Investor fails to apply to the Council or the Provincial/Municipal Investment Sub-committee for registration in accordance with Article 9 or 10, or a purchasing Investor fails to apply to the Council or the Provincial/Municipal Investment Sub-committee in accordance with Article 11, the new Person or the purchasing Investor is not entitled to any of the QIP's Investment Incentives and Guarantees.

CHAPTER 4
JOINT VENTURES

Article 13: Joint Ventures

A QIP may be in the form of a joint venture. A joint venture may be formed between Cambodian Entities, between Cambodian Entities and Foreign Entities and between Foreign Entities themselves and may include a joint venture with institutions of the Royal Government. There are no limitations based on nationality or the share-holding proportions of each shareholder, other than if the joint venture owns, or intends to own, land, or an interest in land in the Kingdom of Cambodia. In such case, the maximum combined share-holding of all persons who are not Cambodian Entities must not exceed 49 (forty nine) percent.

CHAPTERS 5
TAXATION

Article 14: General Principles

14.1 Liability for taxes: Investors are liable to, and must comply with the provisions of the Financial Management Law, the Law on Taxation, and the Law on Investment and related regulations.

14.2 Natural resources: The tax rate of the Tax on Profit, which profit derived from a contract sharing of oil and natural gas exploitation or from natural resources related activities including, but not limited to, timber, ore, gold and precious stones, shall be determined in accordance with Article 20.2 of the Law on Amendment to Law on Taxation.

14.3 Limitations: A full or partial exemption from taxes and customs duties shall only apply to the payment of any liability for the Tax on Profits and the payment of Customs Duty as provided in this Sub-Decree. These exemptions do not include the following:

(a) tax on salary and withholding tax as stated in Articles 25 New and 26 New of the Law on Taxation, and Additional Profit Tax on the distribution of dividend and

(b) Value Added Tax, specific tax on certain merchandises and services, duties and taxes to be paid at the time of import, and any other taxes as specified in the laws in force.

15.1 Period of exemption from the Tax on Profit: In accordance with Article 14.1 of the Law on Investment, the profit tax exemption period, which is Trigger Period plus 3-year Period plus Priority Period, shall be determined in accordance with this Article.

15.2 Trigger Period: For Article 14.1 of the Law on Investment, the trigger period of the profit tax exemption period is the period commencing on the issuance of the Final Registration Certificate and ending on the last day of the taxation year immediately preceding the earlier of:

(a) if the QIP derives a profit, the taxation year that the profit is first derived; and

(b) if the QIP derives income from the Investment Activity in respect of the sale of goods or services, the third taxation year after the taxation year in which the income is first derived.

For the purpose of this Sub-Article and Article 14.1 of the Law on Investment, profit refers to the taxable profit calculated under the provisions of the Law on Taxation regardless of the provisions of ` carry forward of losses under Article 17 of the Law on Taxation.

15.3 Three Years: This immediately commences from the taxation year immediately following the Trigger Period and the 2 immediately succeeding years.

15.4 Priority Period: The Priority Period determined under the Financial Management Law commences immediately after the third taxation year of the three year period provided under Sub-Article 15.3

15.5 Prepayment of the Tax on Profit for QIPs registered after the promulgation of Law on the Amendment to Law on Investment: The prepayment of the Tax on Profit does not apply to a QIP granted an exemption from the Tax on Profit as provided in Article 14.1 of the Law on Investment.

15.6 Prepayment of the Tax on Profit for QIPs approved before the promulgation of Law on the Amendment to the Law on Investment: A QIP which is subject to Article 24 (2) New of the Law on Investment shall make monthly prepayments of Tax on Profit at the rate of 1% of turnover inclusive of all taxes, except Value Added Tax derived in the previous month, in accordance with Article 28 New of the Law on Taxation. The QIP's turnover realized during the exemption period determined by the Law on the Amendment to the Law on Investment of the Kingdom of Cambodia shall be exempt from prepayment of the Tax on Profit.

15.7 In accordance with Article 24 New of the Law on Taxation, a QIP shall not be subject to the minimum tax.

Article 16: Customs Duty Exemption on Production Equipments, Construction Materials, and Production Inputs

16.1 Exemption for Production Equipments and Construction Materials-Domestic QIP:
In accordance with Article 14.5 of the Law on Investment, Production Equipments and Construction Materials imported by a domestic QIP are exempt from Customs Duty. In the case where a QIP has a capability to directly export any portion of its manufactured products or has supplied for export industry, the quantity of Production Inputs that were taxed at the time of import and later used to produce goods that are, directly or indirectly, exported shall be entitled to duty exemption after a review of the quarterly report.

16.2 Customs Duty Exemptions for Production Equipments, Construction Materials, and Production Inputs - Export QIP:
In accordance with Article 14.6 of the Law on Investment, Production Equipments, Construction Materials, and Production Inputs imported by the Export QIP are exempt from Customs Duty. However, for the Export QIP which operates under the custom bounded warehouse mechanism, the customs duty exemption shall be in compliance with the Customs laws and regulations in force applicable to the mechanism. The processed Production Inputs that have not been exported shall be subject to the payment of customs duties and taxes applicable at the time of import after review of the quarterly report.

III. Assurance: Being the Project Owner, I would like to assure that

- The project is not included in the negative list mentioned in the Annex I, section 1 of the Sub-Decree on the Implementation of the Law on Amendment to the Law on the Investment of the Kingdom of Cambodia.
- The above information is correct and not intended to falsify.

Made in.............Date.........Month..........Year.........

Signature

of the Sub -Decree No 111 ANK/BK date on September 27, 2005 on the implementation of the law on the Amendment to the law on investment of the Kingdom of Cambodia

List of Production Equipments Needed

For Investment Project...

No.	List of Item	Unit	Quantity	Unit Price (USD)	Total Value (USD)	Source	
						Local	Import
	1	2	3	4	5	6	7
	Total						

ANNEX 2-2

of the Sub-Decree No 111 ANK/BK date on September 27, 2005 On the Implementation of the Law on the Amendment to the Law on Investment of the Kingdom of Cambodia

List of Production Inputs Needed

For Investment Project...

No.	List of Item	Unit	Unit Price (USD)	Annual Needs				Other
				Local		Import		
				Quantity	Total Value (USD)	Quantity	Total Value (USD)	
	1	2	3	4	5	6	7	8
	Total							

ANNEX 3

of the Sub-Decree No 111 ANK/BK date on September 27, 2005 On the Implementation of the Law on
the Amendment to the Law on Investment of the Kingdom of Cambodia

(Article 6.3)

Conditional Registration is according to the Law on Investment and the Sub-Decree on the Implementation of the Law on the Amendment to the Law on Investment of the Kingdom of Cambodia.

Name of Investor:..

Address of Investor:...

Details of Qualified Investment Project..
....

Name, address and contact details of Investor's representative in Cambodia........................

....

Approvals, authorisations, clearances, licences, permits or registrations required for the QIP to be lawfully undertaken and the ministries, departments, authorities or agencies of the Royal Government responsible for their issue, upon the Applicant meeting the criteria for their respective Ministry etc.

Approval, etc.	*Ministry*	*Criteria*
(insert)		

Election made by Investor under Article 5.5 of the Sub-Decree on the implementation of the law on the amendment to the law on investment of the Kingdom of Cambodia.
....

Election made by Investor under Article 5.7 of the Sub-Decree on the implementation of the law on the amendment to the law on investment of the Kingdom of Cambodia.
....

Investment Incentives and Guarantees which the QIP will be entitled to if the Final Registration Certificate is issued, including the Tax on Profit exemption period under Article 14.1 of the Law on the amendment to the law on investment of the Kingdom of Cambodia.
....

Memorandum and Articles of association of the Investor, which will undertake the QIP
....
....

Kingdom of Cambodia
Nation Religion King

Royal Government of Cambodia
N° 147 ANK.BK

ANUKRET (SUB DECREE) ON THE ORGANIZATION AND FUNCTIONING OF THE COUNCIL FOR THE DEVELOPMENT OF CAMBODIA

- Seen the Constitution of the Kingdom of Cambodia
- Seen the Royal Decree N° NS/RKT/ 0704/124 dated July 15, 2004 on the formation of the Royal Government of Cambodia
- Seen the Royal Kram N° 02/NS/94 dated July 20, 1994 promulgating the Law on the Organization and Functioning of the Council of Ministers
- Seen the Royal Kram N° 03/NS/94 dated August 05,1994 promulgating the Law on Investment of the Kingdom of Cambodia and Royal Kram N° NS/RKM/0303/009 dated March 24, 2003 promulgating the Law on the Amendment to the Law on Investment of the Kingdom of Cambodia
- In pursuant to the needs of the Council for the Development of Cambodia

IT IS HEREBY DECIDED

CHAPTER 1 THE ORGANIZATION OF THE COUNCIL FOR THE DEVELOPMENT OF CAMBODIA

Article 1: The composition of the Council for the Development of Cambodia "CDC" is as follows:

1- Samdech Hun Sen, Prime Minister of the Royal Government — Co-Chairman
2- Samdech Krom Preah Norodom Ranariddh, Special Advisor to the Royal Government — Co-Chairman
3- H.E Keat Chhon, Senior Minister, Minister of Economy and Finance — First Vice Chairman
4- H.E Cham Prasidh, Senior Minister, Minister of Commerce — Vice Chairman
5- H.E Kong Vibol, First Secretary of State of Economy and Finance, having rank as Minister — Vice Chairman
6- Minister in Charge of the Office of the Council of Ministers or his representative — Member
7- Minister of the Royal Palace or his representative — Member
8- Co- Ministers of Interior or their representatives — Member
9- Co- Ministers of Defense or their representatives — Member
10- Minister of Foreign Affairs and International Cooperation or his representative — Member
11- Minister of Education, Youth and Sports or his representative — Member
12- Minister of Information or his representative — Member
13- Minister of Rural Development or his representative — Member
14- Minister of Health or his representative — Member
15- Minister of Culture and Fine Arts or his representative — Member

16- Minister of Justice or his representative Member
17- Minister of Water Resources and Meteorology or his representative Member
18- Minister of Posts and Telecommunications or his representative Member
19- Minister of Labor and Vocational Training or his representative Member
20- Minister of Women Affairs or her representative Member
21- Minister of Social Affairs, Veteran and Youth Rehabilitation or his representative Member
22- Minister of Industry, Mines and Energy or his representative Member
23- Minister of Planning or his representative Member
24- Minister of Agriculture, Forestry and Fisheries or his representative Member
25- Minister of Environment or his representative Member
26- Minister of Public Works and Transport or his representative Member
27- Minister of Tourism or his representative Member
28- Minister of Land Management, Urban Planning and Construction or his representative Member
29- Minister of Parliamentary relations and Inspection or her representative Member
30- Minister of Cults and Religious Affairs or his representative Member
31- Governor of National Bank or his representative Member
32- Secretary of State of Secretariat of Public Service or his representative Member
33- Secretary of State of Secretariat of Civil Aviation or his representative Member
34- Commander-in-Chief of the Royal Cambodian Armed Forces or his representative Member
35- Commissioner General of the National Police or his representative Member
36- Commander of the National Military Police or his representative Member
37- Secretary General of the Council for the Development of Cambodia Member
38- Secretary General of the Cambodian Rehabilitation and Development Board Member
39- Secretary General of the Cambodian Investment Board Member
40- Secretary General of the Cambodian Special Economic Zone Board Member
41- Director General of Cambodian National Petroleum Authority Member
42- Provincial/Municipal Governors or their representatives Member
43- Chairman of Phnom Penh Chamber of Commerce or his representative Member

Article 2: The organizational structure of the Council for the Development of Cambodia is as follows:

1. The Cambodian Rehabilitation and Development Board "CRDB" being under the direct supervision of a Secretary General;
2. The Cambodian Investment Board "CIB" being under the direct supervision of a Secretary General;
3. The Cambodian Special Economic Zones Board "CSEZB" being under the direct supervision of a Secretary General; and
4. The General Secretariat of the "CDC" being under the direct supervision of the Secretary General of the CDC.

Article 3: The Secretary Generals of the CDC, CRDB, CIB and CSEZB shall each be assisted in the performance of their duties by a Deputy-Secretary General. Each Deputy-Secretary General shall perform their function as delegated by his respective Secretary General following the approval of the Executive Committee of CDC. In the performance of their duties, the Secretary Generals shall consult on a regular basis with their respective Deputy-Secretary Generals.

"**Qualified Investment Project**" or "**QIP**" means an investment project which has received a Final Registration Certificate.

"**Export QIP**" means a Qualified Investment Project whose production is exported to be determined by Sub-Decree.

"**Supporting Industry QIP**" means a Qualified Investment Project which has its entire production (100%) supplying exportersexport industry as substitution for the latter's regular import ofregularly imported raw materials or accessories.

"**Working day**" means any calendar day which is an official working day of the Royal Government of Cambodia by law..

"**Cambodian Entity**" means a company which has a place of business and registered in the Kingdom of Cambodia and 51% or more of the shares of the company are held by a person with Cambodian nationality.
"**Person**" means any natural or juristic person.

"**Conditional Registration Certificate**" means the document issued by the Council under the paragraph 3 of the new Article 7 of this Law.

"**Final Registration Certificate**" means the document issued by the Council for the Development of Cambodia under the paragraph 7 of the new Article 7 of this Law.

"**Investment Proposal**" means the proposal submitted by any person to the Council for the Development of Cambodia with the purpose to establish a QIP.

"**Applicant**" means any person or group of persons submitting an Investment Proposal to the Council for the Development of Cambodia.

"**Investor**" means any person who carries on a Qualified Investment Project.

CHAPTER 2
THE COUNCIL FOR THE DEVELOPMENT OF CAMBODIA

Article 73:

The Council for the Development of Cambodia is the sole and One-Stop Service organization responsible for the rehabilitation, development and the oversight of

CHAPTER 2
ROLES AND RESPONSIBILITIES OF CDC

Article 10: The CDC shall be the executive agency of the Royal Government and shall have the following responsibilities:

1. to be the "Etat-Major" and the "One-Stop Service" of the Royal Government responsible for the rehabilitation and development, public and private investments, and the establishment and management of special economic zones;
2. to guide the preparation of development conception and strategies for Cambodia in cooperation with the relevant institutions;
3. to work with other countries, bilateral/multilateral organizations and NGOs in order to sensitize them to the economic strategy conception and the priorities of the National Program to Rehabilitate and Develop Cambodia to effectively coordinate the reception and the allocation of external aid according to the needs and priorities of the nation;
4. to facilitate and coordinate works between ministries/other governmental institutions and donor countries/international donor organizations, as well as works between ministries/other governmental institutions and investors;
5. to provide guidance in the utilization of public and private resources in the development of Cambodia;
6. to facilitate and streamline administrative procedures for donors and investors; and
7. to review and decide on all the matters pertaining to the rehabilitation and development, public and private investments, and the establishment and management of special economic zones.

Article 11: The CDC shall submit for the approval of the Council of Ministers the investment projects which:

1. have investment capital of USD 50 million or more;
2. involve politically sensitive issues;
3. involve the exploration and the exploitation of mineral and natural resources;
4. may have negative impact on the environment;
5. have long-term strategy; or
6. involve infrastructure concession.

Article 12: The CDC shall be responsible to the Council of Ministers for its actions.

Article 13: In relation to rehabilitation and development, the CDC has the following roles and responsibilities:

1. to serve as the focal point and the "One-Stop Service" in the contact between the Royal Government and the countries, international organizations and NGOs which are donors to Cambodia, and to serve as the focal point and "One-Stop Service" in the contact among ministries and other governmental institutions in the coordination of the receiving and/or distributing of aid;
2. to formulate and implement strategies on the management of development cooperation to strengthen the ownership and the leadership of the Royal Government in the development activities, and to strengthen partnership with the donor community;
3. to mobilize and allocate foreign aid for the implementation of the priorities set out in the National Development Strategy Program and the Sectoral Development Programs;
4. to lead the harmonization of the implementation of development projects and programs by development partners to enhance the effectiveness of foreign aid;

5. to provide technical support to the Government-Donor coordinating committee which is a mechanism for discussing and formulating policies, and to provide various support to enhance the mechanism of joint-technical working groups;
6. to cooperate with relevant ministries and institutions in preparing strategic concepts for rehabilitation and development of Cambodia, and in setting the priority needs of the country for the immediate term, the short-term, the medium-term and the long-term in order to prepare rolling plans of action. These plans of action shall be inter-related and coherent;
7. to participate in preparing socio-economics and sectoral planning to develop Cambodia;
8. to manage public investments in cooperation with the relevant ministries and institutions. This process shall mainly be related to the coordination and direction of the allocation and utilization of the national resources and external aid with the aim of rehabilitating and developing Cambodia;
9. to sign agreements with bilateral and/or multilateral donors and international organizations to receive and allocate aid on behalf of the Royal Government, pursuant to the delegation of authority by the Prime Minister;
10. to lead preparatory works, in cooperation with relevant ministries and institutions, for international meetings for rehabilitating Cambodia such as the "Consultative Group for Cambodia"; and
11. to produce and submit semi-annual and annual reports to the Royal Government for its review and its corrective measures of the rehabilitation and development works.

Article 14: In the management of public investments, the relation between CDC and the relevant ministries and institutions shall be as follows:

1. CDC shall be the coordinating body for setting strategic conceptual frameworks and public investment policies as well as setting up priorities for public investment programs and projects for medium term and one-year term;
2. the Ministry of Foreign Affairs and International Cooperation shall be the official diplomatic window;
3. the Ministry of Planning shall, in cooperation with the relevant ministries and institutions, prepare 5-Year Plans and public investment programs;
4. the Ministry of Economy and Finance shall prepare the medium-term macroeconomic framework and the budget for implementing annual public investment programs, and control the allocation of financing; and
5. the line ministries shall prepare sectoral public investment projects and programs, in closed cooperation with the Ministry of Planning and CDC and are responsible respectively for the implementation of their relevant projects and programs .

Article 15: The ministries and institutions shall undertake and implement their functions with regards to public investments by coordinating through the "One-Stop Service" mechanism.

Article 16: The Office of the Council of Ministers, ministries and institutions shall monitor the implementation of programs and/or projects within their respective responsibilities by coordinating through the "One-Stop Service" mechanism.

Article 17: In relation to private investments, the roles and responsibilities of CDC are the followings:

1. to serve as the "One-Stop Service" mechanism and the "Etat-Major" of the Royal Government in the examination and approval of matters pertaining to investments as specified in Article 3 of the Law on the Amendment to the Law on Investment of the Kingdom of Cambodia;
2. to study "the competitive advantage" of Cambodia in the international market, to set the vision of private investments for Cambodia, and to turn Cambodia into "Cambodia, Inc". To cooperate with relevant ministries and institutions in preparing the strategy for private investments and to set up projects for private investment;

3. to promote projects for private investment formulated by the Royal Government and inform the investors of such projects in accordance to the procedures as set in the internal regulations of CDC;
4. to coordinate the management of infrastructure concession projects;
5. to initiate and recommend to the Royal Government on the preparation and the amendment of laws and regulations related to private investment so as to create favorable conditions conducive to private investments;
6. to prepare documentation and regulations pertaining to private investments for domestic and international distribution; and
7. to produce and submit semi-annual and annual reports to the Royal Government for its review and its recommendations on corrective measures concerning private investments.

Article 18: The relation between CDC and the relevant ministries and other governmental institutions in the management of private investment shall be as follows:

1. The CDC shall be the "One-Stop Service" of the Royal Government in examining and approving private investment projects including the exploration and the exploitation of petroleum, gas and other natural resources although those projects are not eligible for incentives.
2. The relevant ministries and institutions shall provide their opinions in the examination and approval of private investment projects through the "One-Stop Service" mechanism.

Article 19: The CDC and relevant ministries or institutions shall undertake and implement their tasks with regard to private investments by coordinating through the "One-Stop Service" mechanism.

Article 20: The "CDC" in cooperation with the Office of the Council of Ministers, the Ministry of Planning, the Ministry of Economy and Finance, the Ministry of Commerce and other relevant ministries or institutions, shall monitor the implementation of private investment projects approved by CDC by coordinating through the "One-Stop Service" mechanism.

Article 21: In relation to special economic zones, the CDC shall have the following roles and responsibilities:

1. to serve as the "One-Stop Service" mechanism and the "Etat-Major" of the Royal Government in the examination and approval of proposals to establish special economic zones in Cambodia either by the State, public-private joint ventures, or private enterprises;
2. to analysis and develop strategic plans, in cooperation with relevant ministries and institutions, to identify appropriate locations for the establishment of special economic zones; and to set the vision on special economic zones to attract developers and investors, and to realize this vision by making Cambodia a future modern business center;
3. to promote special economic zone investment projects formulated by the Royal Government and inform developers of these projects through all effective and fast media;
4. to initiate and coordinate the management of special economic zones which are the priorities of the Royal Government;
5. to initiate and recommend to the Royal Government on the preparation and the amendment of laws and regulations related to SEZ so as to create favorable conditions for SEZ development and investments;
6. to manage, provide incentives and investment guarantees, and respond to requests and inspect special economic zones;
7. to assign officials to the special economic zones as deemed necessary; and
8. to produce and submit semi-annual and annual reports to the Royal Government for its review and take necessary measures to improve investment in special economic zones.

Article 22: The relation between the CDC and the relevant ministries and other governmental institutions in the management of special economic zones shall be as follows:

1. The CDC shall be the "One-Stop Service" of the Royal Government in examining and approving the registration of proposal to establish special economic zones.
2. The relevant ministries and institutions shall provide their opinions in the examination and approval of special economic zone establishment projects through the "One-Stop Service" mechanism.
3. The CDC shall cooperate with relevant ministries and institutions in the establishment of an administration office in each special economic zone and provide instructions on the issuance of permits and authorizations by the administration office to investors in the special economic zones to ensure that it is made in an effective and timely manner.

CHAPTER 3

THE FUNCTIONING OF CDC

Article 23: The roles and responsibilities of the Co-Chairmen of the CDC shall be as follows:

1. to be responsible for the overall operation of CDC;
2. to preside over the CDC Executive Committee's meetings and the CDC plenary meetings;
3. to lead the discussions and maintain the order in the CDC Executive Committee's meetings and the CDC plenary meetings;
4. to sign the minutes of the CDC Executive Committee's meetings and the CDC plenary meetings;
5. to convene the extraordinary meeting of the CDC Executive Committee and the CDC extraordinary plenary meeting; and
6. to be responsible for the management of CDC budget.

Article 24: The Prime Minister shall lead the formulation of policies and strategies for development of special economic zones and monitor the implementation of these policies and strategies.

Article 25: The roles and responsibilities of the Vice-Chairmen of the CDC shall be as follows:

A- H.E Keat Chhon, First Vice-Chairman:

1. to be responsible for the overall operations of CDC in the event of the absence of the Co-Chairmen of CDC;
2. to be in charge of making recommendations and proposals on overall strategic development policies;
3. to be in charge of the CRDB operations focusing especially on the coordination of public investment matters, and mobilization and coordination of foreign aid;
4. to be responsible for managing and supervising the daily operations of CDC;
5. to preside over the CDC Executive Committee's meetings and the CDC plenary meetings and to sign the minutes of the meetings in the event of the absence of the Co-Chairmen;
6. to be in charge of the coordination between CDC and other ministries and institutions of the Royal Government;
7. to be in charge of international cooperation with donor countries and international organizations;
8. to preside over the "One-Stop Service" mechanism meetings organized by CDC to review and approve matters pertaining to rehabilitation, development and investments before submitting them to the Executive Committee's meeting for approval; and
9. to execute other tasks as delegated by the Co-Chairmen of CDC.

B- H.E Cham Prasidh, Vice-Chairman:

1. to be responsible for the overall operation of CDC in the event of the absence of the Co-Chairmen and the First Vice-Chairman of CDC;
2. to be in charge of making recommendations and proposals on trade, industrial and private investments policies and strategies, and to be in charge of managing and monitoring the implementation of those policies and strategies;
3. to be in charge of any investments matters within the Asean framework in accordance with Asean arrangements;
4. to preside over the "One-Stop Service" mechanism meetings organized by CDC to review and approve matters pertaining to private investments;
5. to examine and approve private investment projects, such as garment factories, footwear factories, supporting industries, hotels and projects approved by the Prime Minister, and projects which do not request incentives; and
6. to execute other tasks as delegated by the Co-Chairmen of CDC.

C- H.E Kong Vibol, Vice-Chairman:

1. to be responsible for the overall operation of the CDC in the event of the absence of Co-Chairmen and the other two Vice-Chairmen of the CDC;
2. to be in charge of the daily operation of CIB;
3. to preside over the "One-Stop Service" mechanism meetings organized by the CDC to review and approve matters pertaining to private investments in the event of the absence of H.E Cham Prasidh or in the event he is retained by other commitments;
4. to be in charge of Asean Investment Area (AIA) matters by coordinating with the other two Vice-Chairmen;
5. to be responsible for the overall operation of the CDC in the event of the absence of the Co-Chairmen and the other two Vice-Chairmen of the CDC; and
6. to execute other tasks as delegated by the Co-Chairmen of the CDC.

Article 26: The roles and responsibilities of the CDC Secretary General shall be as follows:

1. to be responsible for the coordination and monitoring of CRDB, CIB and CSEZB operation as well as managing the operation of the General-Secretariat of the CDC;
2. to be the technical "Etat-Major" of the CDC on the management and monitoring of the implementation of the policies and strategies pertaining to trade, industry, private investments, and the development of special economic zones;
3. to prepare the CDC's work programs, agendas, and other necessary documentation for CDC Executive Committee's meeting and CDC plenary meeting;
4. to prepare minutes of CDC Executive Committee's meeting and CDC plenary meeting to be signed by the chairman of the meeting;
5. to prepare CDC press releases;
6. to coordinate the preparation of the semi-annual and annual reports on rehabilitation and development, private investments, and special economic zones for the CDC review and approval before submitting them to the Royal Government;
7. to participate in the "One-Stop Service" mechanism meetings in order to review and approve matters pertaining to rehabilitation and development, investments, and special economic zones;
8. to execute other tasks as delegated by the Co-Chairmen or the Vice-Chairmen of the CDC; and
9. to be the Secretary General of the Government-Private Sector Forum.

Article 27: The roles and responsibilities of the CRDB Secretary General shall be as follows:

1. to manage the operation of the CRDB;
2. to prepare agendas and necessary documentation for the "One-Stop Service" meetings pertaining to rehabilitation and development;
3. to assist the CDC Secretary General in preparing the necessary documentation pertaining to all matters of rehabilitation and development for CDC Executive Committee's meetings and CDC plenary meetings;
4. to monitor the implementation of public investment projects and programs in cooperation with the relevant line ministries and institutions, and to submit summary reports and recommendations for CDC Executive Committee review and action;
5. to assist the CDC Secretary General in preparing annual and semi-annual reports on all matters pertaining to rehabilitation and development for the CDC review and approval before final submission to the Royal Government;
6. to participate in the "One-Stop Service" meeting in order to review and approve matters pertaining to rehabilitation and development; and
7. to execute other tasks pertaining to rehabilitation and development as delegated by the Co-Chairmen or the Vice-Chairmen of the CDC.

Article 28: The roles and responsibilities of the CIB Secretary General shall be as follows:

1. to manage the operation of the CIB;
2. to prepare agendas and necessary documentation for the "One-Stop Service" meetings pertaining to private investments;
3. to assist the CDC Secretary General in preparing necessary documentation pertaining to all matters of private investments for CDC Executive Committee's meetings and CDC plenary meetings;

4. to monitor the implementation of private investments projects and programs in cooperation with relevant line ministries and institutions, and to submit summary reports and recommendations for CDC Executive Committee's review and action;
5. to assist the CDC Secretary General in preparing semi-annual and annual reports on all matters pertaining to private investments for the CDC review and approval before final submission to the Royal Government;
6. to participate in the "One-Stop Service" meeting in order to review and approve matters pertaining to private investments; and
7. to execute other tasks pertaining to private investments as delegated by the Co-Chairmen and the Vice-Chairmen of the CDC.

Article 29: The roles and responsibilities of the CSEZB Secretary General shall be as follows:

1. to manage the operation of the CSEZB;
2. to prepare agendas and necessary documentation for the "One-Stop Service" meetings pertaining to special economic zones;
3. to assist the CDC Secretary General in preparing the necessary documentation related to special economic zones for CDC Executive Committee's meetings and CDC plenary meetings;
4. to monitor the implementation and development of special economic zones projects and programs in cooperation with the relevant line ministries and institutions, and to submit summary reports and recommendations for CDC Executive Committee's review and action;
5. to assist the CDC Secretary General in preparing annual and semi-annual reports on all matters pertaining to special economic zones for the CDC review and approval before final submission to the Royal Government;
6. to participate in the "One-Stop Service" meeting in order to review and approve matters pertaining to special economic zones; and
7. to execute other tasks pertaining to special economic zones as delegated by the Co-Chairmen or the Vice-Chairmen of the CDC.

Article 30: The roles and responsibilities of the members of CDC shall be as follows:

1. to participate in the determination of the conceptual framework and policies on rehabilitation and development, private investments, and special economic zone projects; and to participate in setting priorities for investment project and programs, and special economic zone projects of both public and private sector;
2. to participate in the review of the implementation of investments policies and projects, and special economic zone projects, approved by the CDC; and
3. to review and approve semi-annual and annual reports on all matters pertaining to rehabilitation and development, private investments, special economic zones before submitting them to the Royal Government for review and approval.

Article 31: The meeting of CDC Executive Committee shall be convened every two weeks.

Article 32: The plenary meeting of the CDC shall be convened once a month.

Article 33: If necessary, the CDC Co-Chairmen may convene extraordinary meetings of CDC Executive Committee or CDC extraordinary plenary meeting.

Article 34: The functioning of the meeting of CDC Executive Committee and CDC plenary meeting shall be specified in the internal regulations of the CDC.

Article 35: The implementation of the "One-Stop Service" mechanism of the CDC for reviewing and approving the matters pertaining to rehabilitation and development, investments, and special economic zones shall be as follows:

1- CRDB:

a. The Ministry of Foreign Affairs and International Cooperation, the Ministry of Economy and Finance, the Office of the Council of Ministers and the Ministry of Planning shall respectivelly appoint its own official holding the rank of Chief of Department to assist the CRDB. Such officials shall have the following qualifications:
- being competent in his or her work;
- having the delegation of authority from the head of his/her institution and having close contact with the head of institution including, especially, reporting and requesting instructions and recommendations;
- being actively involved in CRDB activities; and
- being able to communicate in foreign languages, particularly in English.

b. Other ministries and institutions of the Royal Government shall also delegate a representative to participate in the "One-Stop Service" but on an "Ad Hoc" basis upon the request of the CRDB Secretary General when the competence of those ministries and institution is concerned.

c. The Secretary General of CRDB shall provide complete documentation to be reviewed and approved in the "One-Stop Service" meeting to all representatives of the relevant ministries and institutions one week prior to the meeting so that the head of the relevant institutions can review such documentation and provide opinions through their respective representative.

d. After preparing the necessary documentation, the Secretary General of CRDB shall put the projects or programs in the agenda of the "One-Stop Service" meeting for review and approval.

e. The Secretary General of CRDB shall prepare and submit the documentation and information on the results of the "One-Stop Service" meeting to the Secretary General of the CDC for submission to the CDC Executive Committee for review and approval.

2- CIB:

a. The Ministry of Economy and Finance, the Office of the Council of Ministers, the Ministry of Commerce, the Ministry of Planning, the Ministry of Industry Mines and Energy and other relevant institutions shall respectively appoint its own official holding the rank of Chief of Department to assist the CIB. Such officials shall have the following qualifications:
- being competent in his or her work;
- having the delegation of authority from the head of his/her institution and having close contact with the head of his/her institution including, especially, reporting and requesting instructions and recommendations;
- being actively involved in CIB activities; and
- being able to communicate in foreign languages, particularly in English.

b. Other ministries and institutions of the Royal Government shall also delegate a representative to participate in the "One-Stop Service" but on an "Ad Hoc" basis upon the request of the

Secretary General of CIB when the competence of those ministries and institutions is concerned.

c. The Secretary General of CIB shall provide complete documentation to be reviewed and approved the "One-Stop Service" meeting to all representatives of the relevant ministries and institutions one week prior to the meeting so that the heads of the relevant institutions can review such documentation and provide opinions through their respective representative.

d. After preparing the necessary documentation, the Secretary General of CIB shall put the projects or programs in the agenda of the "One-Stop Service" meeting for review and approval.

e. The Secretary General of the CIB shall prepare and submit the documentation and information on the result of the "One-Stop Service" meeting to the Secretary General of the CDC for review and approval.

3- CSEZB:

a. The Ministry of Economy and Finance, the Office of the Council of Ministers, the Ministry of Planning, the Ministry of Commerce, the Ministry of Industry, Mines and Energy, the Ministry of Land Management, Urban Planning and Construction, and other concerned institutions shall respectively appoint its own official with an equivalent rank of Department Chief to assist the CSEZB. Such officials shall have the following qualifications:
   - being competent in his or her work;
   - having the delegation of authority from the head of his/her institution and having close contact with the head of his/her institution including, especially, reporting and requesting instruction and recommendation;
   - being actively involved in CSEZB activities; and
   - being able to communicate in foreign languages, particularly in English.

b. Other ministries and institutions of the Royal Government shall also delegate a representative to participate in the "One-Stop Service" but on an "Ad Hoc" basis upon the request of the CSEZB Secretary General when the competence of those ministries and institutions is concerned.

c. The Secretary General of CSEZB shall provide complete documentation to be reviewed and approved in the "One-Stop Service" meeting to all representatives of the relevant ministries and institutions one week prior to the meeting so that the heads of the relevant ministries and institutions can review such documentation and provide opinions through their respective representative.

d. After preparing the necessary documentation, the Secretary General of CSEZB shall put the projects or programs in the agenda of the "One-Stop Service" meeting for review and approval.

e. The Secretary General of CSEZB shall prepare and submit the documentation and information on the result of the "One-Stop Service" meeting to the Secretary General of the CDC for review and approval.

4- After receiving sufficient documentation and information from the Secretary General of CRDB, the Secretary General of CIB and the Secretary General of CSEZB, the Secretary General of the CDC investment activities. The council for the Development of Cambodia is the Royal Government's "Etat-Major" responsible for the evaluation and the decision-making on all rehabilitation, development and investment project activities.

Article 4:

The Council for the Development of Cambodia comprises the following two operational boards:

1- The Cambodian Rehabilitation and Development Board; and
2- The Council for the Development of Cambodia

Article 5:

The organization and functioning of the council for the Development of Cambodia shall be specified by Sub-Decree.

CHAPTER 3
INVESTMENT PROCEDURES

CHAPTER II
THE COUNCIL FOR THE DEVELOPMENT OF CAMBODIA

Article 4:

The Council for the Development of Cambodia is the sole and One-Stop Service organization responsible for the Rehabilitation, Development and the oversight of investment activities. The Council for the Development of Cambodia is the Royal Government's "Etat-Major" responsible of the evaluation and the decision-making on all Rehabilitation, Development and Investment project activities.

Article 5:

The Council for the Development of Cambodia comprises the following boards:

1. The Cambodian Rehabilitation and Development Board;
2. The Cambodian Investment Board;

Article 6:

The organization and functioning of the Council for the Development of Cambodia shall be specified by Sub-Decree.

KINGDOM OF CAMBODIA
Nation – Religion - King

Royal Government of Cambodia
No. 148 ANKr.BK

SUB-DECREE
ON
THE ESTABLISHMENT AND MANAGEMENT
OF THE SPECIAL ECONOMIC ZONE

ROYAL GOVERNMENT

- Referring to the Constitution of the Kingdom of Cambodia;
- Referring to Preah Reach Kret No. NS/RKT/0704/124 dated July 15, 2004 on the formation of the Royal Government of Cambodia;
- Referring to Preah Reach Kram No. 02/NS/94 dated July 20, 1994 promulgating the Law on the Organization and Functioning of the Council of Ministers;
- Referring to Preah Reach Kram No. 03/NS/94 dated August 05, 1994 promulgating the Law on Investment in the Kingdom of Cambodia and Preah Reach Kram No. NS/RKM/0303/009 dated March 24, 2003 promulgating the Law on Amendment to the Law on Investment of the Kingdom of Cambodia;
- Referring to Preah Reach Kram No. NS/RKM/0297/03 dated February 24, 1997 promulgating the Law on Taxation and Preah Reach Kram No. NS/RKM/0303/010 dated March 31, 2003 promulgating the Law on Amendment to the Law on Taxation;
- Referring to Kret of Council of State of State of Cambodia No. 57 Kr. dated July 26, 1989 on the Tax on Import and Export Goods;
- Referring to the Sub-Decree No. 111 ANKr.BK dated September 27, 2005 on the implementation the Law on Amendment to Law on Investment in the Kingdom of Cambodia;
- Referring to the Sub-Decree No. 147 ANKr.BK dated December 29, 2005 on the Organization and Functioning of the Council for the Development of Cambodia;
- Pursuant to the request of the Council for the Development of Cambodia; and
- Pursuant to the necessity of the Royal Government.

IT IS HEREBY DECIDED

CHAPTER 1

GENERAL PROVISIONS

Article 1: Purpose and Scope of the Sub-Decree

1-1 Purpose

This Sub-Decree is intended to establish and manage the Special Economic Zones and improve the investment climate conducive to the enhancement of productivity, competitiveness, national economic growth, export promotion, employment generation in order to reduce poverty. It further defines the procedures and regulations related to the establishment, management, coordination of all investment activities and promotion of investments of Zone Developers and Zone Investors in the Special Economic Zones in the Kingdom of Cambodia.

The Royal Government of Cambodia supports the Special Economic Zones by implementing the principles and conditions consistent with the existing policy framework set by the Royal Government of Cambodia which will ensure transparency, efficiency, accountability, accessibility of information for investors.

1-2 Scope

This Sub-Decree shall apply to all activities of relevant ministries or institutions of the Royal Government of Cambodia, Zone Developers and Investors in the Special Economic Zones permitted to invest and have obtained Investment Incentives and guarantees from the Cambodian Special Economic Zones Board and the Special Economic Zones Administration.

Article 2: Definitions

As used in this Sub Decree, the following terms shall have the meaning as defined hereunder:

- **Cambodian Special Economic Zones Board (CSEZB)** refers to the Cambodian Special Economic Zones Board under the authority of the Council for the Development of Cambodia which is established by a Sub-Decree and has the duties to decide on the establishment and management of the Special Economic Zones in the Kingdom of Cambodia.

- **Council** refers to the Council for the Development of Cambodia which is established under the Law on Investment of the Kingdom of Cambodia.

- **Export Processing Zone** refers to the zone of industrial activities and other activities related to the production and transformation of goods only for export.

- **Free Trade Area** refers to the area for service provision, storage, demonstration, packaging, cleaning, and finishing of production outputs, products, materials, or other equipments, whose import-export in /out of the zone are provided with duty exemption, except for export to other places in the Kingdom of Cambodia whereby such import-export is subject to the duty and excise in accordance to the applicable law.

- **General Industrial Zone (GIZ)** refers to a zone established for industrial activities and other activities related to the production and transformation of goods for domestic use as well as for export.

- **Production Area** refers to the area where the factories are located in the industrial zone.

- **Production Equipment** refers to any machinery and tool used in the substantial transformation of Production Inputs which is not itself transformed or consumed within 2 (two) years of its importation, including information technology equipment or any motor vehicle.

- **Production Input** refers to goods, including raw materials, semi-finished products, and accessories serving production that is fully transformed or utilized in the production process of the Qualified Investment Project (QIP) not later than 2 years after importation.
  It does not include office equipments and furniture, petroleum products, vehicles, and spare parts for vehicles.

- **Production Output** refers to goods which are produced from Production Input that have been transformed.

- **Qualified Investment Project (QIP)** refers to an investment project which has received a Final Registration Certificate.

- **Residential Area** refers to the area for accommodation of employers, employees and workers in the Special Economic Zone.

- **Service Area** refers to the area of supporting activities for industrial and commercial operations such as managing and operating offices of the industrial zone, bank, post office, commercial stores and transportation services.

- **Special Economic Zone Administration** refers to the State administration management unit which is the "One-Stop Service" mechanism at the site of the Special Economic Zone and has the duties to approve and issue permits, licenses and registration to the Zone Investors, including the approval of incentives, pursuant to the full authority delegated by the line ministries and institutions, and to address all requests related to the management competence of the State, concerning investments in the zone.

- **Special Economic Zone (SEZ)** refers to the special area for the development of the economic sectors which brings together all industrial and other related activities and may include General Industrial Zones and/or Export Processing Zones. Each Special Economic Zone shall have a Production Area which may have a Free Trade Area, Service Area, Residential Area and Tourist Area.

- **Zone Developer** refers to a Cambodian or/and foreign natural or legal person, who implements the Qualified Investment Project, and permitted to invest in the development of physical infrastructures in the zone, and organization of business, services and ensuring the safety and security of the Zone Investors.

- **Zone Investor** refers to a Cambodian or/and foreign natural or legal person, who implements the Qualified Investment Project and purchases or rents the immovable property from the Zone Developer and performs investment activities such as business, production, services and trade in the zone.

CHAPTER 2

PROCEDURES FOR THE ESTABLISHMENT OF THE SPECIAL ECONOMIC ZONE

Article 3: Establishment of the Special Economic Zone

3.1. Terms and Conditions for the Establishment of the Special Economic Zone:

1. The Special Economic Zone shall be permitted to be established in the Kingdom of Cambodia at the appropriate and strategic areas according to the decision of the Royal Government of Cambodia and the "One-Stop Service" mechanism of the Council.

2. The Special Economic Zone may be established by the State, private enterprise or joint venture between State and private enterprise.

3. The Establishment of the Special Economic Zone shall be pursuant to the following conditions:

   (a) It must have a land of more than 50 hectares with precise location and geographic boundaries.

   (b) It must have a surrounding fence (for Export Processing Zone, the Free Trade Area and for the premises of each investor in each zone).

   (c) It must have management office buildings, zone administration offices, large road network, clean water, electricity, and telecommunications networks, fire protection and security system. Based on each situation, the zone may have land reserved for the Residential Area for workers, employees and employers, public parks, infirmary, vocational training school, petroleum station, restaurant, car parking, shopping center or market, etc.

   (d) It must have water sewage network, waste water treatment network, location for storage and management of solid wastes, environment protection measures and other related infrastructures as deemed necessary.

   (e) It must comply with technical requirements, regulations and basic rules on construction, environment and other obligations in the development of Special Economic Zone as defined in the instructions issued by relevant ministries or institutions taking into account the geography and specific size of each zone and pursuant to the existing laws, national and international standards.

3.2. Procedure for the establishment of the Special Economic Zone:

1. All Zone Developers, who intend to invest in the development a Special Economic Zone shall submit a request for approval for the development of the zone to the Cambodian Special Economic Zones Board and be registered as Qualified Investment Project. The Cambodian Special Economic Zones Board has the duty to review the proposal and submit it to the "One-Stop Service" mechanism of the Council to decide whether to reject or approve the request to establish the zone.

   The Zone Developer shall pay an application fee for the establishment of a Special Economic Zone in the amount of 7,000,000 Riels (Seven Million Riels) to the Cambodian Special Economic Zones Board.

2. The Cambodian Special Economic Zones Board shall respond, with either its approval or denial of the request, within 28 (twenty eight) working days to the Zone Developer.

3. The Zone Developer who receives an approval for the establishment of a Special Economic Zone from the Cambodian Special Economic Zones Board has 180 (one hundred eighty) working days, which may be extended based on serious reasons, to do the following:

   a) Conduct detailed economic feasibility study of the project including the preparation of the master plan of all infrastructures in the zone such as connecting roads from the zone to outside area, water-electricity network, environmental measures, and information concerning local services costs, land rental, factory rental, water, electricity, phone services and security costs, cost of using public space in the area for the Zone Investors, cost for workers, employees and employers to reside, and vocational training center, among others; and

   b) Submit other related documents or certified letters required by the Cambodian Special Economic Zones Board upon request from the relevant ministries or institutions; such requirements shall be stipulated in the Conditional Registration Certificate of the Zone Developer.

4. Within 100 (one hundred) working days from the date the Zone Developer submitted the project to the Council as stated in paragraph 3.2.3, the Cambodian Special Economic Zones Board shall receive on behalf of the Zone Developer the approvals, authorizations, licenses, permits or registrations from competent ministries, institutions, authorities or relevant agencies of the Royal Government of Cambodia responsible for the said documents, together with the issuance of the Final Registration Certificate to the Zone Developer as defined in this paragraph.

5. The establishment of the Special Economic Zone and boundaries thereof shall be defined by Sub-Decree at the same time when the Cambodian Special Economic Zones Board issues the Final Registration Certificate to the Zone Developer.

6. The Cambodian Special Economic Zones Board has the right to withdraw the approval on the establishment of the zone and incentives which were granted through the Final Registration Certificate on the basis that the Zone Developer has not implemented at least 30% (thirty percent) of the total investment capital of the project within 365 (three hundred and sixty five) working days after receiving the Final Registration Certificate.

3.3. Procedures for Registration of the Zone Investor:

The Zone Investor, who starts its activity of production or services in the fields permitted by related Laws and Sub-Decrees in any Special Economic Zone shall complete the formalities based on the procedure, by preparing all required documents for registration of investment proposals during working hours and before the office of the Special Economic Zone Administration. The Special Economic Zone Administration has duty to decide on the registration of the investment proposal based on the legal, administrative and technical aspects and on the issuance of the Final Registration Certificate accordingly to the procedures of the investment registration set forth in the Law and Sub-Decree on the Implementation of the Law on the Amendment to the Law on Investment of the Kingdom of Cambodia.

Any incentive provided to the Zone Investor shall be decided by the Special Economic Zone Administration through the "One-Stop Service" mechanism located on the site and in accordance to the relevant laws and regulations.

On all other requests in the investment process of Zone Investors, the Special Economic Zone Administration shall play the role of facilitator to address issues of the Zone Investors with the relevant ministries or institutions of the Royal Government of Cambodia.

CHAPTER 3

MANAGEMENT STRUCTURE AND DUTIES

Article 4: Management Structure of the Special Economic Zone

4.1. Special Economic Zones Trouble Shooting Committee (SEZ TSC)

The Special Economic Zones Trouble Shooting Committee has the duty to promptly settle all issues occurring in the Special Economic Zones, whether pertaining to technical or legal aspects, or issues under the joint jurisdiction of ministries or institutions and beyond the competence of the Special Economic Zone Administration or the Cambodian Special Economic Zones Board.

The Special Economic Zones Trouble Shooting Committee has the further duty to be a mechanism to receive any complaint, and find solutions to that complaint filed by Zone Developers as well as by Zone Investors.

This Committee is located at the Council and has the right to use the Council's stamp for its activities.

The composition of the Special Economic Zones Trouble Shooting Committee is as follows:

1- Co-Chairmen of the Council for the Development of Cambodia	Co-Chairmen
2- Minister of the Council of Ministers	Member
3- Minister of Economy and Finance	Member
4- Minister of Commerce	Member
5- Minister of Land Management, Urbanism and Construction	Member
6- Minister of Environment	Member
7- Minister of Industry, Mines and Energy	Member
8- Minister of Public Works and Transportation	Member
9- Minister of Labor and Vocational Training	Member
10- Secretary General of the Council for the Development of Cambodia	Member
11- Secretary General of the Cambodian Special Economic Zones Board	Secretary.

If needed, the aforesaid Committee may invite any member of the Council to attend each meeting of this Committee. The session of the meeting of the Special Economic Zones Trouble Shooting Committee is convened upon the invitation by the Secretary of the Special Economic Zones Trouble Shooting Committee according to the instructions of the Co-Chairmen of the said Committee.

4.2. Cambodian Special Economic Zones Board

The Cambodian Special Economic Zones Board is the "One-Stop Service" in charge of the development, management and supervision of the operations of the Special Economic Zones.

The duties of the Cambodian Special Economic Zones Board are:

1. to be the "Etat-Major" of the Royal Government of Cambodia in relation to the policy and strategy, and to initiate plans and set directions for the development of Special Economic Zones in the Kingdom of Cambodia;

2. to determine the principles and regulations pertaining to the appointment of the Special Economic Zone Administration, to the establishment of the "One-Stop Service" mechanism in the zone, to the management of the general administration and functioning of the zone, to dispute resolution and eventual dissolution of the zone;

3. to give the tax and non-tax incentives to the Zone Developers and provide guidance to the Special Economic Zone Administration on eligible incentives for the Zone Investors pursuant to the laws and relevant provisions in force;

4. to prepare guidelines on management and workers training, environment, construction, import/export, entitlement to investment incentives and other technical affairs, including facilitation of relations with the ministries or institutions of the Royal Government of Cambodia in order to ensure smooth and effective conduct of the affairs of the Special Economic Zones;

5. to inspect all irregular activities in the zone; and

6. to address issues relative to the interests of the Zone Developers, Zone Investors, workers, employees, employers and other technical and legal matters.

4.3. Special Economic Zone Administration:

The Special Economic Zone Administration is the "One-Stop Service" mechanism set up by the Cambodian Special Economic Zones Board in order to be permanently stationed in each Special Economic Zone and is structured and has the duties as follows:

1. The composition of the Special Economic Zone Administration is:

- Representative of the Cambodian Special Economic Zones Board	Chairman
- Representative of the Custom and Excise Department	Member
- Representative of the CAMCONTROL	Member
- Representative of the Ministry of Commerce	Member
- Representative of the Ministry of Labor and Vocational Training	Member.

   The above members shall be appointed by each line ministry or institution to be permanently stationed at each zone upon its operation.

2. The office of the Special Economic Zone Administration located in the Special Economic Zone is provided by the Zone Developer, who shall supply materials, water, electricity, accommodations, and provide other supports as deemed necessary.

3. All aforementioned relevant ministries or institutions shall delegate to their representative sufficient power to make decisions on behalf of the ministry or institution in accordance with their respective authority in the zone.

4. The salary of the members of the Special Economic Zone Administration shall be paid by the line ministry or institution.

5. Each Special Economic Zone Administration shall have its own seal for its official use on all documents used for the work of the Special Economic Zone Administration.

   The duties of the Special Economic Zone Administration are:

   a. to control, based on respective competence, the entry and exit of goods, transport means and people into and from the zone; to process the custom formalities for import-export of goods and facilitate administrative formalities with the line ministries or institutions of the Royal Government of Cambodia for the functioning of the zone;

   b. to control the implementation of the work of the Zone Developer and Zone Investors in relation to the activities in the zone in compliance with the prescribed principles;

   c. to examine the Investment Proposals for registration, award incentives, issue permits, licenses, and certificates of origin of products requested by Zone Investors, such decisions being made at the zone itself;

   d. to control the activities in the zone according to its respective competence;

   e. to cooperate with the Zone Developer to address issues under its jurisdiction;

   f. to facilitate all relevant formalities in a prompt and efficient manner;

   g. to prepare monthly, quarterly, semestral and annual reports on activities of the zone to the relevant ministries or institutions, the Cambodian Special Economic Zones Board, and the Provincial or Municipal Investment Sub-Committee; and

   h. to perform other tasks in order to coordinate and address requests of the Zone Investors with regard to ministries or institutions of the Royal Government.

4.4. The Zone Developer:

The Zone Developer performs activities under the applicable laws in the Kingdom of Cambodia.

The Zone Developer has the following duties:

(a) to have sufficient capital and means to develop the infrastructures in the zone, including the human resources to manage the activities of the zone;

(b) to have the legal rights to possess the land in order to establish the zone;

(c) to construct infrastructures in the zone, including electricity, water, road, and telecommunication networks, environment protection and management network, build warehouses, fire-fighting station and other necessary facilities;

(d) to lease the land, provide services to the Zone Investors, specify the rent and service fees to the Zone Investors, including fees for water, electricity, building, telecommunication networks, cleaning in the public area, security personnel and others facilities used for the daily operations of the Zone Investors;

(e) to arrange security personnel and ensure good public order in the zone at all time;

(f) to adopt the rules pertaining to services in the zone, including internal rules of the zone, and general rules for the Zone Investors and determine the types of business, production and services permitted to operate in the zone in accordance with the nature of the zone;

(g) to promote and attract investments in the zone and provide detailed information on the formalities, procedures, and eligible benefits for investing in the zone;

(h) to maintain and repair the infrastructures, ensure the quality and cleanliness and be fully responsible under the laws for all irregular activities and non-compliance with the instructions of the Cambodian Special Economic Zones Board;

(i) to submit reports to the Cambodian Special Economic Zones Board upon request and perform tax liability obligations by maintaining proper accounting books, as instructed by the Ministry of Economy and Finance; and

(j) to cooperate with and assist the Special Economic Zone Administration regarding the functioning of the zone and has close relationship with local authorities in order to address issues.

CHAPTER 4

INCENTIVES FOR THE SPECIAL ECONOMIC ZONE

Article 5: Procedures for Incentives

The Cambodian Special Economic Zones Board examines and provides incentives to all Special Economic Zones in the Kingdom of Cambodia:

5.1. The proposal for tax exemption on the import of materials, equipments and construction materials for the construction of the zone by the Zone Developer shall be submitted to the Cambodian Special Economic Zones Board for review and decision.

5.2. Duties exemptions on import of production equipments, construction materials and production inputs shall be approved for the Zone Investors according to the proposal and in compliance with the law. The zone investor shall prepare a list of production equipments, construction materials and Production Inputs to be imported and submit it to the Special Economic Zone Administration for approval at the zone itself. Subsequently, the Special Economic Zone Administration shall report on its decision to the Cambodian Special Economic Zones Board and relevant institutions for information.

5.3. Eligible fiscal incentives for the Zone Investor shall be specified in the Final Registration Certificate to be issued to the Zone Investor in accordance with the Law and Sub-Decree on the Implementation of the Law on the Amendment to the Law on Investment of the Kingdom of Cambodia in force.

Article 6: Tax Incentives

6.1. The Zone Developer shall receive the following incentives for their investment activities:

(a) Tax on Profit: The tax on profit exemption period shall be provided for a maximum period of 9 (Nine) years in compliance with Article 14.1 of the Law on the Amendment to the Law on Investment of the Kingdom of Cambodia.

(b) Import Duties and other Taxes: The import of equipments and construction materials to be used for infrastructure construction in the zone shall be allowed and exempted of import duties and other taxes.

6.2. The Zone Investor shall receive the fiscal incentives as provided in Article 14.9 of the Law on the Amendment to the Law on Investment of the Kingdom of Cambodia and other relevant regulations.

6.3. The Zone Investor entitled to the incentive on Tax on Value Added at the rate of 0% shall record the amount of tax exemption for its every import. The said record shall be disregarded if the Production Outputs are re-exported. In case the Production Outputs are imported into the domestic market, the Zone Investor shall refund the amount of Tax on Value Added as recorded in comparison with the amount of export.

Article 7: Other Incentives

7.1. The Zone Developer shall receive custom duty exemption on the import of machineries, equipments for the construction of the road connecting the town to the zone, and other public services infrastructures for the public interests as well as for the interests of the zone.

7.2. The Zone Developer may request, under the form of a temporary tax exemption the import of transportation means and machineries used for the construction of the infrastructures in accordance with the laws and regulations in force.

7.3. All imports by the Zone Developer and the Zone Investor shall comply with the relevant regulations on the Pre-Shipment Inspection (PSI).

7.4. The Zone Developer, the Zone Investor and foreign employees have the right to transfer all their income derived from the investment and salary received in the zone to banks located in other countries after payment of tax.

7.5. Apart from the fiscal incentives, the Zone Developer and the Zone Investor are entitled to obtain the investment guarantees as stated in Article 8, Article 9 and Article 10 of the Law on Investment in the Kingdom of Cambodia and other relevant regulations.

7.6. The Zone Developer may obtain a land concession from the State for the establishment of a Special Economic Zone in areas along the borders or in isolated regions, in accordance with the Land Law, and may lease this land to the Zone Investors.

CHAPTER 5

SPECIAL RULES RELATED TO THE MANAGEMENT OF EXPORT PROCESSING ZONE OF THE SPECIAL ECONOMIC ZONE

Article 8: Terms of the Export Processing Zone

The Export Processing Zone of the Special Economic Zone is an area surrounded by a fence and has specific entrances/exits determined by the Cambodian Special Economic Zones Board.

Only the workers, employees, employers, visitors and competent agents duly authorized can enter or exit the zone premises and premises of the Zone Investors during working hours. At all instance, any person is not allowed to stay after working hours in the Export Processing Zone and the premise of the Zone Investors, except for the authorized permanent guards and persons authorized by the Special Economic Zone Administration.

Article 9: Time for entry into and exit from the Export Processing Zone

Scheduled time for entry into and exit from the Export Processing Zone for the authorized persons, including the import-export of goods shall be determined by the internal rules of the Special Economic Zone Administration according to the agreement between the Zone Developer and the Special Economic Zone Administration.

Article 10: Import-Export of Goods into or from the Export Processing Zone

Goods imported into or exported from the Export Processing Zone shall be done in accordance with the following regulations:

10.1. Import-Export of Goods into or from the Export Processing Zone shall be considered as Import-Export of Goods into or from the Kingdom of Cambodia which requires the owner of the goods to fulfill the formalities of import-export with the competent authority in the Export Processing Zone prior to its import-export. These goods shall be packed and properly sealed by customs officer before being imported into or being exported from the Export Processing Zone.

10.2. The aforementioned competent agent shall prepare all forms which should be simplified, transparent and do not cause any difficulty for the control of those goods.

10.3. No retail business or related activities shall be located in the Export Processing Zone, even though it is conducted for serving the public or social interests.

10.4. The Zone Investor, although being the owner, shall not use the Production Outputs produced in the Export Processing Zone without permission from the Special Economic Zone Administration.

10.5. The Zone Investor in the Export Processing Zone may request from the Special Economic Zone Administration to purchase goods from the domestic market or from investor, who is in the General Industrial Zone for production needs by entering specific contracts. Each sale and purchase shall be examined by the customs agent of the Special Economic Zone.

With regard to the sale in the domestic market of the Production Outputs which are not of proper quality, are of bad quality, or out-of-date goods in such away that the Zone Investor cannot export, the Zone Investor shall make the same request for approval as the one done for the purchase of goods in the zone.

All goods which are delivered in the domestic market, in whatever conditions, shall be required to complete the same formalities as those required for goods to be imported into the Kingdom of Cambodia and shall be subject to import duties and other applicable taxes.

10.6. The Special Economic Zone Administration shall have the authority to investigate at any time all suspicious cases related to irregular activities of the Zone Investors regarding the import-export, if necessary, and shall formally inform the Zone Developer and the Cambodian Special Economic Zones Board.

10.7. Any violation, by the Zone Investor in any area of the Export Processing Zone, of the principles of movement of goods, not related to the intended purpose, not compliant to the environment management regulations, production regulations, production of non authorized goods, non-conformity with production standards, the production or use of benefits provided by the State which were used for other purposes than the authorized ones, are subject to fine and punishment in accordance with the applicable laws and regulations.

CHAPTER 6

LABOR FORCE

Article 11: Usage and Management of the Labor force

The use and management of the Labor force in the Special Economic Zone shall observe the rights and protection guaranteed by the Constitution of the Kingdom of Cambodia. Workers and employees working in the Special Economic Zone shall have the right to salary, benefits, work security and conditions for the safeguard of health as stated in the Labor Law, the Law on the Social Security for all persons governed by the provisions of the Law on Labor and applicable regulations.

Foreign managers, technicians or experts may be employed, provided that the number of foreign staff does not exceed 10% (Ten) of the total number of its personnel.

Foreign Zone Developers and Zone Investors may be accompanied by their spouse and dependants and shall have the right to obtain a resident visa in accordance with the Immigration Law of the Kingdom of Cambodia.

Use of Labor force by recruiting and hiring Cambodian workers and employees or foreign Labor force in the proportion stated above, including the bringing of dependents, shall be done in accordance with the Labor Law and the Immigration Law, as well as other applicable regulations.

CHAPTER 7

VOCATIONAL TRAINING

Article 12: Training

The Zone Developer has the duty to cooperate with the Ministry of Labor and Vocational Training in order to facilitate the training of Cambodian workers, employees and promote new knowledge and skills to workers and employees with specific and effective programs.

CHAPTER 8

DISPUTE RESOLUTION AND VIOLATION

Article 13:

Any Special Economic Zone located in any province-municipality of the Kingdom of Cambodia shall be under the jurisdiction of the courts of that province-municipality in case of any violations, including criminal case.

Article 14:

The Zone Developers, Zone Investors, workers, employees, employers, and civil servants who perform their activities and works in the zone and violate any regulations specified in the Special Economic Zone shall be punished in accordance with the applicable laws.
Government officials from ministries or institutions as well as officials of the Special Economic Zone Administration are prohibited to interfere in the development operations of the zone.
Any government official who is found to have acted contrary to or failed to comply with its duties and delegation of power provided by his ministry or institution, as the case may be, shall be punished in accordance with the provisions of the Law on Civil Servants Statute in force.

CHAPTER 9

FINAL PROVISION

Article 15:

Provisions of the Law on Investment in the Kingdom of Cambodia and all relevant laws and regulations shall apply to all activities in the Special Economic Zone whenever not specified in this Sub-Decree.

Article 16:

This Sub-Decree shall be revised according to the changing circumstances and needs of the prevailing situations during its implementation upon the request of the Cambodian Special Economic Zones Board and approval by the Special Economic Zones Trouble Shooting Committee and, in the meanwhile, shall be arranged to become the Law on the Special Economic Zone in order to ensure the transparency and confidence from the investors.

Article 17:

The Minister in charge of the Council of Ministers, Minister of Interior, Minister of Economy and Finance, Minister of Commerce, Minister of Industry, Mines and Energy, Minister of Environment, Minister of Land Management, Urbanism and Construction, Ministers of all Ministries, Heads of Institutions, Provincial-Municipal Governors and related entities shall efficiently implement this Sub-Decree from the date of the signature onward.

Phnom Penh, December 29, 2005
Prime Minister
Signed and Sealed

Hun Sen

Submitted to
Samdech Prime Minister
by Senior Minister, Minister of Economy and Finance
First Vice chairman of CDC

Keat Chhon

CC:
- Ministry of the Royal Palace
- General Secretariat of the Constitutional Council
- General Secretariat of the Senate
- General Secretariat of the National Assembly
- Cabinet of Prime Minister
- General Secretariat of the Royal Government
- As stated in Article 17
- Doc and Archives

Acknowledgement: This unofficial translation was done with the kind cooperation of DFDL, IFC, Sciaroni & A., and S.C.

색 인

ㄱ

ㄴ

ㄷ

ㅂ

ㅅ

ㅇ

강 영 문 (wto3@chonnam.ac.kr)

- 동국대학교 무역학과 졸업(상학사)
- 한국외국어대학교 대학원 무역학과 졸업(경영학석사)
- 동국대학교 대학원 무역학과 박사과정 졸업(경영학박사)
- (주) 대신경제연구소 증권분석실 근무
- (주) 대신경제연구소 경제동향분석실 근무
- Visiting Scholar, Singapore Management University (한국학술진흥재단 해외방문교수)
- Visiting Scholar, Nanyang Technology University, Singapore
- 한아세안학술교류학자 선정(2011년) (한국동남아학회, 외교통상부 지원)
- 무등일보 경제칼럼니스트
- MBC 라디오 경제코너 해설자
- 한국공정무역학회 편집위원
- 국제 e-비즈니스학회 학술위원
- 한국국제통상학회 이사
- 한국협상학회 상임이사
- 한국무역상무학회 이사
- 국제지역학회 이사
- 관세청 이의신청 심의위원
- 중소기업중앙회 무역자문위원
- 전남대학교 창업보육센터장
- 전남대학교 경상학부장
- 전남대학교 국제통상학과 교수

주요 수상실적

- 전남대학교 교육우수교수 선정(2008년) (Best Teaching Professor)

주요 저서

- 국제협상과 문화간 커뮤니케이션 (전남대학교출판부, 2013, 제2판)
- 아세안 FTA(전남대학교출판부, 2012)
- 글로벌 물류경영(우용출판사, 2011, 전정판)
- 해상무역보험(전남대학교출판부, 2011)
- 강영문교수의 동남아 지역연구(두남, 2010)
- 무역과 매너의 만남(우용출판사, 2010, 전정판)
- e유통경영(우용출판사, 2010, 전정판)
- 국제통상론(전남대학교출판부, 2009)
- 온오프라인 유통관리(두남, 2008, 개정판)
- 전자물류와 물류관리(두남, 2005)
- 유통물류와 e비즈니스(두남, 2004, 개정판)
- e무역과 국제매너(학문사, 2004)

홈페이지: http://altair.chonnam.ac.kr/~wto

동남아 경제의 그늘과 무지개

인 쇄 : 2013년 3월 15일
발 행 : 2013년 3월 25일

저 자 : 강영문
발행인 : 지병문
발행처 : 전남대학교출판부

등 록 : 1981. 5. 21. 제53호
주 소 : 500-757 광주광역시 북구 용봉로 77
전 화 : (062) 530-0571~2 마케팅 : (062) 530-0573
팩 스 : (062) 530-0579
홈페이지 : http://www.cnup.co.kr

값 30,000원

ISBN 978-89-6849-009-5(93320)